RETTE MEINE KINDER

VOM ÜBERLEBEN UND EINEM UNWAHRSCHEINLICHEN HELDEN

HOLOCAUST ÜBERLEBENDE ERZÄHLEN

LEON KLEINER
EDWIN STEPP

ISBN 9789493322301 (eBuch)

ISBN 9789493322295 (Taschenbuch)

Herausgeber: Amsterdam Publishers, Niederlande

info@amsterdampublishers.com

Rette meine Kinder ist Teil der Serie Holocaust Überlebende erzählen

Copyright © Leon Kleiner, 2023

Cover: Die Kleiner Familie vor dem Krieg. Von links nach rechts: Edek, Pearl „Pepi", Tusia, Izak „Zunio" und Leon Kleiner

Übersetzung: Antonia Zimmermann

Die englische Originalausgabe erschien 2020 unter dem Titel *Save My Children. An Astonishing Tale of Survival and its Unlikely Hero* (Amsterdam Publishers).

Alle Rechte vorbehalten. Kein Teil dieser Veröffentlichung darf reproduziert oder in irgendeiner Form oder in irgendeiner Weise, elektronisch oder mechanisch, einschließlich Fotoabbildungen, Filmaufzeichnungen oder andere Informationsspeicher- und Abrufsysteme, ohne vorherige Genehmigung des Verlages, in jeglicher Form oder auf irgendeine Weise, elektronisch oder mechanisch, weitergegeben werden.

INHALT

Einführung v

1. Mein Geburtsort – Eine Geschichte des Hasses 1
2. Eine wundervolle Kindheit 5
3. Die dunklen Wolken des Krieges 12
4. Die Sowjets reißen Alles an sich 16
5. Der wahre Terror beginnt 23
6. Die Deutschen kommen zum ersten Mal nach Tluste 28
7. Ein berüchtigter Antisemit kehrt nach Tluste zurück 31
8. Edeks Nahtoderfahrung 38
9. Her mit den Mänteln 45
10. Tusia und der SS-Offizier 50
11. Zeit zum Untertauchen 54
12. Suche nach Essen 59
13. Mein Freund riskiert sein Leben für mich 63
14. Tusia wird nichtjüdisch 70
15. Typhus 84
16. Zu den Arbeitslagern 88
17. Das Blutbad in Tluste 91
18. Die Judenrein-Offensive 97
19. In den Bunker 109
20. Zeit totschlagen 121
21. Fryma ist gefunden 128
22. Vorbereitung auf den langen Winter 134
23. Timushs Entscheidung: Leben oder Tod 140
24. Leben ohne Timush 145
25. „Die Russen sind hier!" 151
26. Außerhalb des Bunkers 155
27. Die Rückkehr der Deutschen 160
28. Im Fieberwahn 167
29. Die Nazis auf dem Rückzug 171
30. Timush und Hanias Schicksal 184
31. Die Suche nach einem neuen Zuhause 188
32. Überleben in Krakau 192

33. Umwege nach Prag	197
34. Eine weitere Begegnung mit dem Tod	201
35. Der langsame Zug nach Budapest	204
36. Endlich Prag!	209
37. Von Ost nach West	212
38. Leben als Displaced Person	219
39. Ein letztes Mal dem Tod ins Auge blicken	224
Nachwort	233
Danksagung	249
Fotographien	253
Über die Autoren	273

EINFÜHRUNG

Überleben entgegen allen Erwartungen. Dies ist eine Geschichte über eine Flucht vor unvorstellbarem Schrecken, mit unerwarteten Wendungen, die es den Verfolgten ermöglichte, ihren mörderischen Verfolgern zu entkommen. Dies ist eine Chronik einer einzigartigen Wandlung und Wiedergutmachung eines Mannes, dem der Sprung von Hass und Gewalt zum größtmöglichen Opfer gelang, um diejenigen zu erretten, die er einst versuchte umzubringen.

Doch es ist keine Fiktion und nicht Fantasy. Es geschah wirklich. Das Wichtigste: Diese Geschichte ist eine düstere Warnung, dass Hass, Bigotterie und Rassismus zu Zerstörung, Gewalt und Völkermord führen können. Es ist eine traurige Wahrheit, dass die Menschheitsgeschichte reichlich mit Beispielen ethnischer, religiöser und nationaler ‚Säuberungen' bestückt ist. Dennoch lernen viele nicht aus ihr und das Schlimme sucht uns immer wieder heim.

Trotz der zahlreichen Erinnerungen an den Holocaust gibt es auch heute noch diejenigen, die den Holocaust verleugnen oder, schlimmer noch, die das Schreckliche darin nicht erkennen. Wir können nicht zulassen, dass die Realität und ihre Lehren in

Vergessenheit geraten. Wir müssen jeder nachfolgenden Generation beibringen, dass es in der Natur des Menschen liegt, in der Lage zu sein, die abscheulichsten Verbrechen gegen andere zu begehen.

So viel wurde über dieses dunkle Kapitel der Menschheitsgeschichte geschrieben und dokumentiert – warum also ein weiteres Buch? Warum habe ich das Bedürfnis, meine Geschichte zu teilen? Ist sie nicht wie viele andere auch?

Miep Gies, eine Niederländerin, war maßgeblich daran beteiligt, eine der ersten persönlichen Geschichten aus dieser dunklen Zeit ans Licht zu bringen – die von Anne Frank und ihrer Familie. Später schrieb sie: „Anne kann und sollte nicht stellvertretend für die vielen Individuen stehen, die von den Nazis ihres Lebens beraubt wurden. Jedes Opfer hatte seine oder ihre eigenen Ideale und Weltanschauung. Jedes Opfer besaß einen einzigartigen, eigenen Platz in der Welt und in den Herzen seiner oder ihrer Familie und Freunde. Als Teil ihres radikalen Wahnsinns behaupteten Hitler und seine Schergen das komplette Gegenteil: Sie stellten die Juden [und viele andere Gruppen] als einen gesichtslosen Feind dar, während sie sechs Millionen Individuen vernichteten, und sechs Millionen einzelne Leben auslöschten."

Gies hatte Recht. Jede einzelne Geschichte verleiht Gesichter, Tiefgang und Realität an die Nummern, die andernfalls gesichtslos, eindimensional und unbegreiflich wären. Die Ereignisse, die hier dargestellt werden, sind nicht nur meine eigene Geschichte. Vielmehr sind sie die Geschichte eines Mannes, der sein Leben gab, um das unsere zu retten. Ohne ihn hätten wir nicht überlebt und letzten Endes glücklich werden können. Seine Geschichte – unsere Geschichte – gibt Grund zur Hoffnung und zeigt, dass es möglich ist, dass Menschen sich ändern; selbst wenn diese aus den Tiefen von gefestigten Vorurteilen und Hass auftauchen. Diese Geschichte stellt ein wichtiges Puzzleteil des scheußlichen Puzzles des Holocausts dar.

Ich sprach nicht viel über meine Erfahrungen während des Holocausts, aber ein paar Mal wurde ich gebeten, Reden zu halten. Diese Reden waren kurz und ich erzählte hauptsächlich von meinen Freunden, meinen Kindheitsfreunden. Ich erinnere mich an ihre Namen und wie sie aussahen und bevorzugte es, über sie zu sprechen, anstatt über mich selbst. Da gab es Jancio Landau – ein dünnes, eher großes Kind; Zenek Meiberger – einen pummeligen Jungen, der es liebte, Bücher zu lesen; Zyga Francus – er war der Klassentyrann; Sala Schwartz – für mich sah sie aus wie eine Puppe, Porzellanhaut und so zerbrechlich; Nunio Krasuki – ein sehr gut aussehender Junge, von der Akne in seinem Gesicht abgesehen; Fela Miler – in sie war ich verliebt. Sie war mein erster Schwarm.

Und dann war da auch noch Rysiek Lewinkron. Er hatte eine äußerst traurige Geschichte. Er war ein Einzelkind, dessen Eltern sich weigerten, den Hunger, die tägliche Bedrohung mit dem Tode und die Demütigungen des Ghetto-Lebens zu ertragen. Rysiek und seine Eltern begingen im Ghetto von Tarnopol Selbstmord. Rysiek war nicht der einzige meiner Freunde aus Tarnopol, der starb. Am Ende des Krieges stellte sich heraus, dass keiner meiner Klassenkameraden, keiner meiner Spielfreunde und keiner meiner anderen Freunde, überlebt hatten. Weder sie noch ihre Familien.

Es berührte mich stets, dass so viele von ihnen nicht überlebten. Sie waren Kinder, voller Unschuld und mit so viel Potenzial. Mein Überleben geht Hand in Hand mit meinen Schuldgefühlen. Und darum bedeutet es mir so viel, dass man sich ihrer erinnert.

Oft habe ich darüber nachgedacht, meine Geschichte zu dokumentieren. Doch irgendwie kam es nie dazu. Als Steven Spielberg mit seinen Interviews der Shoah Foundation begann, wurde ich tatsächlich von den Organisatoren kontaktiert und um ein Gespräch gebeten. Zu diesem Zeitpunkt befand ich mich zufälligerweise in Los Angeles, wo die Stiftung ihren Sitz hat. Wir sprachen ab, dieses Interview im Haus meiner Tochter aufzunehmen, wo ich verblieb.

Der Tag des Interviews war ein Samstag. Aber als ich an jenem Morgen erwachte, überkam mich ein Gefühl der Angst. Ich stand auf und sagte: „Ich kann nicht." Ich war nicht bereit, die schlimmen Geschehnisse, die über fünfzig Jahre in der Vergangenheit lagen, erneut zu erleben. Ich konnte es schlicht und ergreifend nicht. Ich konnte mich selbst nicht dazu bringen, es zu tun. Aus irgendeinem Grund stand ich also an diesem Morgen auf und sagte: „Ich will es nicht tun. Ich kann nicht."

Und so rief ich an, sagte das Interview ab und entschuldigte mich für meinen fehlenden Mut, meine Geschichte zu erzählen. Von diesem Tag an hatte ich das Gefühl, meine Pflicht nicht erfüllt zu haben, weil ich nicht zu der überwältigenden Beweissammlung über eines der größten Übel in der gesamten Menschheitsgeschichte beitrug. Diese Last trug ich für beinahe zwanzig Jahre mit mir herum und mit ihr eine Stimme in meinem Hinterkopf, die mich verspottete und mich dazu drängte, es erneut zu probieren.

Meine Geschichte ist gleichzeitig die Geschichte des Überlebens meiner Familie. Zum Höhepunkt dieser Erzählung lebte ich auf engem Raum mit meiner Tante, meinem Bruder und meiner Schwester und deren Freund. Wir waren die einzigen aus unserem engeren Familienkreis, die das Ende des Krieges erlebten.

Mein Bruder und meine Schwester begrüßten die Möglichkeit, ihre Erfahrungen von der Shoah Foundation aufzeichnen zu lassen. Ihre Erzählungen waren der meinen natürlich sehr ähnlich und ich war froh, dass sie den Mut besaßen, sich den stundenlangen Aufnahmen zu stellen. Dennoch habe ich noch ein paar Ergänzungen. Meine Geschwister waren Jugendliche auf dem Weg ins Leben als Erwachsene. Ich war ein Junge, der nicht begriff, wie die Welt auf einmal so schnell aus den Fugen geraten war. Der Krieg brachte mich um eine glückliche Kindheit, trotzdem ich war einer der Glücklichen. Andere wurden ihres Lebens beraubt und hatten nie die Chance zu leben, wie ich sie hatte, allen schrecklichen Ereignissen zum Trotz. Ich begann zu glauben, dass es wichtig ist, die Nuancen meiner Geschichte aus einer anderen Perspektive zu erzählen. Nämlich aus der Sicht eines Jungen, der in einer Welt aufwuchs, die zerstört wurde, anstatt in einer Welt mit unendlichen Möglichkeiten. Die Morde der jungen und unschuldigen Menschen in diesem Krieg waren wohl das schlimmste Verbrechen. So viele meiner jungen Freunde wurden umgebracht und hatten nie die Gelegenheit, ihre Geschichten zu teilen.

Anfang 2007 verlor ich meinen Bruder. Meine Schwester verstarb 2010. Während wir uns durch unser schreckliches Leiden kämpften, hätten wir nie zu träumen gewagt, was für ein erfülltes und glückliches Leben nach dem Krieg auf uns warten würde. Zu dem Zeitpunkt, an dem ich dieses Buch schreibe, bin ich neunzig Jahre alt. Mein Bruder wurde vierundneunzig und meine Schwester siebenundachtzig. Ihr Dahinscheiden war trotzdem von tiefer Traurigkeit für mich und ich verspürte einen großen Verlust. Ich weiß, dass meine Jahre ebenfalls kürzer werden. Und ich weiß, dass meine Geschichte, diejenige von so vielen anderen Unschuldigen und die des bemerkenswerten Mannes, der von einem überzeugten Antisemiten zu unserem Retter wurde, erzählt werden müssen.

Obwohl die aufgezeichneten Erinnerungen meiner Geschwister Teil der Shoah Foundation sind, wurden unsere Erlebnisse nie zu Papier gebracht oder veröffentlicht. Also habe ich mich entschlossen, auf diesem Weg dazu beizutragen, dass sie ihren Weg in die Geschichte finden.

Hier sind meine Erinnerungen an diese außergewöhnliche Geschichte des Überlebens.

1

MEIN GEBURTSORT – EINE GESCHICHTE DES HASSES

Niemand hat Einfluss auf die Zeit und den Ort seiner Geburt. Und selbst wenn, was für Sicherheit hätten wir, dass wir die richtige Entscheidung treffen würden? Mit einer solchen Gabe hätte ich mich sicher für eine andere Option entschieden als jene, die das Schicksal für mich bereithielt. Doch diese Meinung kommt nur mit dem Rückblick auf mein langes Leben zu Stande, insbesondere mit Blick auf die Jahre, die es am meisten prägten: 1939-1945 in Ostpolen.

Als kleiner Junge hätte ich mich nicht glücklicher schätzen können. Aber dann kam der Zweite Weltkrieg und seine Abgründe und sie hätten mich nicht mehr verärgern können. In diesem Jahrzehnt gab es kein unglücklicheres Los als das eines osteuropäischen Juden. In diesen langen Jahren fand ich mich wiederholt in Situationen ohne erkennbaren Ausweg wieder. Doch all dem Horror zum Trotz war ich stets zur rechten Zeit am rechten Ort, um den Tod zu entkommen. Millionen meiner Mitjuden war nicht so ein Glück beschieden. So sehr ich mich auch frage, wie mein Leben verlaufen wäre, wenn ich zu einer anderen Zeit an einem anderen Ort geboren wäre, so weiß ich dennoch, dass ich allen Widrigkeiten getrotzt habe. Und letztendlich hatte ich unglaublich viel Glück.

Es war August 1928 und die Stadt nannte sich Tarnopol. Damals gehörte sie zu Polen, heute ist sie eine der größten Städte im westlichen Teil der Ukraine. Wenn Sie es nachschlagen, werden Sie wahrscheinlich auf die ukrainische Schreibweise stoßen: Ternopol. In diesem Buch werden wir die Stadt bei ihrem polnischen Namen nennen, wie auch einen Großteil der anderen Orte, die hier Erwähnung finden.

Zum Zeitpunkt meiner Geburt wohnten ungefähr 50.000 Menschen in Tarnopol. Fast die Hälfte von ihnen waren Juden. Heutzutage beherbergt die Stadt zirka eine Viertelmillion – beinahe keiner dieser Menschen ist jüdisch. Bereits hundert Jahre, bevor die Stadt zu ihrem Namen kam, befanden sich entlang der Ufer des Seret Siedlungen. 1540 erhielt Tarnopol ihren Namen durch Jan Amor Tarnowski, einen hochrangigen Offizier Polens, der die Stadt als Militärstützpunkt in der Verteidigungslinie gegen die Tartaren gründete. Der Name ‚Tarnopol' ist eine Kombination aus Tarnowskis Nachnamen und dem griechischen Wort für Stadt ‚Polis'. Die Ukrainer behaupten hingegen, dass der Name für ‚ein Feld mit Dornen' steht.

Als Kind hatte ich ein komplett anderes Bild der Stadt. Sie glich keinem Feld mit Dornen, ganz im Gegenteil. Ich empfand sie als einen äußerst angenehmen Ort. Überall gab es etwas zu sehen. Die Straßen waren von geschäftigen Läden und Restaurants gesäumt, und die Menschen hatten eine Vorliebe für Musik, Kunst und Kultur. Meine Vorstellung der Stadt hatte nichts mit dem feindseligen Bild der ukrainischen Etymologie gemein, doch wusste ich da noch nicht, was die Zukunft bereithalten sollte. Denn Tarnopol würde für mich und für meine Lieben zu einem Albtraum ohne Gleichen werden, einem Albtraum, gegen den ein Feld voller Dornen lächerlich war.

Die Geschichte der Juden in Europa ist eine lange Geschichte voller unbehaglicher Akzeptanz und Toleranz, oftmals punktiert von Hass und Gewalt. Die frühsten Aufzeichnungen von Juden aus der Umgebung Tarnopols und Galiziens, der Region Ost-Polens und der West-Ukraine, in der die Stadt liegt, stammen aus dem 14. Jahrhundert. Im Laufe der darauffolgenden zwei Jahrhunderte ließen sich Juden in mehreren Wellen in der Region nieder. Obwohl sie manchmal von den herrschenden Mächten in der Region ermutigt wurden, sich niederzulassen, wurden einige Fälle jüdischer Migrationsbewegungen auch durch Verfolgung und erzwungenes Exil verursacht. So spielte die Spanische Inquisition beispielsweise eine wichtige Rolle in der Flucht der Juden nach Osteuropa. Juden aus Spanien und Portugal fanden so ihren Weg nach Tarnopol. Später trugen weitere Vertreibungen zu einem rasanten Zuwachs der Bevölkerung bei. Im frühen 16. Jahrhundert machte der jüdische Anteil der Bevölkerung etwa ein halbes Prozent der Gesamtbevölkerung aus. Doch bereits zu Beginn des 17. Jahrhunderts waren es ungefähr fünf Prozent, das macht eine geschätzte Anzahl von 500.000 Menschen. Es gibt wenig Zweifel, dass Juden 1540 unter den ersten Einwohnern von Tarnopol waren.

In der Stadt lebten verschiedene Ethnien und Nationalitäten, was dazu beitrug, dass sie stets in Grenzkriegen verwickelt war. Die Polen, Schweden, Österreicher, Ungarn, Tataren und Türken erhoben allesamt Anspruch auf das Land rund um Tarnopol und kämpften wiederholt darum. Infolgedessen wuchs und schwand die Wirtschaft in den nächsten vier Jahrhunderten. Antisemitismus nahm zu und nahm ab mit jeder Kriegswelle und den daraus resultierenden finanziellen Engpässen. Aber er war immer präsent, auch in Zeiten des Friedens. Er brodelte unter der Oberfläche und drohte zu explodieren, wenn die nichtjüdischen Menschen einen Sündenbock für ihre Probleme suchten.

In dem Tarnopol, das ich als Kind kannte, einem Tarnopol mit Juden wie Nichtjuden, waren die Zeiten gut. Die brutale Geschichte lag in der Vergangenheit. Der Geschäftssinn meines Vaters und seine harte Arbeit sorgten dafür, dass meine Familie ein gutes Leben führte. Wir waren Teil der oberen Mittelschicht und im Rückblick weiß ich, dass wir verwöhnt waren. Ab und an erfuhren wir Antisemitismus, aber zu großen Teilen lebten wir friedlich Seite an Seite mit Nichtjuden. Viele von ihnen frequentierten den Laden meines Vaters. Sie waren nett und freundlich. Unter diesen Umständen war es ein Leichtes zu glauben, dass die Menschheit dem Stammessystem entwachsen und eine Renaissance der Höflichkeit gekommen war.

Vielleicht ließen wir uns von den Versprechungen einer stetig moderner werdenden Welt blenden. Die rasanten technologischen und wissenschaftlichen Errungenschaften machten es so einfach, sich dem Glauben hinzugeben, dass eine lineare Weiterentwicklung von sozialen Normen ebenfalls stattfinden würde. Der Erste Weltkrieg wurde auch als „der Krieg, um alle Kriege zu beenden" bezeichnet und mit seinem Ende und der Verwüstung kam auch die Hoffnung, dass es Möglichkeiten geben musste, um Differenzen friedvoll zu lösen.

Zu einem gewissen Grad fiel mein Vater diesem Gedanken zum Opfer, wie ich später erläutern werde. Er hielt ihn davon ab, uns vor dem Sturm zu retten, obgleich es ausreichend Anzeichen gab, die auf einen solchen Storm hinweisen. Leider lernten wir nur allzu bald, dass der technologische Fortschritt nichts an der Natur des Menschen verändern konnte. Die Vergangenheit deutete eine andere Geschichte an, eine blutbefleckte Geschichte der verheerenden Zerstörung, die nichts Neues war. Doch auch im Angesicht dieser langen Geschichte von Mord und Unterdrückung hätte niemand die Ausmaße der grauenhaften Ereignisse voraussehen können.

2

EINE WUNDERVOLLE KINDHEIT

Ich war das jüngste von drei Kindern. Mein Bruder Edek war fünf Jahre älter und meine Schwester, Tusia, war vier Jahre älter als ich. Mein Vater hieß Izak, aber seine Familie und Freunde kannten ihn als ‚Zunio' (ein liebevoller Spitzname, der durch die spielerische Abänderung seines wirklichen Namens zustande kam). Der Name meiner Mutter war Pearl, aber auch sie besaß einen Spitznamen. Ihre Familie und Freunde nannten sie ‚Pepi'.

Mein Vater stammte ursprünglich aus einer Stadt namens Stanisławów im Süden von Tarnopol. In dieser Provinz wuchs er in sehr bescheidenen Verhältnissen auf. Um sich seinen Lebensunterhalt zu verdienen, kaufte und verkaufte sein Vater allerlei Produkte auf dem örtlichen Marktplatz. Als mein Vater volljährig war, wurde er in die Gemeinsame Armee eingezogen und nach Wien beordert. Er war alles andere als glücklich darüber, in der österreichischen Armee seinen Dienst zu tun, aber er genoss seine Zeit in Wien. Die Stadt war eine der größten in ganz Europa zu dieser Zeit; ein aufregender Ort, der meinem Vater zweifelsfrei zu einer Weltansicht verhalf, die ihn später erfolgreich machte. Das Leben in Wien sorgte auch für seine Wertschätzung von Kunst, Kultur und der feineren Dinge im Leben. Er war bestrebt, die gleiche Liebe in mir und meinen Geschwistern zu wecken. So erhielten wir Musikunterricht und wurden zu Aufführungen ermuntert.

Doch die wichtigste Erfahrung meines Vaters in Österreich war das Aufeinandertreffen mit meiner Mutter. Ich bin mir sicher, dass sie sich zueinander hingezogen fühlten, weil sie so nahe beieinander aufgewachsen waren. Meine Mutter kam aus einer Kleinstadt namens Tluste, die ungefähr hundert Kilometer östlich von Stanisławów liegt. Ihr Vater besaß dort eine Bäckerei und war ein frommer Jude. Als einer der meist respektierten Männer dort boomte sein Geschäft.

Es war ein sicherer und schöner Ort zum Aufwachsen und ich bin sicher, dass meine Mutter sich allzeit mit ihm verbunden fühlte. Aber als junge Frau wollte meine Mutter die Welt sehen. Tluste war klein. Zwar nicht klein genug, um als Dorf bezeichnet zu werden, aber auch nicht groß genug, um der Bezeichnung Stadt gerecht zu werden. Und so bat sie ihren Vater, sie reisen und sie das Leben in einer Großstadt erleben zu lassen, als sie alt genug war. Ich weiß nicht, wieso sie sich für Wien entschied, aber es fällt mir nicht schwer, zu spekulieren. Während andere Großstädte, namentlich Kiew, Warschau und selbst Budapest, dichter lagen, galt die Wiener Kultur zu dieser Zeit als Crème de la Crème aller Dinge. Keine Stadt der Welt bot mehr, besonders für junge Leute, die das Versprechen einer strahlenden Zukunft lockte.

Ich weiß nicht viel über ihre Zeit in Wien. Falls sie je in meiner Anwesenheit darüber sprachen, war ich noch zu klein, um mich dafür zu interessieren und um es mir zu merken. Doch die Anziehungskraft musste stark gewesen sein, denn mein Vater blieb mit meiner Mutter in Kontakt, auch nachdem sie Wien verließen und nach Polen zurückgekehrten. Mein Vater ließ sich in Lwów, der größten Stadt in der West-Ukraine und nicht weit von Tarnopol, nieder. Dort gründete er eine Hutmacherei. Er war ein Hutmacher und Mitte des 20. Jahrhunderts trug beinahe jeder eine Kopfbedeckung, so wie es die Mode der Zeit gebot. Hütte waren

Zeichen des sozialen und ökonomischen Standes und sorgten somit für ein florierendes Geschäft.

Er eröffnete das Geschäft mit einem seiner Cousins, Max Bickel. Ihre Zusammenarbeit dauerte viele Jahre an, in denen sie das Fach erlernten. Ich weiß so gut wie nichts über Max oder was ihm während des Krieges widerfuhr, aber es ist sehr wahrscheinlich, dass er nicht überlebte. Ich schätze mich glücklich, ein Foto von ihm zu besitzen, wo er zusammen mit meinem Vater und einigen ihrer Angestellten abgebildet ist. Sie eröffneten auch eine Hutmacherei in Tarnopol und mein Vater zog in die Stadt. Ich weiß nicht, ob sie das Geschäft in Lwów schlossen, ob Max mit nach Tarnopol umzog oder ob sie das Geschäft von zwei Orten aus führten. Auf der Fotografie, die ich von ihnen habe, befindet sich eine Plakette mit dem Namen des Geschäfts und der Ortsangabe als Tarnopol. Irgendwann trennten sich ihre geschäftlichen Wege. Den Grund habe ich nie erfahren. Vielleicht hatten sie Differenzen. Ich erinnere mich nicht, dass Vater je darüber sprach. Zu der Fabrik in Tarnopol gehörte auch ein Ladengeschäft, wo die Hütte direkt verkauft wurden. Nachdem mein Vater sich dort einlebte, heiratete er meine Mutter. Ich weiß nicht, wie sie wieder in Kontakt miteinander kamen. Geschweige denn Details zu ihrer Hochzeit. Und selbst heute erinnere ich mich nicht einmal an ihren Hochzeitstag.

Es gibt so viele Sachen, die ich gerne über ihr Leben vor meiner Geburt wissen würde. Aber die Verbrechen gegen uns nahmen mir diese Gelegenheit. Ich muss mich anstrengen, mich der frühen Tage unseres Lebens in Tarnopol zu erinnern. Jedoch weiß ich, dass das Geschäft meines Vaters Schönheit und Eleganz besaß, die viele der betuchteren Kunden ansprachen. Im Inneren des Ladens gab es einen Balkon, der die Ladenfläche übersah. Ich erinnere mich, wie ich als Junge auf dem Balkon stand und gutaussehenden Damen zusah, wie sie Hütte kauften. Dieser Balkon war ein spannender Ort in einer Zeit voller Freude für unsere Familie.

Die Wohnung, in der wir lebten, war nicht besonders groß oder luxuriös, aber meine Mutter tat ihr Bestes, damit wir uns heimisch fühlten. Ich erinnere mich noch an die Adresse: Ulica Briknera Nummer 7. Wir wohnten in der zweiten Etage und in jeder Etage gab es zwei Wohnungen. Unsere hatte drei Schlafzimmer: Meine Eltern schliefen in einem Zimmer und meine Schwester in einem anderen, während mein Bruder und ich uns das dritte Zimmer teilten. Die Wohnung hatte einen Balkon mit Blick auf die Straßen Tarnopols.

Meine frühesten Erinnerungen spielen in diesem Haus, einige davon waren schön und einige lassen mich verlegen werden. Eine dieser schönen Erinnerungen war von unseren Nachbarn von nebenan. Sie hatten eine Tochter ungefähr in meinem Alter und obwohl ich noch sehr jung war, fing ich bereits an, Mädchen zu bemerken. Ihr Name war Nusia und ich erinnere mich, dass wir zusammen spielten und an das elektrisierende Gefühl, das mich überkam, wenn wir einander berührten. Es war alles äußerst unschuldig, aber dennoch weiß ich, wie es war, ihren Rücken zu berühren, wenn sie ein Kleid aus Satin trug. Die Erinnerung ist so lebendig als wäre es gestern erst passiert.

Die meisten meiner Erinnerungen verursachen allerdings eher einen Anflug von Verlegenheit. Wenn ich an den Balkon denke, fällt mir ein Vorfall ein, der mich daran erinnert, was für ein ungezogenes Kind ich sein konnte. An einem Sommertag bereiteten sich mein Bruder und meine Schwester auf einen Campingausflug vor, der von einer örtlichen jüdischen Jugendorganisation gesponsert wurde. Das Lager war nur für Jugendliche und ich war zu diesem Zeitpunkt noch zu jung. Ich war neidisch und empfand es als ungerecht, dass ich nicht gehen durfte. Ich fing an, darauf zu bestehen, dass ich mitkommen durfte. Natürlich ignorierten meine Eltern meine unvernünftige Forderung. Niedergeschlagen und wütend heckte ich einen Plan aus, um ein Ultimatum zu stellen. Ich rannte auf den Balkon, kletterte auf das Geländer und tat so, als würde ich springen wollen, dann drehte ich mich um und sagte mit der dramatischsten

Stimme, die ich aufbringen konnte: „Wenn ich nicht mitkommen kann, werde ich vom Balkon springen!"

Mein Bruder und meine Schwester lachten. Mein Vater hingegen fand es alles andere als lustig und brachte sie mit seiner lauten und autoritären Stimme zum Schweigen. Ich bezweifle, dass er dachte, ich würde meine Drohung tatsächlich wahrmachen, aber er hatte Angst, dass ich in der Aufregung versehentlich fallen könnte.

Das war nicht das einzige Mal, dass ich mich wie ein Bengel verhielt. Als jüngstes Kind wurde ich verwöhnt. Missetaten und Fehlverhalten waren für mich fast ein Zeitvertreib und nur selten wurde ich bestraft. Einmal jedoch tat ich etwas sehr Gefährliches und geriet – zu Recht – in große Schwierigkeiten. Eines Tages war ich wütend auf unser Dienstmädchen Regina, weshalb weiß ich gar nicht mehr, und schrie sie an. Ich griff nach einem Küchenmesser und warf es in ihre Richtung. Ich hätte sie und mich verletzen können, aber zum Glück war ich kein guter Messerwerfer und verfehlte sie vollkommen. Meine Eltern bestraften mich hart.

Bei einer anderen Gelegenheit plante mein Vater nach Stanisławów zu reisen, um seine Eltern zu sehen. Ich wollte unbedingt mit, aber aus irgendeinem Grund wollte er nicht, dass ich ihn begleitete. Um mich von meinem Wunsch abzulenken, versprach er, mir ein Spielzeugschwert zu kaufen mit dem ich liebäugelte. Zu dem Schwert gehörten ein Gürtel und eine lange Scheide. Ich stimmte der Bestechung eifrig zu und er kaufte mir das Schwert. Es war großartig, ein Spielzeug zu bekommen, und ein paar Tage lang spielte ich glücklich damit. Doch dann kam der Tag der geplanten Abreise und die Freude über das Schwert war dahin. Der Gedanke und die Enttäuschung, dass ich das Abenteuer meines Vaters verpassen würde, überwältigten mich. Ich brach in Tränen aus und drängte meinen Vater, mich mitzunehmen. Er wehrte sich, aber ich weigerte mich, loszulassen. Ich wurde zunehmend hartnäckiger und unausstehlich, bis er schließlich nachgab.

Heute würde eine solche Reise keineswegs als Abenteuer gelten; nach Stanisławów waren es nur hundertneunundzwanzig

Kilometer. Aber für einen kleinen Jungen aus Polen in den 1930er Jahren war so eine Fahrt mit dem Zug ein großes Abenteuer. Allerdings war die Aufregung nur von kurzer Dauer. Obwohl ich es liebte, meine Großeltern zu sehen, wurde mir schnell langweilig.

Es gab nur wenig, mit dem ich mich beschäftigen konnte, und ich hatte keine Freunde in meinem Alter in Stanisławów. Nach ein oder zwei Tagen fing ich an zu weinen und bettelte darum, dass mein Vater mich nach Hause brachte. Jetzt habe ich Gewissensbisse über die Qual, die ich ihm wahrscheinlich als Kind verursachte. Er fragte sich sicher, was er getan hatte, um so einen kleinen Teufel zum Kind zu haben. Mein Bruder fasste es gut zusammen, als er über mich sagte: „Mein kleiner Bruder war eine Last. Er wollte immer mitkommen und immer das tun, was ich auch tat, aber er war fünf Jahre jünger!" Ich weiß noch, dass er sich immer an meiner Beharrlichkeit störte.

Meine unbeschwerte Kindheit führte sicherlich auch zu meinen Frechheiten. Es war eine wunderbare Zeit voller besonderer Erinnerungen. Unsere Sommer verbrachten wir in den Karpaten ganz in der Nähe. Die durchschnittliche Familie von damals konnte sich so etwas nicht leisten. Mein Bruder, meine Schwester, meine Mutter und ich gingen für einen Monat, während mein Vater in Tarnopol blieb und sich um das Geschäft kümmerte. Dann, im Monat darauf, kam er zu uns Kindern, während unsere Mutter in die Stadt zurückkehrte, um sich ihrerseits um das Geschäft zu kümmern.

Unsere Reise in die Berge mit dem Zug versetzte meine Geschwister und mich stets in Aufregung. Wir nahmen eine *daroshka* (ein polnisches Wort für Pferd und Kutsche), die uns und unser Gepäck abholte und zum Bahnhof brachte. Ich liebte es, vorne neben dem Kutscher zu sitzen, weil er mich manchmal die Zügel halten ließ.

Wir besaßen kein Ferienhaus, also mieteten wir jedes Jahr eine andere Hütte und verblieben in einem anderen Teil der Berge. Ein Fluss namens Prut floss durch die Region. Mit seinen unzähligen

Felsbrocken, Stromschnellen und Tümpel bot sich die Gelegenheit für endlose Aktivitäten und Abenteuer an seinen Ufern. Was ich aber am meisten genoss, war es ruhig am Ufer zu sitzen und Steine über das Wasser springen zu lassen. Wir unternahmen Wanderungen durch wunderschöne Waldhaine und entlang steiler Berghänge. Mein Vater freundete sich mit Leuten an, die in dieser Gegend wohnten. Wir hatten immer viele einheimische Kinder zum Spielen während unserer Besuche.

Wenn wir in den Bergen waren, kam hin und wieder mein Großvater aus der Nähe Stanisławów zu Besuch. Gelegentlich kamen auch Onkel. Mit einem unserer Onkel haben wir besonders gerne etwas unternommen. Sein Name war Haim und er war jünger, mehr unser Alter, und eher wie ein Cousin. Stundenlang spielten wir Fußball mit ihm. Wir hatten auch ein Kindermädchen, das mitkam, um sich um uns zu kümmern. Ihr Name war Zosia und sie begleitete uns zu allen möglichen Aktivitäten, nahm uns mit in den Park, zu Picknicks, zum Schlittschuhlaufen und ins Kino. Gelegentlich spielte sie sogar mit uns Ball. Sie wanderte zu ihrem Glück vor dem Krieg nach Palästina aus. Als ich Jahre später nach Israel ging, konnte ich sie dort besuchen.

Ich denke sehr gerne an diese ruhige und glückliche Zeit und diese wunderbaren Sommertage in meinem Leben zurück. Dann kam der Sommer des Jahres 1939 und lange Zeit würde es keine Ferien mehr geben. Ich war gerade einmal elf Jahre alt, als der Schrecken, der mich aus meiner Kindheit riss und zum Mann machte, begann.

3

DIE DUNKLEN WOLKEN DES KRIEGES

Der Kriegsbeginn Ende der 1930er war nicht überraschend. Ein flüchtiger Blick auf die Ereignisse, die sich in Europa abspielten, zeigt, dass ein Krieg sich im Rahmen des Möglichen befand. Wir lasen Zeitung und hörten Radio; wir gehörten zu den Wenigen in der Gegend, die sich einen in Deutschland hergestellten Telefunken leisten konnten. Diese Radios galten als die besten in der Welt und wir konnten Sendungen aus ganz Europa empfangen. Oft lauschten wir in den Vorkriegsjahren Hitlers Reden mit ihren antisemitischen Äußerungen. Als kleiner Junge waren alle Nachrichten für mich von geringer Bedeutung. Alles geschah in weiter Ferne und hatte keinen Einfluss auf meinen Alltag. Meinem Vater und meiner Mutter gaben diese Reden allerdings Grund zur Sorge und zur Angst. Doch sie konnten sich den Schrecken, der uns und allen unseren Juden bevorstand, noch nicht vorstellen.

Die dunklen Wolken des Krieges brauten sich über Europa zusammen und der Antisemitismus verbreitete sich auf dem Kontinent. Viele Juden wurden nervös und begannen, über ihre Möglichkeiten im Angesicht der wachsenden Bedrohung nachzudenken. Einige mit der Weitsicht für das Kommende wanderten nach Palästina und in die Vereinigten Staaten aus.

Rückblickend lässt es sich leicht sagen, dass meine Familie die Zeichen hätte erkennen sollen und dass wir Polen hätten verlassen müssen. Doch hinterher ist man immer klüger. Die damalige Situation war sehr komplex und ließ sich nicht einfach beurteilen. Niemand hätte in diesen unsicheren Zeiten die Zukunft voraussagen können. Ich bin mir sogar sicher, dass diejenigen, die vor Kriegsbeginn das Land verließen, nicht den Terror erwarteten, der tatsächlich über uns hereinbrach.

Für meine Eltern hätte ein Auswandern die Aufgabe der Früchte jahrelanger harter Arbeit und des damit verbunden Wohlstands bedeutet. Sie hatten ihr Leben damit verbracht, ein erfolgreiches Geschäft aufzubauen, ihre Kinder in einem schönen Zuhause großzuziehen und ein fester Bestandteil der Gesellschaft zu werden. Angesichts der großen Ungewissheit, die ein Auswandern bedeutete, war es nicht ihre erste Wahl – obwohl sich uns die Gelegenheit bot. Wir hatten nämlich Verwandte in den Vereinigten Staaten. Die Schwester meiner Mutter, Lena, war irgendwann in den 1920er Jahren ausgewandert, lange bevor die Probleme in Polen begannen. Sie war stets in Kontakt mit der Familie geblieben und verfolgte die Weltnachrichten aufmerksam. Als die Ereignisse sich zuspitzten, sorgte sie sich um unsere Zukunft. 1939 schrieb sie uns und schlug vor, dass wir in die Vereinigten Staaten ziehen sollten. Sie sagte, sie würde uns dabei unterstützen und uns helfen, im Land der unbegrenzten Möglichkeiten Fuß zu fassen.

Doch mein Vater wusste, dass jüdische Einwanderer in den USA oftmals ein sehr schwieriges Leben führten und dass gute Bezahlung eine Herausforderung sein würde. Er war sich bewusst, dass ein Zurücklassen seines Geschäfts einen drastischen Einschnitt in den Lebensstil der Familie bedeutete. Und da der Krieg noch keine Gewissheit war, beschloss er, dass es das Beste sei, abzuwarten. Aufgrund seiner Zeit in Österreich besaß er zudem großen Respekt für die germanische Kultur und glaubte, dass sie die zivilisierteste der ganzen Welt wäre. Obwohl er den Gefahren des Antisemitismus nicht naiv gegenüberstand, glaubte er nicht, dass dieser gewalttätige Züge annehmen würde. Vielleicht würde man seinen Laden boykottieren und wir mit antisemitischen Beleidigungen konfrontiert werden, aber sicherlich würde die Kultiviertheit der Deutschen nicht mehr zulassen. Es ist unnötig zu sagen, dass er den Hass, den wir bald erdulden mussten, grob unterschätzte. Natürlich bereute mein Vater seine Entscheidung später zutiefst. Es stimmt mich unendlich traurig, dass er die wenigen Jahre, die er am Leben blieb, von enormen Schuldgefühlen und Depressionen geplagt wurde, als ihm klar wurde, dass er die Gelegenheit verpasst hatte, seine Familie vor einem schrecklichen Schicksal zu bewahren.

In Polen und Osteuropa waren weder Antisemitismus noch drohender Krieg neu. So war es erst etwas mehr als ein Jahrzehnt her, seit Polen, Ukrainer und Sowjets um die Stadt Tarnopol gekämpft hatten. Die Grenze zwischen diesen drei Ländern verschob sich viele Male vor und nach dem Ersten Weltkrieg. Drohungen und Gewalt gegen jüdische Menschen in der Region waren mit dieser Unruhe zum Alltag geworden. Aber sie hatten immer überlebt und allen Streit und Hass überstanden. Kaum einer von uns ahnte, welche Form der kommende Antisemitismus annehmen würde.

Dann kam der berüchtigte Septembertag 1939, der in einen allumfassenden Krieg ausartete. Ein paar Wochen bevor Hitler Polen überfiel, wurde ich elf Jahre alt. Vor der Invasion unterzeichnete Hitler einen Nichtangriffspakt mit Stalin, der Polen zwischen Deutschland und der Sowjetunion aufteilte. Hitlers Armeen marschierten nach Osten und eroberten Westpolen rasch, während Stalins Truppen zur gleichen Zeit die andere Hälfte des Landes einnahmen. Tarnopol fiel an die Sowjets, also entkamen wir der gnadenlosen Verfolgung durch die Nazis in den ersten beiden Kriegsjahren. Die Juden in Westpolen bekamen den Hass der Nazis sehr schnell zu spüren. Die Sowjets hingegen hegten keinerlei Pläne, uns zu vernichten, obwohl viele von ihnen Antisemiten waren. Trotzdem änderte sich das Leben unserer Familie dramatisch – nicht, weil wir Juden waren, sondern weil mein Vater eine Fabrik und ein Geschäft besaß. Wir waren Kapitalisten und somit Staatsfeinde der Sowjets.

Es war eine Zeit großer Besorgnis, Verwirrung und Angst. Die Russen besetzten Tarnopol ohne großen Widerstand, aber nach einigen Wochen kam es zu Straßenkämpfen. Ukrainische und polnische Bürger vereinigten ihre Kräfte im Kampf gegen die Russen. Einige Juden, die Patriotismus für ihre Heimat empfanden, schlossen sich diesem Kampf an. Scharmützel brachen in der Stadt aus, um die sowjetische Übernahme zu verhindern. Ich erinnere mich daran, wie ich in unserer Wohnung saß und Schüsse hörte, als sich der Konflikt auf den Straßen austrug. Scharfschützen waren auf den Dächern positioniert und versteckten sich in Gassen, wo sie darauf warteten, russische Soldaten zu überfallen. Aber es dauerte nicht lange, bis die Sowjets die Kontrolle zurückerlangten. Die Widerstandsbewegungen wurden so gut wie zum Schweigen gebracht. Viele polnische und ukrainische Aktivisten wurden festgenommen und ins Gefängnis gebracht. Danach beruhigte sich die Gewalt auf den Straßen und wir fühlten uns sicherer. Doch bald würde unser Leben komplett aus den Fugen geraten.

4

DIE SOWJETS REISSEN ALLES AN SICH

Eines Tages, kurz nach der Invasion, klopften die sowjetischen Behörden an unsere Werkstür. Sie übergaben uns einen Räumungsbescheid und brachten Bürokraten mit, um das Geschäft zu übernehmen. Sie beschlagnahmten unser gesamtes Vermögen und alles wurde Staatseigentum. Ich war zu jung, um mich an alle Einzelheiten zu erinnern. Aber ich erinnere mich an die Niedergeschlagenheit meines Vaters. Er war gezwungen, den Fußboden der Fabrik zu fegen, die er selbst aufgebaut und zu einem florierenden Geschäft gemacht hatte. Und er wurde dafür nur sehr gering bezahlt. Er war gedemütigt und niedergeschlagen.

Stellen Sie sich vor, Sie arbeiten jahrelang gewissenhaft und fleißig, investieren lange und anstrengende Stunden, nur um innerhalb weniger Tage alles zu verlieren. Wenig überraschend sympathisierte er anfangs mehr mit den Deutschen als mit den Russen. Mein Vater war ein in Wien ausgebildeter Kaufmann, der an der Seite der Österreicher gekämpft hatte, den engen Verwandten der Deutschen. Er glaubte fest an den freien Markt, Privateigentum und Kapital. Er glaubte, dass die deutsche Kultur eine der fortschrittlichsten in der gesamten Geschichte sei. Und obwohl er sich Hitlers Hass und seiner antisemitischen Politik bewusst war, behielt er dennoch den Glauben an die deutsche Höflichkeit und war sich sicher, dass diese am Ende siegen würde. Andererseits wusste er, wie verheerend es für sein Geschäft sein würde, sollten die Sowjets an die Macht kommen – und er hatte Recht. Kein Wunder, dass er die Sowjets verächtlich als „Iwan" bezeichnete. Jetzt wurden seine Vorurteile bestätigt.

Eine Zeitlang durften wir in unserer Wohnung in Tarnopol bleiben. Aber die Behörden zwangen uns, sie mit Anwälten aus Russland zu teilen, die für den Staat arbeiteten. Es handelte sich um zwei Männer und eine Frau. Unsere Wohnung war nicht sonderlich groß, aber uns blieb keine Wahl und wir machten für sie Platz. Doch obwohl wir auf engem Raum mit ihnen waren, interagierten wir nur wenig mit ihnen. Sie blieben unter sich und wir unter uns. So unangenehm diese Situation auch war, pflegten die Anwälte zum größten Teil einen netten Umgang und störten uns nicht. Mein Bruder Edek genoss es wahrscheinlich mehr als der Rest von uns. Er fand die Anwältin nämlich attraktiv und mochte es, mit ihr zu flirten. Ihr schien das ebenfalls zuzusagen, was Edek wiederum erfreute. Ich bin mir sicher, dass die Tändelei dazu beitrug, diese ungewisse Zeit für ihn erträglicher zu machen.

Die Zeit war auch für mich nicht mit völliger Verzweiflung verbunden. In gewisser Weise war ich nach der Übernahme durch die Sowjets glücklicher, da sie mir eine einzigartige Gelegenheit verschafften. Die Sowjets waren sehr von Kunst und Kultur angetan und ermutigten alle Kinder, sich daran zu beteiligen. Ich durfte mich einer russischen Volkstanzgruppe im Zentrum der Jungpioniere anschließen. Dieses Zentrum wurde gegründet, um junge Menschen für den Geist der Sowjetunion zu gewinnen. Meine Lehrerin war eine Jüdin namens Frau Orlinski. Sie war nach dem Einmarsch der Nazis aus Warschau geflüchtet. Von ihr lernten wir viele verschiedene traditionelle russische Volkstänze und führten sie kostümiert auf der Bühne auf. Ich übte fleißig und war sehr gut darin. Als Teil der Gruppe mussten wir rote Halsbinden in der Schule und zu bestimmten Anlässen tragen. Ich sang auch gerne und sprach erfolgreich für einen Chor vor. Diese Gruppe bestand nicht nur aus Kindern, die meisten Mitglieder waren Erwachsene. Mir wurden mehrmals Solos übertragen und ich war der einzige Kinder-Solist des Chores. Die Erlebnisse stärkten mein Selbstbewusstsein und der Nervenkitzel; vor Hunderten auf einer Bühne aufzutreten, war nichts, das ich zuvor erlebt hatte.

Nach der Übernahme durch die Sowjets mussten alle Bürger einen sowjetischen Pass besitzen. Unsere Pässe enthielten eine Bezeichnung, die unter der neuen Vorherrschaft als ‚Paragraph 11' bekannt war. Dies bedeutete, dass wir als Bourgeois galten und somit als Staatsfeinde. Die Sowjets sahen uns als Kapitalisten und somit als Bedrohung für den Kommunismus. Laut Paragraph 11 durften wir nicht in einer Stadt mit Regierungssitz leben. Tarnopol war der Regierungssitz für den Landkreis beziehungsweise den Oblast. Und so waren wir schließlich gezwungen, meine Heimatstadt zu verlassen.

Wir baten um Erlaubnis, nach Tluste zu ziehen, wo meine Mutter ihre Kindheit verbracht hatte und ihre Eltern noch immer lebten. Die Stadt lag etwa hundert Kilometer von Tarnopol entfernt und die Reise dorthin würde nicht leicht sein. Irgendwie gelang es meinem Vater, einen Lastwagen zu organisieren, was den Umzug einfacher gestaltete. Zu dieser Zeit war dies eine beachtliche Leistung, da nicht jeder so eine Möglichkeit hatte. Die meisten Leute nutzen noch immer Pferdekutschen und Karren, um große Lasten zu transportieren. Aber mein stets einfallsreicher Vater fand einen Weg.

Wir nahmen alles mit, was auf den Lastwagen passte. Dann ging es für meinen Vater, meine Mutter und mich nach Tluste. Mein Bruder und meine Schwester durften hingegen in Tarnopol verbleiben, da sie talentierte Musiker waren. Auch ihnen war nach der Übernahme der Sowjets die Gelegenheit gegeben worden, Musik zu studieren, und sie hatten sich dazu entschieden, Geige zu spielen. Aus diesem Grund konnten sie ihr Musikstudium in der Stadt fortsetzen. Sie spielten im örtlichen Orchester, das aus ungefähr hundert Mitgliedern bestand. Obwohl meine

Geschwister jung waren, waren sie talentiert genug, um als unverzichtbarer Teil der Gruppe angesehen zu werden. Kurz darauf mussten allerdings auch sie Tarnopol verlassen. Meine Schwester schloss sich uns in Tluste an, während mein Bruder, den die Sowjets als außergewöhnlich talentiert betrachteten, nach Czortkow geschickt wurde, um dort sein musikalisches Studium fortzusetzen. Czortkow war eine kleine Stadt, nur etwas größer als Tluste, und lag etwa auf halbem Weg zwischen Tarnopol und unserem neuen Dorf. Als wir in Tluste ankamen, richteten wir uns in einer kleinen Wohnung ein, die sich in einem Gebäude befand, das meinem Großvater gehörte. Meine Großeltern wohnten in einer angrenzenden Wohnung. Die Bäckerei, die mein Großvater besaß, befand sich ebenfalls in diesem Gebäudekomplex. Es war eine deutliche Herabstufung unseres Lebensstils in Tarnopol, aber es war bequem und – vorerst zumindest – sicher vor dem Tumult, der den Rest Europas erfasste. Mein Vater fand Arbeit als Buchhalter bei einer örtlichen Kleiderfabrik. Nachdem er so viele Jahre lang seine eigene Hutmacherei besessen hatte, war er für diese Stelle mehr als überqualifiziert.

Ich habe nicht das Gefühl, meinen Großvater jemals wirklich kennengelernt zu haben. Er war ein frommer Jude. Wie alle traditionellen Juden trug er einen Bart mit langen Locken an seinen Koteletten. Mein Vater hingegen war nicht sehr religiös und erzog uns nicht orthodox. Infolgedessen fiel es mir schwer, mich mit meinem Großvater zu identifizieren. Er schien stets über mich zu urteilen und ich konnte nie seine Erwartungen erfüllen oder seine Anerkennung gewinnen.

Während wir in Tarnopol lebten, hielten wir viele jüdische Traditionen aufrecht. Wir feierten die Feiertage und Freitagabend begingen wir ein Sabbatmahl mit brennenden Kerzen. An Sabbat gingen wir in die Synagoge, allerdings nicht jede Woche. Mein Vater schätzte die Musik und das Singen im Tempel, aber es hatte keine religiösen Hintergründe für ihn. Er flößte uns eine Liebe zu den langgehegten Traditionen unserer Vorfahren ein und ging sicher, dass wir diese fortsetzen würden. Wir wurden in dem

Glauben erzogen, dass Traditionen für das Überleben der jüdischen Kultur von größter Wichtigkeit seien. Doch als wir in Tluste ankamen, verlagerte sich unser Fokus auf unser Überleben und weg von unseren Traditionen.

Nach dem Einmarsch der Deutschen in Westpolen flohen viele Juden nach Osten. Sie entschieden sich dafür, lieber unter sowjetischer Herrschaft zu leben, anstatt sich dem Schicksal zu ergeben, das sie unter den Nazis erwartete. Einige von ihnen ließen sich in Tluste und den umliegenden Städten und Dörfern nieder. Der Anstieg der jüdischen Bevölkerung hielt auch nach unserer Ankunft an. Mit ihnen kamen schreckliche Geschichten über die Not der Juden in Warschau, Krakau und anderen polnischen Städten, die unter deutscher Kontrolle waren. Die Sowjets erlaubten nicht jedem zu bleiben. Viele wurden nach Sibirien geschickt. Wir hatten Angst, dass sie mit uns ebenso verfahren würden; besonders da wir als Kapitalisten galten. Wäre es uns dort in der Verbannung besser ergangen als unter den Deutschen? Dass es ein Ding der Unmöglichkeit ist, die beste Vorgehensweise in solch schwierigen Zeiten vorauszusagen, zeigt das Schicksal unserer Nachbarn aus Tluste. Sie wurden nach Sibirien verbannt, aber entschieden, dass es das Beste sei, ihren 6-jährigen Sohn in Tluste bei einer Familie zu lassen. Letztendlich überlebten sie Sibirien, aber als sie nach dem Krieg zurückkehrten, hörten sie, dass die Nazis ihren Sohn ermordet hatten.

All diese Geschichten von den Flüchtlingen aus Westpolen waren für mich beängstigend, aber ich war ein Junge und beschäftigte mich eigentlich mehr damit, Spaß mit meinen Freunden zu haben. Ich kann mich nicht daran erinnern, dass meine Eltern je versuchten, mir zu erklären, was vor sich ging. Doch ich spürte ihren zunehmenden Stress und ihre steigende Nervosität, die mit den schrecklichen Geschichten und den erschütternden Nachrichten aus dem Ausland zunahmen.

Wie die meiste Jungen passte ich mich schnell an Veränderungen an und mein Leben in Tluste wurde bald zur Normalität. Mit der

Zeit vermisste ich Tarnopol immer weniger und ich arrangierte mich mit der Tatsache, dass unsere Familie jetzt einen anderen Weg in die Zukunft ging. Ich war aktiv in der Schule und bei meinen Altersgenossen beliebt. Mein Ansehen wuchs wegen meines Talents als Tänzer. Ich hatte die Möglichkeit, auf der Bühne zu stehen und die Tänze zu zeigen, die ich in Tarnopol im Palast der Jungpioniere gelernt hatte. Meine Altersgenossen waren von der Akrobatik und den charakteristischen Bewegungen traditioneller, russischer Tänze, die der Schwerkraft zu trotzen schienen, beeindruckt. Die bunten, dekorativen Kostüme und die emotional mitreißende Musik machten die Routinen noch eindrucksvoller. In der Kleinstadt Tluste hatten nur sehr wenige diese Tänze je gesehen, geschweige denn gelernt. Ich nutzte die Gelegenheit, mein Können an meiner neuen Schule zur Schau zu stellen, aus. Bald war ich so etwas wie eine Berühmtheit und der Star der Bühne.

In einer meiner Lieblingsaufführungen hob ich mein Bein mit einer geschmeidigen, akrobatischen Bewegung und tat dann so, als würde ich fallen wie vom Blitz getroffen. Das Publikum schnappte nach Luft, besorgt um meine Sicherheit. Langsam rappelte ich mich dann auf, noch immer eine Verletzung vortäuschend. Die Musik wurde allmählich schneller und schneller und ich passte meine Bewegungen an den Rhythmus an, bis das Lied wieder seine volle Geschwindigkeit hatte. Sobald das Publikum merkte, dass dies Teil der Aufführung war, füllten sich ihre Augen mit Erheiterung. Da ich sichergehen musste, dass meine Bewegungen synchron mit dem Takt waren, war dieser Tanzschritt fast immer Improvisationssache.

Kurz nachdem ich begann, die Schule in Tluste zu besuchen, lernte ich einen Jungen namens Sam Langholz kennen. Sam wurde zu einem lebenslangen Freund und wir sind bis heute miteinander befreundet. Wir waren aufgrund unserer Erziehung ziemlich unterschiedlich. Er war in Tluste aufgewachsen und sein Leben war bescheidener als meins in Tarnopol. Ich war ein weicher, kultivierter und verwöhnter Stadtjunge. Er war der typische Junge aus einer Kleinstadt, versiert, fleißig und praktisch veranlagt und sich der großen Welt nicht so bewusst wie ich es war. Trotz unserer Unterschiede wurden wir schnell Freunde – vielleicht sogar, weil wir so verschieden waren. Er hatte Köpfchen, und das faszinierte mich ungemein.

Im Laufe unserer Freundschaft zeigte er mir, wie man in einer Welt, die nicht rosarot war, funktionierte. Für den Rest meines Lebens war diese Lektion von unschätzbarem Wert. Ich rede mir gerne ein, dass ich ihm im Gegenzug Bewusstsein für eine weltoffenere Erziehung gab, indem ich die Musik, Kunst und Kultur aus meiner Zeit in der Großstadt mit ihm teilte. Sam und ich sind seit fast achtzig Jahren enge Freunde, obwohl wir Europa auf unterschiedlichem Weg für Amerika hinter uns ließen und dann auf gegenüberliegenden Seiten des Landes lebten.

Sams Vater war Klempner und Schlosser, und ich besuchte seine Werkstatt gerne. Sie war wie ein Spielplatz für mich. Alle Werkzeuge und Werkbänke erfüllten mich mit Staunen und Neugier. Sam nahm mich dorthin mit und wir spielten stundenlang und taten so, als wären wir Metallschmiede. Sam vollbrachte in dieser Werkstatt eine bemerkenswerte Heldentat, aber dazu später mehr. Seine uneigennützige Handlung wäre für die mutigsten Männer schwierig gewesen, aber wenn man bedenkt, dass er erst dreizehn Jahre alt war, war sie phänomenal.

5

DER WAHRE TERROR BEGINNT

Im Juni 1941 trafen schlechte Nachrichten aus Westpolen ein: Unternehmen Barbarossa hatte begonnen. Dieses militärische Unternehmen der Deutschen hatte die Eroberung des restlichen Polens, der baltischen Staaten und Russlands zum Ziel. Es war ein direkter Verstoß des deutsch-sowjetischen Nichtangriffspakts, der Polen zwischen beiden Kräften aufteilte. Hitler erließ den Befehl, Truppen nach Osten zu entsenden, mit der Absicht, Osteuropa zu erobern und Lebensraum für das deutsche Volk zu schaffen. Die berühmte Offensive würde letzten Endes zur Niederlage der Nazis führen, doch die kommenden Jahre hatten zunächst entsetzliche Folgen für uns Juden.

Die Neuigkeiten beunruhigten uns sehr. In den vielen Jahren, in denen Hitler an der Macht gewesen war, waren wir argwöhnisch den Nachrichten aus Deutschland gefolgt. Wir besaßen ein Telefunken-Radio und hatten Empfang von Radiosendern aus ganz Europa. Mein Vater sprach recht gut Deutsch und so hörten wir vor allem Nachrichten aus Berlin und anderen deutschen Städten. Wir kannten Hitlers Reden aus erster Hand. Seine entschlossene Rhetorik erstaunte uns und machte uns sehr nervös. Und jetzt, da die Deutschen seit fast zwei Jahren in Westpolen waren, hatten uns viele Berichte erreicht, die schilderten, was den Juden dort geschah. Geschichten aus dem Warschauer Ghetto und von Massendeportationen in Konzentrationslager erreichten uns immer öfter. Wir wussten, dass uns ein ähnliches Schicksal drohte, sollten die Sowjets die Front nicht halten können.

Die deutschen Truppen bewegten sich schnell und die Sowjets boten nur wenig Widerstand. Ihnen fehlten die richtigen Mittel, um sich gegen die schrecklich effiziente Kriegsmaschinerie der Nazis wehren zu können. In einer Zeitspanne von nur wenigen Wochen waren die Russen zum Rückzug aus der gesamten Region rund um Tluste gezwungen. Als die Truppen sich zurückzogen, entschieden sich viele Juden, mit ihnen zu fliehen, anstatt den Deutschen in die Hände zu fallen. Einige von ihnen versuchten, meinen Vater zur Flucht zu überreden, aber er stand den „Iwans" immer noch misstrauisch gegenüber und beschloss, dass es besser wäre, in Tluste zu verbleiben. Er erinnerte sich an seine Zeit in Wien und war noch immer fest davon überzeugt, dass die Deutschen zu kultiviert seien, um tödliche Gräueltaten zu begehen. „Was ist das Schlimmste, was sie tun werden?" fragte er. „Vielleicht bringen sie ein Schild über meinem Laden an, auf dem steht: ‚Das ist ein jüdischer Laden.' Das wäre unschön, aber ich könnte damit leben." Die Sowjets hatten seinen gesamten Besitz beschlagnahmt. Er hielt das für ein schlimmeres Schicksal als alles, was die Deutschen bereithielten.

Als die Russen sich nach Osten zurückzogen, verlegten sie ihre Munition per Zug. Einige der Waffen passierten auch den Bahnhof von Tluste. Gegen Ende Juni oder Anfang Juli 1941 befand sich eine Zugladung sowjetischer Munition am Bahnhof. Die Russen glaubten nicht, dass ihnen der Abtransport vor der Ankunft der Deutschen gelingen würde. Anstatt die Munition den Deutschen zu überlassen, entschlossen sie sich, den gesamten Zug in die Luft zu jagen.

Wir wohnten unweit vom Bahnhof entfernt. Eines Tages hörten wir eine gewaltige Explosion. Der Boden bebte unter unseren Füßen und die Gebäude wurden in ihren Fundamenten erschüttert. Rauch, Asche und Schwefelgeruch legten sich über die Stadt. Wir konnten kaum atmen. Alles war unter den Rückständen dieser Explosion begraben. Es verbreitete sich ein Gerücht, dass es bald zu einer zweiten Explosion kommen würde. Also nahmen wir ein paar Sachen und begaben uns auf den Weg zu ein paar leeren Feldern außerhalb der Stadt. Zwei Nächte lang schliefen wir unter freiem Himmel, die Sommerabende waren warm.

Es war ein Albtraum für uns, aber so entkamen wir dem bestialischen Gestank und der Asche. So schlimm die Erfahrung auch war, war ich noch immer ein Junge und konnte mich für die schönen Dinge im Leben begeistern. Während wir im hohen Gras und unter einem Dach aus Millionen von Sternen lagen, wandte sich mein Herz dem Nervenkitzel junger Liebe zu.

Neben uns kampierte zufällig die Familie eines Mädchens aus meiner Schule, in das ich verknallt war. Mein Herz freute sich darüber, ihr inmitten dieses erschreckenden Ereignisses so nahe zu sein. Ich erinnere mich daran, dass sie ein schönes, gelbes Kleid trug, das in der Sommersonne glänzte und mich dazu brachte, endlos mit ihr zu schäkern. Ich tat alles, um ihre Aufmerksamkeit zu bekommen und sie während unseres zweitägigen „Campingausflugs" zu beeindrucken. Doch bald war die Zeit des Turtelns vorbei, bald ging es nur noch ums Überleben.

Die Sowjets flohen. Ungarische Truppen folgten ihnen und erreichten Tluste noch vor den Deutschen. Sie waren Verbündete Deutschlands und unterstützten die Offensive. Ukrainisch nationalgesinnte Gruppen sammelten sich in der Hoffnung, dass dem Vakuum der Mächte die Ausrufung einer unabhängigen Ukraine folgen würde. Unter den Russen waren viele von ihnen zu Staatsfeinden erklärt worden. Nun suchten sie Vergeltung und die Vertreibung ihrer Unterdrücker. Einige ihrer Wortführer, den sowjetischen Rückzug antizipierend, erklärten die Ukraine sogar zu einem unabhängigen Land noch bevor die Sowjets Tluste verlassen hatten. Die Nationalisten bildeten eine namhafte Gruppe im Ort. Viele von ihnen waren genauso antisemitisch wie die Nazis.

Ein paar unserer ehemaligen nichtjüdischen Nachbarn behandelten uns noch immer mit Respekt und taten, was sie konnten, um uns zu helfen, als unsere Situation sich verschlimmerte. Doch letzten Endes waren unsere Freunde und Bekannten machtlos – bei Verdacht der Kollaboration mit Juden drohten schwerwiegende Konsequenzen. Die meisten der einheimischen Polen und Ukrainer waren glücklich, unser Schicksal in den Händen der Nazis zu wissen. Auch sie wollten alle Juden ausgerottet sehen.

Als die Deutschen schließlich Tluste erreichten, machten sie sich die Hilfe der Einheimischen zu eigen, um herauszufinden, wer jüdisch war. Die Polen und Ukrainer kannten die Identitäten von Juden, auch wenn diese nicht jüdisch aussahen und in einem kleinen Ort wie Tluste war es schwer, seine Identität zu verheimlichen. Die meisten Bewohner halfen eifrig bei der Identifizierung und hätten nicht gezögert, einen untergetauchten Juden zu enttarnen.

Viele dieser Leute denunzierten nicht nur, sondern wendeten auch selbst Gewalt gegen Juden an, wohlwissend, dass die anrückenden Deutschen bereit waren, den Prozess selbst zu initiieren. In diesem Juni tötete ein ukrainischer Mob alle Juden, denen sie in einem nahegelegenen Dorf begegneten. Diese Einheimischen freuten sich über den Vormarsch der Deutschen und ergriffen die Gelegenheit beim Schopf, ihren Hass auszuleben. Sie jagten ihre jüdischen Nachbarn und ermordeten sie auf wilde und brutale Art und Weise: Sie erstachen sie mit Mistgabeln, hackten auf sie mit Äxten ein und schlugen sie mit Schaufeln und Hämmern nieder.

Dieser Vorfall machte schnell die Runde, zusammen mit dem Gerücht, dass der Mob wegen des großen jüdischen Bevölkerungsanteils bald nach Tluste käme. Die Leute gerieten in Panik, aber zwei Priester aus Tluste, einer gehörte der Ukrainisch orthodoxen griechisch-katholischen Kirche an und einer der

Polnisch-Katholischen Kirche, hörten davon. Sie machten sich tapfer auf den Weg, um den Mob zu konfrontieren und den Pogrom zu stoppen.

Die Priester begegneten dem Mob auf der Hauptstraße nach Tluste unweit der Stadtgrenze. Die Menge blieb stehen, um sich anzuhören, was die beiden zu sagen hatten. Anstatt an Gefühle wie Liebe oder Barmherzigkeit zu appellieren, spielten die Priester auf die Angst der Möchtegern-Mörder an. Sie fragten die Menge: „Warum wollt ihr euch die Hände dreckig machen, wenn die Deutschen es für euch tun werden?" Dann mahnten sie: „Lasst diese Sünde nicht eure Seele besudeln. Lasst Hitler die Drecksarbeit für euch erledigen."

Es lässt sich nicht sagen, ob es diesen Priestern tatsächlich um unser Schicksal ging, aber ihre Handlungen zeigten immerhin ein gewisses Maß an Mitgefühl und Würde, für das die verstörten Städter dankbar waren.

Hitlers Truppen standen tatsächlich schon bald vor unserer Haustür. Innerhalb einiger Wochen würden sie Tluste unter ihrer Kontrolle haben. Gerade rechtzeitig für meinen dreizehnten Geburtstag. Es hatte nichts Feierliches, endlich ein Jugendlicher zu sein.

6

DIE DEUTSCHEN KOMMEN ZUM ERSTEN MAL NACH TLUSTE

Die deutschen Truppen näherten sich Tluste aus Westen und Süden, als sie den fliehenden sowjetischen Truppen nachsetzten. Es war ein unheilversprechender Anblick, als die siegreichen Deutschen sich durch unsere kleine Stadt bewegten. Ich erinnere mich an strenge, einschüchternde Gesichter deutscher Offiziere, die in offenen Autos fuhren und ihre tristen, grauen, mit Medaillen drapierten Uniformen tadellos trugen. Der Boden bebte unter den großen, schweren Lastwagen, deren Ladeflächen mit namenslosen und gesichtslosen Soldaten gefüllt waren. Mit ihren Waffen waren sie bereit abzuspringen und in Sekundenschnelle zum Angriff überzugehen. Sie bewegten sich wie ein einzelnes Ungeheuer, das gekommen war, um seine Beute zu verschlingen.

Die Angst und das Grauen, die sie in diesem Moment auslösten, waren nichts im Vergleich mit dem Schrecken, der uns bevorstand. So verängstigt wie wir auch über ihr Kommen waren, hatten wir keinerlei Vorstellung, zu was diese, zu Todesmaschinen geformten, Menschen fähig waren. Aber wir sollten es bald herausfinden.

Der Großteil der kämpfenden Truppen wurde in Richtung der schrumpfenden Grenze der Sowjetunion verlegt. Ein kleiner Teil blieb zurück, um Ordnung zu schaffen und die neuen Regeln des

Dritten Reiches umzusetzen. Es dauerte nicht lange, bis Juden nicht mehr kommen und gehen konnten, wie es ihnen gefiel. Wir waren gezwungen, Armbinden zu tragen, die uns als Juden identifizierten. Weitere Gerüchte von ermordeten Juden und deren von Einheimischen geplündertem Eigentum in den umliegenden Städten machten die Runde. Jetzt wussten wir, dass unsere Zukunft düster aussah, aber es war zu spät, um in dem Chaos der Frontlinien zu fliehen.

Nach wenigen Tagen trafen weitere ungarische Streitkräfte in Tluste ein, doch sie kamen nicht zum Kämpfen. Stattdessen brachten sie Juden mit sich, die aus Ungarn ausgewiesen worden waren. Als die Gerüchte eines Krieges zu brodeln begannen, waren viele dieser Juden nach Ungarn geflohen. Mit Kriegsbeginn hatte der Strom von Juden aus Polen und dem Rest Osteuropas zugenommen. Die ungarischen Beamten hatten es auf diese Leute abgesehen und wandten so einige Mittel an, um sie aus dem Land zu holen. Die Deportation verlief zunächst schleppend und gestaltete sich schwierig, aber nachdem die Deutschen die Sowjets aus Galizien vertrieben hatten, erlaubten die deutschen Behörden den Ungarn, die Juden dorthin zu bringen. Zehntausende Juden wurden in die Region gebracht. Ghettos wurden überall rund um Tluste aus dem Boden gestampft.

Mit der Ankunft der Deutschen endete alles in unserem Leben, was der Normalität glich. Im August ernannten sie einen Militärgouverneur von Tluste und die systematische Schreckensherrschaft in unserer kleinen Stadt begann. Die Aufstellung einer neuen Polizei wurde in Auftrag gegeben und setzte sich größtenteils aus einheimischen Ukrainern zusammen. Die Deutschen hatten jetzt die volle Kontrolle und wurden dabei von den antisemitischen Einheimischen unterstützt.

Kurz darauf wurde der Judenrat in Tluste von den Deutschen gegründet, wie sie es in allen anderen besetzten Gebieten getan hatten. Dies war ein Ausschuss oder Rat der Juden, der von den Nazis beauftragt wurde, um als Verbindung zwischen den NS-

Beamten und den Juden zu fungieren. Ihre Aufgabe war es, den Nazis bei der Durchführung der ihnen auferlegten Gesetze gegen die jüdische Bevölkerung zu assistieren. Sie wurden gezwungen, Geld und Wertsachen aus der jüdischen Gemeinde zu erpressen, die Juden für Arbeit in Lagern zusammenzutreiben und sie manchmal sogar ihrer Hinrichtung auszuliefern.

Eine der ersten Regeln, an deren Durchsetzung der Judenrat mitwirken musste, war eine Methode der sofortigen Identifizierung der Juden. Wir mussten Armbinden tragen, wann immer wir uns in der Öffentlichkeit aufhielten. Meine Mutter musste unsere nähen, wofür sie ein weißes Stück Stoff mit dem blauen Davidstern bestückte. Später wurden Ausgangssperren verhängt und Juden mussten in einem bestimmten Stadtteil leben. Diese Sperrgebiete wurden als Ghettos bekannt und es gab sie in jeder Stadt, die sich unter deutscher Besatzung befand. Das Warschauer Ghetto war wahrscheinlich das größte und berüchtigtste Ghetto, umgeben von Mauern und Zäunen. In Tluste waren wir nicht eingemauert und so waren wir nicht ebenso zusammengepfercht, aber wir mussten dennoch jederzeit vor Ort bleiben.

Das Leben wurde zu einem Kampf ums Überleben. Wir konnten nicht mehr einkaufen gehen, auch nicht, um unsere Grundbedürfnisse zu erfüllen, da wir keine Geschäfte betreten durften. Es wurde schwierig, an Essen zu kommen. Man musste dazu Verbindungen zu Nichtjuden haben und etwas tauschen können. Viele Menschen hungerten, besonders die ärmeren. Jüdische Kinder konnten die Schule nicht mehr besuchen und jüdischen Ärzten und Anwälten wurde ein Berufsverbot ausgesprochen. Jeder Umgang mit Christen wurde untersagt.

7

EIN BERÜCHTIGTER ANTISEMIT KEHRT NACH TLUSTE ZURÜCK

Mit den sich häufenden Gerüchten eines Krieges in den 1930ern, gewann auch der Antisemitismus in seiner hässlichen Form immer mehr an Akzeptanz und Popularität. Es kam immer öfter zu Angriffen auf jüdische Menschen. In jeder polnischen Stadt waren Juden verbalem Spott, der Zerstörung persönlichen Eigentums und direkter Körperverletzung ausgesetzt. Bigotterie und Rassismus wurden so offen zur Schau gestellt wie noch nie zuvor. Polen und Ukrainer machten Juden zu Sündenböcken, die für jedes gesellschaftliche oder wirtschaftliche Übel herhalten mussten. Wir erlebten diesen zunehmenden Hass in den Vorkriegsjahren in Tarnopol: Antisemiten organisierten Demonstrationen und boykottierten die Fabrik und das Geschäft meines Vaters. Ultrarechte Studenten sammelten sich vor unserem Laden und verspotteten jeden, der bei uns einkaufen wollte. Bis zu einem gewissen Grad erreichten sie, was sie wollten, und schadeten unserem Geschäft und unserem Einkommen. Es war beängstigend, als wir erkannten, dass sich am Horizont ein Sturm zusammenbraute.

Die Juden in Tluste hatten in den Jahren vor dem Ausbruch des Krieges mit ähnlichen Schwierigkeiten zu kämpfen gehabt. Viele

Jahre vor unserem Zuzug terrorisierten einige Ukrainer und Polen sie aktiv. Die Vorfälle waren vereinzelt und die Mehrheit der Stadtbevölkerung nahm nicht daran teil, aber einige fanden daran Gefallen wie andere an einer Freizeitaktivität oder einem Sport.

Ein Mann war unter den Juden berühmt-berüchtigt und sorgte für viel Ärger. Sein Name war Hryzei Timush und er war ein hartgesottener Antisemit. Fast jedem war er als Timush bekannt. Das Wort „Krawallmacher" beschreibt ihn am besten. Allein der Klang seines Namens rief Angst hervor. Die Juden sagten oft, er könne abends nicht zu Bett gehen, ohne ihre Herzen in Angst und Verzweiflung zu versetzen. Er schlug die Fensterscheiben jüdischer Geschäfte und Wohnhäuser ein, wenn er nach einem nächtlichen Kneipenbesuch betrunken nach Hause torkelte. Er packte orthodoxe Juden bei ihren langen Bärten und versuchte, diese abzuschneiden. Er war ein übler Kerl und stellte eine echte Gefahr da. Alle Juden in Tluste taten ihr Bestes, um ihm aus dem Weg zu gehen.

Timush war ein unnachgiebiger ukrainischer Nationalist. Jahrhunderte lang sehnten sich die Ukrainer nach Unabhängigkeit. Viele von ihnen waren optimistisch gestimmt, dass ein erneuter europäischer Konflikt die Möglichkeit für einen freien, unabhängigen Staat bot, während die Unruhe auf der Weltbühne den Rest der Welt in Angst erzittern ließ. Und obwohl die Ukrainer im Laufe der Jahrhunderte gegen die umliegenden Nationalitäten gekämpft hatten, hatten sie nie ihre Souveränität erreichen können.

Als die Russen in Polen einmarschierten, verhafteten sie alles und jeden, der eine Bedrohung für das Sowjetregime darstellte. Unter diesen Menschen fanden sich auch ukrainische Nationalisten. Nationalismus jeglicher Art wurde als Feind der Expansion des Sowjetregimes betrachtet. Lange bevor wir nach Tluste zogen, hatte man bereits Hunderte von ihnen gefangen genommen und in Gefängnisse gesteckt. Zu ihnen zählte auch Timush.

Wir sind uns ziemlich sicher, dass jemand aus Tluste Timush bei der sowjetischen Geheimpolizei denunzierte. Diese war damals

als NKDW bekannt, was sich aus der Abkürzung für Narodny kommissariat wnutrennich del zusammensetzt und für Volkskommissariat für innere Angelegenheiten steht. Das NKDW war der Vorläufer des berüchtigten KGB, einer Spionageorganisation, und besaß weitreichende Befugnisse für alle polizeilichen Angelegenheiten. Das Volkskommissariat agierte oftmals vollkommen unabhängig und mit wenig Aufsicht durch andere Regierungsbehörden. Es führte Hinrichtungen ohne Gerichtsverfahren durch, deportierte ganze Bevölkerungsgruppen und richtete politische Gefangene en masse hin.

Das NKDW handelte schnell nach Timushs Denunzierung und durchsuchte sein Haus. Es fand antisowjetische Literatur und mehrere Waffen. Er wurde an Ort und Stelle festgenommen, vor ein schäbiges Scheingericht gestellt und zum Tode wegen Hochverrates verurteilt. Man brachte ihn in ein Gefängnis in Berdytschiw, einer Stadt etwa dreihundert Kilometer nordöstlich von Tluste. Dort verbrachte er Monate im Todestrakt, niedergeschlagen und ängstlich, und dachte über sein Leben nach.

Sein Zellennachbar war ein orthodoxer Priester, den die Sowjets ebenfalls zum Tode verurteilt hatten. Wir haben nie herausgefunden, wer der Priester war, woher er kam oder warum man ihn einsperrte. Die Sowjets verboten Religionen nie explizit, doch das ultimative Ziel war ihre Auslöschung. Infolgedessen wandten sie sich oft gegen religiöse Führungspersonen, vor allem wenn diese einen signifikanten Einfluss auf die Gesellschaft hatten.

Timush und der Priester konnten einander nicht sehen, aber sie konnten sich hören. Also unterhielten sie sich und wurde enge Freunde. Timush, der Christ war, enthüllte allmählich seine Lebensgeschichte und fing an, seine Sünden zu bekennen. Er erzählte dem Priester von seiner gewalttätigen Vergangenheit und wie er die jüdische Bevölkerung in seiner Heimatstadt verfolgt hatte. Der Priester rügte Timush für seinen tiefsitzenden Hass und sagte, er müsse Buße für seine Verbrechen tun. Demütig stimmte

Timush zu, während er sich auf den Tod und das Unbekannte danach vorbereitete.

Mit wenig Hoffnung oder Optimismus riet der Priester Timush, dass, sollte er durch ein Wunder aus dem Gefängnis entkommen, er für seine Gewalttaten büßen müsse. Überschwänglich versprach Timush dies zu tun. Vielleicht erwartete er, dass ein solches Wunder geschehen würde. Er schwor, nie wieder ein Lebewesen zu verletzen. Keinem noch so kleinen Tier, keiner Biene, Fliege, der kleinsten Blume und nicht einmal einem Juden. Timushs Reue schien aufrichtig, aber war es dafür zu spät?

In der ersten Juliwoche begann der sowjetische Rückzug aus Berdytschiw. Wie sie es in jeder Stadt taten, richteten sie auch hier Tausende von Gefangenen hin. Die Russen beschlossen, dass es besser sei, die politischen Gefangenen zu eliminieren, anstatt sie am Leben zu lassen, sodass sie sich den Nazis anschließen konnten. Timush war sich sicher, dass sein Tod kurz bevorstand. Zusammen mit dem Priester wartete er darauf, dass ihre Nummern aufgerufen wurden und man sie dem Erschießungskommando vorführte.

Als die Deutschen ostwärts an Tluste vorrückten, gelangten diese schnell nach Berdytschiw. Der Besetzung der Städte gingen massive Bombenangriffe durch die deutsche Luftwaffe voraus. Als die Bombenangriffe begannen, hockte Timush voller Angst in seiner Zelle und bebte wie alles um ihn herum. Vielleicht betete er zusammen mit dem Priester, wohlwissend wie nah er dem Lebensende stand.

Plötzlich erschütterte eine gigantische Explosion das Gefängnisgebäude. Eine deutsche Bombe hatte das Gefängnis getroffen. Schreie und Rufe erklangen überall. Gefangene wurden lebendig begraben. Timushs Ohren pochten schmerzhaft von der Detonation. Seine Augen waren voller Staub und Schmutz, als die Wände seiner Zelle einstürzten. Er wartete darauf, dass die Aufregung sich legte und fragte sich, ob er noch am Leben sei, als er sich den Dreck aus den Augen rieb. Eine der Zellenwände war verschwunden und Sonnenstrahlen drangen durch die staubzersetzte Luft.

Er atmete noch. Er hatte die Explosion überlebt. Nur wenige hatten solch ein Glück – der Priester war nicht unter ihnen. Reglos lag er unter den Trümmern. Timush vergeudete keine Sekunde. Er rappelte sich auf und bahnte sich den Weg zu der Öffnung. Er war frei! Das Wunder, das weder er noch der Priester sich hatten erträumen können, war eingetreten.

Die Nachricht von Timushs Flucht erreichte Tluste binnen weniger Tage. Angst und Schrecken packte die Juden, als sie erfuhren, dass er in seine Heimatstadt zurückkehren würde. Noch wusste niemand von seiner Begegnung mit dem Priester. Man hatte nur von seiner erstaunlichen Flucht aus dem Todestrakt gehört. Was für Bosheit und Terror brachte er mit sich? Hegte er den Verdacht, denunziert worden zu sein, und wem gab er die Schuld dafür? Würde er nicht denken, dass ein Jude seine Finger im Spiel gehabt hatte? Wie würde er sich rächen? Bereits zuvor war ihm Grausamkeit nicht fremd gewesen. Zu was würde er sich nach so einem Schicksal hinreißen lassen?

Die Geschichten seines Spotts, Vandalismus und seiner Gewalt gegen Juden vor seiner Inhaftierung waren weit bekannt. Angst steigerte sich zur Panik. Niemand hegte Zweifel, dass er ein Pogrom anzetteln und zum Mord anstiften würde. Die einheimischen Ukrainer hatten gezeigt, dass sie willens waren, an solchen Aktionen teilzunehmen. Es gab keinen Ausweg. Wir waren im Ghetto eingesperrt und eine Flucht bedeutete den sicheren Tod. Die Leute begannen, ihr Geld und ihre Wertsachen zu vergraben. Sie schufen Verstecke auf Dachböden, in Kellern, hinter Wänden und unter den Bodendielen. Doch jeder wusste, dass es fast unmöglich war, diesem Monster zu entkommen. Jetzt hieß es abzuwarten, zu hoffen und zu beten. Wir wussten nicht, dass ein Wunder geschehen war.

Timush erreichte Tluste und wir waren uns sicher, dass jeden Tag eine *akcia* starten könnte; angeführt von Timush und seinen ukrainischen Kumpanen. Eine akcia war im Wesentlichen ein Pogrom oder ein Überfall, der auf Befehl der Nazis ausgeführt wurde. Es handelte sich um einen organisierten Angriff, um Juden zusammenzutreiben und sie zu verhaften oder hinzurichten. Von den einheimischen Ukrainern und Polen wurde erwartet, dass sie bei dieser Jagd halfen, die Opfer zu finden und einzupferchen. Manchmal wurden auch der Judenrat und die jüdische Geheimpolizei zur Mithilfe gezwungen. Doch alles blieb ruhig. Wochenlang passierte nichts. Die Panik ließ nach und die Angst flachte ab. Aber wir saßen noch immer auf glühenden Kohlen, unsicher, ob und wann der Schrecken sich entfalten würde.

Ein paar Monate später waren meine Schwester Tusia und meine Tante Bela gezwungen, in einer nahegelegenen Villa zu arbeiten. Diese hatte einst Juden gehört, war aber nach der Besetzung von den Deutschen eingenommen worden. Ihre Aufgabe war es, bei der Hausreinigung zu helfen. An einem Sonntagnachmittag klopften sie die Teppiche vor dem Büro der Villa aus, als ein gutaussehender Mann vorbeikam. Er trug einen schneidigen blauen Anzug und einen guten Hut. Der Mann war gekommen, um Personen zu finden, die er anheuern konnte, um ihm bei einer Arbeit zu helfen, die fertiggestellt werden musste.

Als er sich der Bürotür näherte, wandte er sich zu den beiden Frauen um und sein Gesichtsausdruck hellte sich auf. Ein Lächeln schlich sich auf seine Lippen. Er erkannte meine Tante aus seiner Zeit vor seiner Inhaftierung wieder. Und so ging er auf sie zu, um mit den beiden zu sprechen. Meine Tante hatte Angst und wusste nicht, was sie von einem Mann zu erwarten hatte, der sie Jahre zuvor terrorisiert hatte. Er erkundigte sich, wie es Bella gehen würde. Bella antwortete knapp, in der Hoffnung, das Gespräch würde schnell sein Ende finden. Dann drehte der Mann sich zu Tusia um, sprach aber immer noch zu Bella und sagte: „An Sie erinnere ich mich, aber ich erkenne diese Dame nicht." Bella antwortete: „Oh, das ist meine Nichte Tusia aus Tarnopol." Der Mann stellte sich höflich vor. Doch Tusia, die Bellas

Beklommenheit spürte, war so nervös, dass sie seinen Namen vergaß, so wie er ihn ausgesprochen hatte.

Sobald der Mann das Büro betrat und die Tür hinter sich schloss, sah Tusia Bella an. Deren Gesicht hatte vor Angst jegliche Farbe verloren. Ängstlich fragte Tusia, was los sei. Bellas Stimme zitterte, als sie sagte: „Weißt du, wer dieser Mann ist? Das ist Timush" „Der Timush? Der Mann, der alle Juden in der Stadt töten will? Er sieht nett und so anständig aus." Schnell und bestimmt entgegnete Bella: „Er mag anständig aussehen, aber das ist er nicht."

Als der Mann aus dem Büro trat, kam er zu ihnen herüber und sah Tusia an. Mit aufrichtiger Empathie sagte er: „Es tut mir leid, dass Sie arbeiten müssen. Sie sehen aus, als sollten Sie in einem Wohnzimmer sitzen und Klavier spielen." Die sanften Worte und seine Güte machten die beiden Frauen fassungslos.

Am Abend kehrte Tusia nach Hause zurück und konnte es kaum erwarten, uns von ihrer Begegnung mit dem gefürchtesten Mann Tlustes zu erzählen. Sie bestand darauf, dass er nett gewirkt habe und konnte es nicht glauben, für was er so bekannt geworden war. Wir wussten, dass Tusia so etwas nicht erfinden würde. Ihr Optimismus über ihr Treffen mit Timush gab uns einen Hauch von Hoffnung. Aber wir waren noch immer nicht überzeugt, dass wir vor diesem Mann in Sicherheit waren. Wir blieben weiterhin wachsam und erwarteten das Schlimmste.

8

EDEKS NAHTODERFAHRUNG

Im November 1941 wurde bekannt, dass sich alle gesunden Männer bei den deutschen Behörden zu melden hatten, um in ein Arbeitslager gebracht zu werden. Der Befehl wurde von den Deutschen erteilt und vom Judenrat durchgeführt. Diese Arbeiter wurden als Freiwillige bezeichnet, aber jeder wusste, dass schlimme Konsequenzen drohten, wenn man sich nicht freiwillig meldete.

Ich war zu jung, aber mein Bruder wurde auf die Liste der einheimischen Männer gesetzt, die alt genug und arbeitsfähig waren. Es wurde deutlich gesagt, dass unserer ganzen Familie Vergeltung drohte, sollte er sich nicht melden. Mein Bruder hatte Angst und meine Eltern wollten nicht, dass er ging. Sie wussten, dass die Bedingungen in diesen Lagern schrecklich waren. Dennoch bestand Edek tapfer darauf, zu gehen, um uns davor zu bewahren, von den Deutschen oder Ukrainern terrorisiert oder getötet zu werden. Ich erinnere mich, wie mein Vater zu meinem Bruder sagte: „Bitte geh nicht." Und wie mein Bruder antwortete: „Wenn ich nicht gehe, wird die Familie leiden. Es wird schwerwiegende Konsequenzen haben, da ich bereits auf der Liste derer stehe, die gehen müssen." Mit Tränen der Angst musste mein Vater eingestehen, dass es keinen anderen Weg gab.

Edek musste sich am 15. November melden. Der Tag ist mir gut im Gedächtnis geblieben. Es war sehr kalt und dunkel, obwohl uns der Winteranfang noch bevorstand. Der Symbolgehalt entging mir nicht, als klar wurde, dass wir ihn vielleicht nie wiedersehen würden. Ich umarmte ihn und verabschiedete mich. Meine Mutter gab ihm etwas Kleidung, küsste ihn und umarmte ihn inbrünstig. Einer nach dem anderen sagten wir Lebewohl. Dann schloss er sich den anderen Männern der Stadt an und der lange Marsch nach Czortkow begann. Unter den anderen Männern war unser Onkel, Hersh Rosenblatt, der mit Mutters Schwester, Bronia, verheiratet war. In Czortkow stiegen sie in einen Zug, der sie zum Arbeitslager brachte.

Das Arbeitslager befand sich in der Nähe einer kleinen Stadt namens Kamionki. Es war ein Zwangsarbeitslager, aber letztendlich diente es dem Zweck, die Arbeiter zu vernichten. Die Freiwilligen, wie die Nazis sie nannten, brachen und zerkleinerten Gestein für den Straßenbau. Wir kannten bereits die Gerüchte, was wirklich in diesen Lagern geschah, und wussten, dass die Arbeiter die grausamen Bedingungen nicht lange überlebten. Den Leuten wurde nur genug Essen gegeben, um sie am Leben zu halten. Sie waren den Umweltbedingungen schutzlos ausgeliefert, unzulässig gekleidet und es mangelte an medizinischer Versorgung. Die Gefangenen wurden buchstäblich zu Tode gearbeitet und das zu möglichst geringen Kosten und Mühen für die deutsche Kriegsmaschinerie. Das wenige Essen besaß beinahe keinen Nährwert; wässrige Suppen, Haferbrei und schimmliges, altbackenes Brot waren die Norm. Die Kleidung wurde abgenutzt, löchrig und nie gewaschen oder repariert. Skorbut, Läuse und allerlei Krankheiten breiteten sich aus.

Wie ich zuvor in der Beschreibung unserer besseren Tage erwähnte, lebten wir vor dem Krieg in Tarnopol ein recht verwöhntes Leben. Mein Bruder hatte als Sohn eines Kaufmanns nie harte körperliche Arbeit verrichten müssen. Uns war also bewusst, dass er so eine qualvolle, schwere und schmutzige Arbeit gepaart mit den Lebensumständen nicht lange überleben würde. Der Schwager meiner Mutter stand auch auf der Liste der Freiwilligen und befand sich im selben Lager. Sie versuchten, einander zu helfen, am Leben zu bleiben, aber die Bedingungen waren so schlecht, dass sich der Gesundheitszustand beider schnell verschlechterte.

Das Lager war Teil des Zwangsarbeitslagersystems der SS, eines der berüchtigtsten Terrororgane in Nazi-Deutschland. Das ultimative Ziel der SS war es, Deutschland und den Rest Europas von dem jüdischen Volk zu befreien. Die Lager wurden zu Vernichtungslagern. Die Menschen mussten Arbeit verrichten, die die deutschen Kriegsanstrengungen unterstützte und gleichzeitig wurde mit kaltem Kalkül ihr Tod während des Prozesses in Kauf genommen.

Die Bedingungen waren entsetzlich. Häftlinge wurden zu langen Tagen erschöpfender Arbeit gezwungen. Auch bei dem kältesten Wetter wurde ihnen keine angemessene Kleidung gegeben. Sie bekamen wenig Nahrung und es wurden keine Versuche unternommen, Krankheiten vorzubeugen. Dies war Teil des Vorhabens, die jüdischen Gefangenen umzubringen. Das System sah vor, dass es genug Juden gab, um stets genügend Arbeiter zu haben. Die Nazis sahen die Opfer lediglich als Ressourcen wie Holz für ein Feuer oder Gasolin für einen Motor.

Es dauerte nicht lange, bis mein Bruder erkannte, dass er dieses Lager nicht lebend verlassen würde. Unter der Leitung eines deutschen Ingenieurbüros, das von der Regierung angestellt war, war das Lager beauftragt, Straßen zu bauen. In einem fünfzehn Kilometer vom Lager entfernten Steinbruch brach Edek Stein zu Kies. Jeden Tag musste er in eisigen Temperaturen arbeiten; ohne adäquate Schuhe oder Kleidung.

Täglich gab es zwanzig Gramm Brot und wässrige Suppe mit einer winzigen Portion Gemüse, oft Kartoffeln oder Lauch. Im Laufe der

Zeit wurden die Gefangenen so schwach, dass sie kaum noch zu Fuß gehen, geschweige denn die Arbeit im Steinbruch ausführen konnten. Viele wurden auf der Stelle erschossen, wenn sie ihren Nutzen verloren hatten. Andere waren so erschöpft, besonders auf dem Marsch zum und vom Lager, dass sie sich setzten oder sich erleichterten und nicht wieder aufstanden. Viele erfroren, wo sie saßen oder lagen. Einmal marschierte mein Bruder zurück zum Lager. Er war nach der langen Arbeit und dem Fußmarsch durstig, da den Gefangenen kein Wasser gegeben wurde. Seine Kehle war so trocken, dass er nicht an sich halten konnte, als er eine große Schneefläche auf dem Feld neben der Straße sah. Er verließ die Marschreihe der Gefangenen, betrat das Feld und begann eine Handvoll Schnee zu essen. Seine Lippen berührten den Schnee kaum, als ein ukrainischer Polizist ihn niederschlug. Immense Schmerzen zwangen ihn zu Boden und bevor er wieder auf die Beine kommen konnte, trat der Polizist ihm in die Rippen, wodurch er erneut auf den kalten, harten Boden fiel. Einige Gefangene kamen herbei und halfen ihm auf, bevor der Polizist weitermachen konnte. Sie brachten ihn zurück in die Kolonne und der Polizist ließ von seinem sadistischen Angriff ab.

Die Gefangenen wurden langsam zu Muselmännern. Dieser Begriff ging aus den Lagern hervor und beschreibt diejenigen, die vor Hunger und Erschöpfung nur noch aus Haut und Knochen bestanden. Diese Menschen gaben oft das Leben auf und sackten in einer gebetsähnlichen Stellung zu Boden. Einige Gelehrte glauben, dass der Begriff sich von dem deutschen Wort für Muslime ableitet und dass diese Menschen in ihrer Körperhaltung den Muslimen im Gebet gleichkamen.

Die Überlebensrate in Lagern wie Kamionki kann mit der Überlebensrate der größeren und berüchtigteren Todeslager, zum Beispiel Auschwitz, verglichen werden. Rund um meinen Bruder starben jeden Tag Menschen oder wurden getötet. Viele wurden für die kleinsten Regelverstöße erschossen, vom dem Hunger einmal abgesehen. Genauso schnell wie man die Toten heraustrug, kamen neue Gefangene, um ihre eigenen Todesstrafen auszusitzen.

Durchschnittlich überlebten die Menschen in diesen Lagern nur etwa sechs Wochen lang.

Mehr und mehr Nachrichten über diese Lager erreichten uns, auch über Kamionki. Edek blieb wenig Zeit und wir suchten verzweifelt nach einem Weg, um ihn und Onkel Hersh zu retten. So erfuhren wir vom örtlichen Vorsitzenden des Judenrates, dass die Wachen der Lager bestechlich waren und Gefangene manchmal für die richtige Summe freiließen. Der gängige Preis, wurde uns gesagt, betrüge umgerechnet etwa 20.000 Dollar.

Meine Eltern besaßen noch etwas Geld und ein paar Wertsachen. Also fingen sie an, Schmuck, irgendeinen schönen, englischen Leinenstoff, Leder und Silbergeschirr zu verkaufen. In der Zwischenzeit beschloss meine Mutter, zum Lager zu reisen, um jemanden zu finden, der bereit wäre, zu helfen. Sie suchte die Hilfe von jemandem, den man auf Jiddisch als *macher* bezeichnet. Vielleicht ein Mitglied des örtlichen Judenrates, der eine zu bestechende Person ausfindig machen und eine Freilassung verhandeln konnte.

Voller Entschlossenheit machte sie sich auf, einen Kutschenfahrer für die zweieinhalbtägige Fahrt zum Lager zu finden. Das Wetter war fürchterlich kalt und die Reise war beschwerlich, aber meine Mutter trotzte dem und kam am Lager an. Dort trat sie auf das Tor zu und sprach mit einer Wache. Mein Bruder erinnerte sich gut an diesen Tag und war überrascht, als ein anderer Gefangener zu ihm meinte, dass am Tor eine Frau stehen würde, die ihn sehen wollen würde.

Ich kann mir die Tränen vorstellen, als sie einander durch den Stacheldrahtzaun sahen. Mein Bruder war so gebrechlich, dass er kaum stehen konnte. Seine Haut war blass und aschfahl. Sein Kopf war komplett rasiert und er hatte Prellungen, Schnitte und Läsionen am ganzen Körper. Meine Mutter muss bei diesem Anblick erschüttert gewesen sein. Zweifellos waren ihre Freudentränen mit Tränen der Angst und Verzweiflung vermischt.

Edek war so schwach, dass er kaum sprechen konnte. Alles, was er über die Lippen brachte, war: „Bitte! Hilf mir, Mutter!"

Mutter war noch entschlossener, ihn und Onkel Hersh dort herauszuholen. Innerhalb eines Tages gelang es ihr, einen macher zu finden und sich mit ihm zu verabreden, um das Geschäft zu schnell wie möglich abzuschließen. Sie machte sich eilig zurück nach Tluste und half uns, unsere Wertsachen zu verkaufen. Nach einigen Tagen war alles verkauft und zusammen mit dem Geld, das meine Eltern noch besaßen, war genug für die Bestechung zusammen gekommen. Mutter verschwendete keine Zeit und machte sich erneut auf den Weg nach Kamionki. Die Straßen waren verschneit und es war noch kälter geworden. Anstelle eines Pferdes und eines Buggys, mietete sie einen Pferdeschlitten, um sie zurück zu dem Lager zu bringen.

Ein deutscher Soldat näherte sich Edek ein paar Tage später. Er deutete auf ihn und sagte energisch: „Mitkommen!" Zunächst dachte Edek, man würde ihn auf die gleiche Weise hinrichten wie er so viele seiner Mithäftlinge hatte sterben sehen. Aber als sie sich dem Tor näherten, sah er seine Mutter und Onkel Hersh, und sein Herz machte einen Sprung. Konnte es sein, dass er kurz vor seiner Freiheit stand?

Er erreichte das Tor und die Wache öffnete es schnell und diskret. Er schob Edek und Hersh in die Arme meiner Mutter und sagte grimmig: „Jetzt verschwindet! Aber sagt niemandem, dass ihr hier wart, was ihr gesehen oder was ihr hier getan habt!"

Mein Bruder und meine Mutter ließen sich das nicht zwei Mal sagen. Sie sprangen auf den Schlitten und zurück ging es nach Tluste, weg von dieser Hölle auf Erden. Edek war so kränklich, dass meine Mutter ihn auf der Reise nur mit Mühe warmhalten konnte. Glücklicherweise hatte sie ihren Pelzmantel mitgenommen, um ihn vor dem Erfrierungstod zu schützen. Unterwegs merkte meine Mutter, dass er mit Läusen übersät und nur noch Haut und Knochen war.

Als sie endlich daheim ankamen, vergeudete meine Mutter keine Minute damit, ihn zu baden. Sie füllte den größten Badekübel mit heißem Wasser und setzte ihn hinein. Sie schrubbte und trocknete seine Haut gründlich. Dann holte sie etwas Petroleum, das sie ihm über Kopf und Körper goss und ihn erneut überall abwischte. Es war die einzige Methode, die wir hatten, um Läuse zu töten. Seine Haut muss gebrannt haben, wo er Schnitte und Abschürfungen hatte. Aber ich erinnere mich nicht, dass mein Bruder vor Schmerz aufschrie oder sich überhaupt beschwerte. Er war so erleichtert, zu Hause zu sein, dass das Brennen des Petroleums nichts im Vergleich zu der Folter im Lager war.

Ein paar Tage später, Edek hatte sich etwas von dem Trauma erholt, kam unser Vater zu ihm. „Komm mit, Edek", sagte er. Sie standen draußen nebeneinander. Mein Vater langte in seine Tasche und nahm eine Zigarettenpackung hervor. Er öffnete sie, zog eine heraus uns steckte sie zwischen Edeks Lippen. Dann zündete er ein Streichholz an. Die Flamme erhellte ihre Gesichter und als Edek die Luft einzog, glühte die Zigarettenspitze auf.

Sie sahen sich an, Edek mit Überraschen und Vater mit einem Halblächeln. Edek stieß den Rauch aus, noch immer verwundert. Mein Vater hatte uns das Rauchen vor dem Krieg verboten, da er um die Gesundheitsrisiken wusste. Doch Edek hatte wie seine Freunde sein wollen, die seiner Meinung nach wie Erwachsene behandelt wurden, da sie rauchen durften. Nun sah ihm mein Vater in die Augen und sagte leise: „Es ist in Ordnung. Du bist jetzt ein Mann!"

9

HER MIT DEN MÄNTELN

Wir waren überglücklich, als meine Mutter sicher mit meinem Bruder zurückkehrte. Edeks Flucht aus dem Lager und seine Rückkehr glichen einem Wunder. So viel hätte schiefgehen können, so viel hätte seinen Tod oder den meiner Mutter bedeuten können. Die Verschnaufpause war jedoch von kurzer Dauer – der Überlebenskampf ging weiter.

Während der Abwesenheit meiner Mutter hatten die Nazis einen neuen Erlass veröffentlicht, von dem wir ihr leider erzählen mussten. Alle Juden mussten Radios, Gold, Silber und andere Wertgegenstände abgeben, unter anderem Pelze. Mutter schätzte ihren Pelzmantel sehr und es war eben dieser Mantel, mit dem sie Edek trotz der Kälte nach Hause gebracht hatte. Abgesehen davon, dass diese Gegenstände bei den Behörden abgegeben werden mussten, war die Abgabefrist bereits verstrichen. Wir hatten schreckliche Angst und wussten nicht, was wir tun sollten. Würde man uns bestrafen – oder noch schlimmer – töten, weil wir den Anordnungen nicht gefolgt waren, wenn wir den Pelz verspätet abgaben? Oder würde uns das gleiche Schicksal ereilen, wenn wir den Mantel behielten und jemand es später herausfand? Viele

Einheimische würden sich daran erinnern, dass meine Mutter einen Pelzmantel besessen hatte. Vielleicht hatten einige sie sogar bei ihrer Rückkehr aus Kamionki gesehen. Angst erfasste uns. Wir waren uns sicher, dass man herausfinden würde, dass wir den Mantel noch hatten. Doch was sollten wir damit tun?

Wir fürchteten uns nicht nur vor Vergeltung für den Verstoß gegen den Erlass, sondern hatten gleichzeitig auch mit Hunger zu kämpfen. Wir besaßen nur noch wenig Geld oder Wertsachen, die wir gegen Lebensmittel eintauschen konnten. Der Mantel war noch immer in unserem Besitz. Könnten wir ihn gegen etwas Essbares eintauschen? Es war ein großes Risiko, wenn man bedenkt, dass wir gegen die Vorschriften verstießen. Aber was war denn schlimmer, der Tod durch die Nazis oder durch Hunger? Der Entschluss fiel uns nicht leicht, doch wir handelten.

Durch einige Kontakte im Judenrat fanden wir heraus, dass es einen Ukrainer gab, der heimlich Geschäfte zwischen Juden und Einheimischen aushandelte. Ein Treffen wurde vereinbart, um den Mantel zu zeigen, und der Mann war ziemlich sicher, dass er einen Abnehmer hätte. Am darauffolgenden Sonntag kam der Mann zusammen mit seinen Kunden zu uns. Als wir ihnen die Tür öffneten, huschten Überraschung und Entsetzen über Tusias Gesicht. Sie erkannte die zwei Leute, die der Mann im Schlepptau hatte, und drehte sich zu meiner Mutter um. Im Flüsterton sagte sie: „Oh mein Gott, das ist Timush!"

Keiner von uns anderen hatte ihn je zuvor gesehen, aber Tusia hatte das Gesicht des Mannes aus der Villa nicht vergessen. Ohne Zeit zu verlieren, zogen meine Eltern den Ukrainer, der das Treffen arrangiert hatte, zur Seite. „Sie haben uns getötet! Das ist Timush! Er wird den Mantel nehmen und Anzeige bei der Gestapo erstatten." Der Mann legte meinem Vater die Hand auf die Schulter. „Nicht doch. Sorgen Sie sich nicht. Er wird nichts dergleichen tun." Meine Eltern überzeugte er nicht und sie entfernten sich, um schnell und leise miteinander zu reden. Sie erinnerten sich der Geschichten des Terrors, die den Mann umgaben, und wussten, was sie tun mussten. Plötzlich fragte Timush nach dem Preis für den Mantel. Meine Mutter entgegnete: „Bitte, Sie können ihn haben. Nehmen Sie ihn einfach."

Überrascht, aber erfreut, nahm Timush den Mantel, begutachtete ihn und half dann seiner Frau, ihn anzuziehen. Er passte perfekt und Timushs Frau sagte: „Ich liebe ihn. Er ist so schön und so weich." Timush wandte sich uns zu. „Sie müssen etwas im Gegenzug wollen. Bitte, sagen Sie mir, wie viel." Meine Mutter antwortete: „Sie können ihn haben, aber wenn Sie uns etwas geben wollen, dann geben Sie uns, so viel wie Sie möchten."

Timush und seine Frau standen ungläubig da. Und dann brach meine Mutter erneut das Schweigen. „Wir sind Stadtmenschen und wohnen noch nicht lange hier. Es ist sehr schwer für uns, an Essen zu kommen."

Timush schien fasziniert von der Tatsache, dass wir aus einer größeren Stadt kamen. Er fing an, viele Fragen zu stellen. Woher wir kämen und was wir vor unserer Ankunft in Tluste getan hätten, wollte er wissen. Zusammen mit seiner Frau setzte er sich mit meinen Eltern an den Tisch und sie begannen ein langes Gespräch. Wir sahen, dass er von der Lebenserfahrung unserer Eltern und ihrem wohlhabenden, kultivierten Leben eingenommen war.

Timush hatte sein ganzes Leben in Tluste verbracht. Er war ein einfacher Mann, wenn auch sehr intelligent. Von Beruf war er Mechaniker, aber arbeitete in der örtlichen Mühle. Er hatte nie eine Berufsschule oder eine Universität besucht. Doch er liebte es, etwas über Philosophie, Kultur und die Künste zu lernen. In meinem Vater sah er eine Person, die ihn viele Dinge lehren konnte, die ihm in der Kleinstadt entgangen waren.

Die vier unterhielten sich bis in die späten Abendstunden. Timush und seine Frau dankten meinen Eltern für den Mantel und die Unterhaltung. Dann standen sie auf und sagten Auf Wiedersehen.

Sie drehten sich um und schlossen die Tür hinter sich. In dieser Nacht fiel kein Wort mehr über die Bezahlung des Mantels. Wir waren enttäuscht, dass wir nichts bekamen, weil wir so hungrig waren. Gleichzeitig waren wir erleichtert, den Mantel los zu sein.

Eine Woche verging und wir saßen still in unserem Haus, als es unerwartet an der Tür klopfte. Durch das Fenster sahen wir Timush. Er stand gebückt unter dem Gewicht einiger Taschen, die er trug. Wir waren gleichermaßen überrascht und erschrocken. Was wollte er und was brachte er? So viele Fragen inmitten der Ungewissheit und des Misstrauens. Langsam öffneten wir die Tür und Timush grüßte uns mit einem breiten Lächeln. Er schob sich ins Haus und schleppte schwere Säcke, die er bis zu dem Tisch in der Mitte des Raumes trug und sie darauf fallen ließ. Dabei öffnete sich einer der Säcke und drei, vier Kartoffeln rollten heraus. Ein anderer Sack schlug auf dem Tisch auf. Eine Wolke mit weißem Staub erhob sich.

„Ich habe ein paar Dinge mitgebracht, um Ihnen zu helfen, Ihre Familie zu ernähren", verkündete Timush fröhlich. Er ließ uns einen Blick in die Säcke werfen – Kartoffeln und Mehl!

Obwohl Timush uns nie etwas für den Mantel geboten hatte, war er mit dem zurückgekehrt, was wir noch mehr benötigten als Geld oder Gold. Wir waren so froh, das Essen zu sehen und dass er gekommen war, um zu helfen. Ohne Repressalien der Verfolgung. Wir trauten unseren Augen nicht. Hatte dieser Mann sich dermaßen verändert? Hasste er Juden nicht mehr? War das der gefürchtetste Mann unter den Juden? Das alles zu verarbeiten, war zu viel, besonders im Hinblick darauf, was die Nazis taten.

Nachdem Timush das Mehl und die Kartoffeln gebracht hatte, bedeutete er meinem Vater und meiner Mutter, zum Tisch zu gehen, um mit ihnen zusammen zu sitzen und zu reden. Er war ein anderer Mann geworden und schien neugierig. Er wollte alles von meinen Eltern über die große weite Welt lernen und wissen, was sie dachten – von Politik über Religion bis hin zu Kunst und Kultur. Dieses Gespräch dauerte, wie bereits am Tag der Mantelübergabe, bis in den späten Abend. Ihre Worte waren voller Leidenschaft, als sie Gedanken und Ideen austauschten. Sie genossen es sehr und schon bald sollten diese Gespräche eine wöchentliche Begebenheit werden. Timush würde bringen, was er konnte, um uns am Leben zu halten, und im Gegenzug teilten meine Eltern ihre Erfahrungen und Weisheiten mit diesem neuen, so unerwarteten Freund.

10

TUSIA UND DER SS-OFFIZIER

Das Jahresende stand vor der Tür und das Weihnachtsfest war vorüber. Gerüchte erreichten das Ghetto, dass die örtlichen SS-Offiziere eine Silvesterfeier in einer nahe gelegenen Villa planten. Ein Mitglied des Judenrates erzählte uns, dass ihm befohlen worden war, drei oder vier junge Jüdinnen zu finden, die auf der Feier servieren sollten. Er solle dafür sorgen, dass sie fleißig, effizient und vor allem hübsch waren. Tusia hielt er für diese Arbeit als geeignet und bat sie, auf der Veranstaltung zu arbeiten. Meine Eltern waren wie versteinert, besonders nachdem sie hörten, dass die Frauen gut aussehen sollten. Sie hatten viele Geschichten von jüdischen Frauen gehört, die für die deutschen Soldaten in Bordellen arbeiteten. Würde auch Tusia dieses Schicksal ereilen, sollten sie ihr die Arbeit auf der Feier erlauben?

Der Mann des Judenrates versicherte ihnen, dass er auf der Feier zugegen sein und alles tun würde, um so etwas zu verhindern. Er war überzeugt, dass die SS-Offiziere nicht die Absicht hatten, Frauen zur Prostitution zu zwingen. Meine Eltern hatten keine Kraft, die Bitte abzuschlagen, und willigten widerwillig ein.

Am Abend der besagten Feier kam der Älteste des Judenrates, um Tusia zu der Villa zu begleiten. Dort angekommen, bot er an, ihr den Mantel abzunehmen und sie stimmte zu. Dann merkte sie, dass die Armbinde, die sie als Jüdin auswies, an ihrem Mantel befestigt war. Sie sagte: „Oh, ich muss die Armbinde noch an meinem Blusenärmel festmachen." Doch der Mann antwortete: „Keine Sorge. Sie werden sie hier nicht brauchen." Tusia gab nach und dachte nicht mehr darüber nach.

Ein paar Stunden nach Beginn der Feierlichkeiten näherte sich ein junger SS-Offizier Tusia und bat sie um einen Tanz. Sie war schockiert und wusste nicht, wie sie reagieren sollte. Der Offizier musste ihr Zögern gespürt haben, denn er streckte die Hand aus und zog sie mit sich auf die Tanzfläche. Sie legten einen lebhaften Walzer aufs Parkett und der Offizier schien es zu genießen. Als das Lied endete, verneigte er sich leicht vor ihr, küsste sanft ihre Hand und dankte ihr für den Tanz. Tusia verschwand schnell aus der Sicht der Gäste und zog sich in die Küche zurück; ihr Herz bebte voller Angst. Was könnte dieser unerwartete Tanz bloß für Konsequenzen haben?

Was Tusia und der SS-Offizier nicht wussten: Eine junge Polin hatte die beiden voller Eifersucht beim Tanzen beobachtet. Wenige Minuten später näherte sie sich dem Soldaten und flüsterte ihm etwas ins Ohr. Er richtete sich auf, das Gesicht wutverzerrt. Die Polin hatte dem Soldaten offenbart, dass Tusia Jüdin war.

Der SS-Mann stürmte in die Küche, um Tusia ausfindig zu machen. Innerhalb weniger Sekunden stand er mit hochrotem Gesicht vor ihr. Er drohte ihr mit dem Finger und brüllte: „Bist du Jüdin?"

Verlegen bejahte sie. Und er stürzte sich auf sie, um sie zu packen. Aber in dem Moment trat ein Mann, der ihm von der Feier aus in die Küche gefolgt war, zwischen sie und versuchte ihn zu beruhigen.

Tusia erkannte den Mann, der ihr zu Hilfe kam, als einen Ortsansässigen, für den sie bei einer früheren Gelegenheit gearbeitet hatte. Der Mann scheuchte sie mit einer Handbewegung weg. Ohne zu zögern, verließ meine Schwester die Küche und fand den Mann vom Judenrat, der sie zur Villa gebracht hatte. Beide rannten aus dem Zimmer und auf den Dachboden. In Stille warteten sie hinter Möbeln versteckt. Der Offizier schrie immer wieder: „Sie hat mir nicht gesagt, dass sie jüdisch ist! Ich werde sie finden und töten!" Ein paar Minuten verstrichen und dann fielen Schüsse – der Offizier hatte seine Pistole gezogen und schoss in immer größer werdender Wut wahllos um sich.

Eine Weile verging und die Aufregung legte sich. Hin und wieder hörten sie, wie der Offizier schwor, Tusia zu töten. Sie verbrachten mehrere Stunden auf dem Dachboden, bevor sie sich entschieden, die Villa zu verlassen. Leise schlichen sie die Treppe hinunter und fanden einen Hinterausgang. Als sie in die Nacht liefen, wurden sie von zwei Wachen vor dem Haus entdeckt. „Halt! Halt!" Eine der Wachen erkannte den Ältesten des Judenrates und er senkte sein Gewehr, dann rief er: „Bring uns Whiskey, wenn du kannst!" Der Älteste stimmte der Bitte zu, und er und Tusia eilten von dannen.

Der Mann des Judenrates konnte Tusia nicht weit eskortieren, da er zu der Feier zurückkehren musste, um seinen Pflichten nachzukommen. Jetzt war sie auf sich allein gestellt und ohne Armbinde, die bei ihrem Mantel in der Villa geblieben war. Sie wusste, dass sie so schnell wie möglich von der Straße musste. Das nächste sichere Haus gehörte ihrem Freund Mendel, also machte sie sich auf den Weg dorthin. Unbemerkt erreichte sie das Haus, wo sie bis zum Morgen blieb.

Ihr Freund hieß Mendel Weinstock und war in Tluste aufgewachsen. Ich weiß nicht, wie meine Schwester und er sich kennenlernten, aber er war viele Jahre älter als sie. Er arbeitete im Ort im Kino und betrieb den Projektor. Mendel war ein hübscher Mann, stilvoll und immer tadellos gekleidet. Er war beliebt und in Tluste hochangesehen. Tusia versteckte sich die ganze Nacht bei ihm, voller Anspannung, dass der SS-Offizier sie finden würde.

Doch am nächsten Tag gab es keine Spur von ihm und so kehrte sie nach Hause zurück. Zum Glück hörte und sah sie den Offizier nie wieder.

11

ZEIT ZUM UNTERTAUCHEN

Timush kam Woche für Woche und seine Freundschaft mit meinen Eltern blühte auf. Das Essen, das er dann mitbrachte, hielt uns am Leben. Aber er tat noch mehr – er hatte stets ein offenes Ohr und hörte sich nach Neuigkeiten um, die auf eines unser am meisten gefürchteten Wörter schließen ließ: *akcia*.

Kurz nachdem die Deutschen in Polen eingefallen waren, hatten wir über diese Gerüchte vernommen, die mit ihrem Vormarsch nach Osten nur zunahmen. Timush warnte uns, dass sie auch nach Tluste kommen würden. Es war an der Zeit, ein Versteck in unserer Wohnung zu bauen. Zu diesem Zeitpunkt schufen Juden im gesamten von den Nazis besetzten Europa Verstecke, um solchen Überfällen zu entkommen. Aber die Deutschen und ihre ortsansässigen Sympathisanten wurden immer besser darin, diese Unterschlupfe zu finden.

Timush war handwerklich äußerst begabt und bot uns seine Hilfe an. Die meisten Juden, die wir kannten, besaßen keine erwähnenswerten Handwerksfähigkeiten. Manche wussten nicht einmal, wie man eine Schaufel hielt oder benutzte. In meiner Familie waren wir genauso unfähig. Also nahmen wir Timushs Angebot dankend an. Mit seiner Hilfe fanden wir einen einzigartigen Ort für einen Zugang des Verstecks, von dem wir uns sicher waren, dass die Nazis ihn so noch nie gesehen hatten – den Küchenboden direkt unter dem Herd. Niemand würde unter dem schweren Gusseisen ein Versteck vermuten. Der Plan erforderte jemanden, der in der Küche den Ofen wieder an Ort und Stelle schob und die Kohlen zum Glimmen brachte, nachdem alle im Versteck waren. Die Glut würde jeden Verdacht zerstreuen, dass sich irgendetwas unter dem Ofen befand. Timush bot an, diese Person zu sein, wann immer eine akcia stattfand. Der Plan überzeugte uns und wir machten uns sofort an die Arbeit.

Mit Timushs fachmännischer Hilfe hatten wir das Versteck innerhalb weniger Tage ausgegraben. Es war nicht sonderlich groß und nur dazu gedacht, uns für ein paar Stunden oder höchstens ein paar Tage zu verbergen. Es war kaum mehr als ein schmaler Tunnel – breit genug, um zwei Reihen mit je sechs, sieben Personen zu ermöglichen, aber ohne Möglichkeit aufrecht zu stehen. Zwölf bis vierzehn Personen konnten sich gleichzeitig hineinquetschen.

Irgendwann kam Timush zu uns, um uns vor einer akcia zu warnen. Wir gingen schnell in die Küche und rückten den Herd zur Seite. Timush wartete geduldig, während wir in den Tunnel hinabstiegen. Dann schob er den Ofen wieder an seinen Platz, um den Eingang abzudecken. Die Kohlen vom Abendessen brannten noch immer heiß und würden jeden Judenjäger überzeugen, dass nichts fehl am Platze war. Beklommen, voller Angst, warteten wir, als der Lärm der akcia anschwoll und ihren Höhepunkt erreichte.

Es scheint unmöglich inmitten des Schreckens dieser Erfahrungen, aber es gab einige Momente, die ich nur als humorvoll beschreiben kann. Rückblickend kann ich darüber lachen, aber damals war die Situation todernst. Während der besagten akcia versteckte sich unsere engste Familie zusammen mit einigen Nachbarn in dem Tunnel. Einer dieser Nachbarn war ein fettleibiger Mann, der einen Topf Bohnen mitbrachte. Als Antwort auf unsere Überraschung sagte er: „Ich weiß nicht, wie lange ich hier sein werde. Was ist, wenn ich Hunger bekomme?" Kaum hatte er sich hingesetzt, begann er zu essen.

Ein weiterer Nachbar, der zugegen war, war ein Künstler und Tänzer aus Ungarn. Er war fit und schien ein sehr ernster Zeitgenosse zu sein. Kurz nachdem sich der Eingang über uns schloss, lauschten wir in Stille angestrengt nach Hinweisen darauf, was über uns geschah. Die Stimmung war angespannt und wir waren es auch, aber die Bohnen fingen an, zu wirken.

Ohne Vorwarnung wurde die Stille gebrochen, als der Mann begann, laut zu flatulieren. Unter anderen Umständen hätte das Geräusch sofort Gelächter hervorgerufen, doch in unserer verzweifelten Situation gab es keinen Grund zu lachen. Fassungsloses Schweigen und ein fauliger Geruch erfüllten den Bunker. In dem Moment näherte sich der ungarische Künstler dem korpulenten Mann, starrte ihm für einen kurzen Augenblick direkt in die Augen und sagte mit ruhiger Stimme und einem empörten Gesichtsausdruck: „Vielen herzlichen Dank!" Dann wandte er sich ab und setzte sich wieder, die Augen zu Boden gerichtet.

Überrascht sagte der Missetäter: „Warum danken Sie mir?" Der Künstler sah auf und entgegnete ohne zu zögern, mit einem Anflug von Wut: „Danke, dass Sie nicht geschissen haben!" Damals lachte niemand, aber diese Szene brannte sich in mein Gedächtnis ein und aus der Dunkelheit dieses schrecklichen Momentes kann ich über die Gewitztheit des Mannes lachen.

Die akcia dauerte zu diesem Moment noch an, aber war zum Glück bald vorüber. Diese Vorfälle waren sehr unterschiedlich – von hunderten involvierten Juden bis hin zu ein paar Unglücklichen. Oft zettelten Mitglieder der Gestapo aus der nahegelegenen Stadt Czortkow diese Überfälle an.

Manchmal waren es nur ein paar wenige Offiziere, die etwas Abwechslung suchten: Sie fielen in das Dorf ein, schnappten sich ein, zwei Juden und töteten sie auf der Stelle. Dann war es vorbei. Andere Male gingen sie organisierter und systematischer vor, mit der Absicht, den Zielbereich vollständig von Juden zu befreien. Man nannte dies *judenrein*. In dieser Nacht blieben wir von Letzterem verschont.

Mittlerweile kann ich über die Verdauungsprobleme unseres übergewichtigen Nachbarn lachen, aber ich hatte ein ähnlich peinliches Erlebnis bei einer anderen akcia. Nicht lange nach dem Ereignis, von dem ich gerade erzählte, besuchte ich einen Freund in der Nähe, dessen Familie auch einen Bunker in ihrem Haus hatte. Mein Freund hieß Wilo Schechner und sein Vater war Mitglied des örtlichen Judenrates. Seine Mutter war ein paar Jahre vor dem Krieg verstorben. Während wir miteinander spielten, war die Gestapo aus Czortkow auf dem Weg zu uns. Aus dem Nebenzimmer hörten wir turbulente Geräusche; der Vater meines Freundes bereitete das Versteck vor. Wir eilten hin, um zu sehen, was der Grund für die Geräusche war. Der Vater sah mich an und rief: „Akcia! Akcia! Geh, lauf nach Hause! Lauf nach Hause!" Er winkte mich in Richtung der Haustür. Er hatte Angst, den Ort ihres Versteckens preiszugeben. Je weniger Leute von dem Versteck wussten, desto größer die Chance, dass es unentdeckt blieb. Doch mein Freund packte mich am Arm und zog mich zu sich heran. „Nein!" schrie er. „Er bleibt! Er schafft das nie. Er geht nicht. Er kommt mit mir!"

Sein Vater gab schnell klein bei und wir stiegen so schnell wir konnten in den Bunker hinab. Wir schlossen den Eingang und warteten. Eine lange Zeit herrschte Stille. Dann hörten wir hämmernde Geräusche und laute Stimmen. Die Decke über uns ächzte unter schweren Schritten. Wir sahen sie nicht, aber wir wussten, dass es Mitglieder des Sonderdienstes waren, eine Spezialeinheit, die gegründet wurde, um die Juden in ganz Europa zu vernichten. Zusammen mit den ortsansässigen Ukrainern stampften sie durch das ganze Haus und suchten nach Juden. Den ganzen Nachmittag und bis weit in den Abend hinein durchkämmten sie jeden Zentimeter des Hauses, stießen Wände auf und rissen die Wandbekleidung ab. Wir lauschten dem Lärm und Geschrei, das von den Straßen direkt vor dem Haus kam.

Nach einer Weile legte sich der Lärm, aber wir waren uns nicht sicher, wann es sicher war, herauszukommen. Und so saßen wir reglos für den Rest der Nacht da. Irgendwann in den frühen Morgenstunden wurde mir übel. Mir drehte sich der Magen um. Angst und Schrecken saßen mir in den Knochen und mich überkam schon bald das Gefühl, mich erleichtern zu müssen. Aber das Druckgefühl war nicht normal – es war Durchfall. Ich versuchte, es zurückzuhalten, aber es war bereits dabei auszulaufen. Plötzlich verlor ich jegliche Kontrolle und konnte es nicht länger zurückhalten. Ich dachte: „Oh mein Gott! Ich habe mir in die Hose gemacht!" Die Luft war von einem derartigen Gestank erfüllt, dass die anderen begannen zu husten und zu würgen. Sie sagten nichts, aber ihre Blicke hätten töten können.

Diesmal gab es nichts zu lachen, besonders nicht für mich. Und abgesehen davon, dass es mir schrecklich peinlich war, war ich auch völlig verängstigt. Ich war nur widerwillig in das Familienversteck meines Freundes eingeladen worden, und trug jetzt mit meiner Inkontinenz zu deren Verzweiflung bei.

Ein paar Stunden später, mitten am nächsten Tag, flachte der ganze Lärm endlich ab. Es fühlte sich sicher an, das Versteck zu verlassen. Wie man sich nur allzu gut vorstellen kann, hatten meine Eltern große Ängste ausgestanden, als ich nicht vor der akcia zu Hause war. Nachdem diese ihr Ende fand, durchkämmten meine Mutter und meine Schwester die Straßen von Tluste. Sie betrachteten die Toten, voller Sorge, dass ich unter ihnen war. Sie hofften, dass ich noch am Leben war, und ihre Hoffnungen wurden bestärkt, da sie mich nicht in den Straßen fanden.

Als ich endlich nach Hause kam, füllten Schreie der Erleichterung und Freudentränen das Haus. Meine Familie umarmte mich, als würde sie mich nie wieder loslassen wollen. Etwa vierzig Menschen starben in dieser akcia.

12

SUCHE NACH ESSEN

Es war ein ständiger Kampf genug Essen zu haben, um am Leben zu bleiben. Wir waren immer auf der Suche nach Essen, egal, wie wenig es war. Manchmal setzten wir uns auf dieser Suche schlimmen Risiken aus, wie Bestrafung oder selbst dem Tod.

Die Nazis ließen uns praktisch zu Tode hungern, indem sie uns in das Ghetto sperrten und nur so wenig Nahrung wie möglich zur Verfügung stellten. Wie ich bereits anmerkte, war es uns verboten, in der Stadt Geschäfte zu betreten. Der einzige Weg, an Lebensmittel zu kommen, bestand darin, kreative Wege des Schmuggelns zu finden.

Mein Vater war zu einem örtlichen Getreidespeicher geschickt worden, um dort Arbeiten zu verrichten. Dort musste er fünfzig bis hundert Pfund schwere Säcke mit Mehl und anderen Getreidearten schleppen. Vater war ein Geschäftsmann, hatte den größten Teil seines Arbeitslebens am Schreibtisch verbracht und nie schwere körperliche Arbeit verrichten müssen. Jetzt, mit Mitte vierzig, war er zu sehr schwerer körperlicher Arbeit gezwungen. Und das ohnehin schwach vom Hunger und auf Lebensmittelrationen, die vorne und hinten nicht reichten. Wir hatten Angst, dass er nicht lange durchhalten würde. Eines Tages kam meine Schwester an seiner Arbeitsstelle vorbei. Sie versuchte angestrengt hineinzuschauen, um ihn zu sehen. Er stand in voller Sicht, doch er war so gebrechlich und schwach geworden und so voller Staub und Schmutz bedeckt, dass sie ihn nicht erkannte.

Es war eine schlimme Zeit für ihn, aber während er dort arbeitete, dachte er an Möglichkeiten, uns etwas mehr Essen zu bringen. Eines Tages schnitt er Löcher in die Vordertaschen seiner Hose, bevor er zur Arbeit ging. Er zog die Hose an, setzte sich hin und band das Ende des Hosenbeins mit einem Strick fest. Dann nahm er eine weitere Hose, schnitt erneut Löcher in die Hosentaschen und zog die Hose über die erste. Die Schuhe folgten.

Als er am Abend zurückkam, bat er meine Mutter, den großen Waschbottich zu bringen. Sie gab ihm diesen und mein Vater stellt ihn auf den Boden. Er zog die äußere Hose aus und trat dann in den Bottich, wo er die Schnüre löste. Getreide ergoss sich aus seiner Hose. Im Laufe seines Arbeitstages hatte mein Vater jede Gelegenheit genutzt, um aus den Säcken gefallene Körner aufzuheben und sie in die löchrigen Hosentaschen zu stecken. Im Getreidespeicher musste er auch oft die Böden fegen, wodurch er die Chance hatte, heimlich ein paar Getreidekörner einzustecken.

Es ist erstaunlich, wenn man zurückdenkt und sich erinnert, wie ein paar Unzen Mehl uns solch Freude und Erleichterung brachten. Doch der Anblick des Getreides brachte auch Angst und Grauen mit sich, weil wir wussten, was für einer Gefahr sich unser Vater aussetzte. Wäre er erwischt worden, hätte man ihn auf der Stelle erschossen. Die mörderischen Herrscher und ihre ukrainischen Kohorten hießen jeden Vorwand, um einen weiteren Juden umzubringen, willkommen. Ein kleiner Fehltritt genügte. Kurz nach diesem Ereignis, in einem Versuch meiner Familie mehr Essen zu besorgen, dachte ich, mein letztes Stündlein hätte geschlagen.

Wir wussten, dass Essensabfälle in der Stadt im Müll landeten. Wenn das Essen besonders knapp und wir äußerst verzweifelt waren, machte ich mich daran, jeden Mülleimer nach Essensresten zu durchwühlen. Für gewöhnlich gab es Gemüsereste, die noch nicht verfault waren. Es waren diese Kleinigkeiten, die uns vor dem Hungern bewahrten.

Eines Nachmittags kam meine Mutter auf mich zu und bat mich, eine dieser Runden zu drehen. Ich hatte Glück: Gemüsestücke und andere Essensreste. Stolz und zufrieden mit meiner Ausbeute begab ich mich auf den Heimweg. Ich trat um die letzte Häuserecke und unser Haus war bereits in Sichtweite, es waren nur noch ein paar Schritte, als eine Hand kräftig auf meiner Schulter niederkam. Mein Hemd zog sich um meinen Hals nach oben und ich konnte keinen Schritt mehr tun. Ich hob den Blick. Es war einer der ukrainischen Polizisten der Stadt, ein Mann namens Schap. Er war für seine üblen Launen und seine Gewalttätigkeit gegenüber Juden bekannt. Wie viele andere Antisemiten bereiteten ihm solche Übergriffe sadistische Freude.

„Was machst du hier?" fuhr er mich in einem bedrohlichen Ton an. Mit einem Zittern in der Stimme gab ich zurück: „Ich gehe nach Hause!" Wut und Hass steigerten sich und er hob seine Hand. Seine Handfläche kollidierte schnell mit meiner Wange. Der Schmerz lähmte mich. Noch nie hatte mich jemand geschlagen oder mir eine Ohrfeige verpasst. Angst floss durch meine Adern, aber es nützte nichts – er hatte mich fest im Griff. Was würde er mit mir tun? Würde er mich meiner Familie entreißen?

Auf einmal erblickte ich meine Mutter, die auf uns zulief. Sie rief: „Komm her, Lonek! Was machst du hier draußen?" Dann sprach sie zu dem Polizisten: „Ich werde ihn nach Hause bringen und ihn dafür bestrafen, dass er das Haus verlassen hat. Er weiß es besser. Können Sie ihn bitte gehen lassen?" Ihr plötzliches Auftauchen schien ihn zu überraschen, denn er lockerte seinen Griff. Ein paar Sekunden lang sah er meine Mutter an und ließ mich dann vollends los. Meine Mutter zögerte keinen Moment. Sie packte mich und zerrte mich mit sich in Richtung des Hauses. Erneut hatte ich das Glück auf meiner Seite gehabt, aber der Schmerz in meinem Gesicht verschlimmerte meine Angst. Ich wusste damals nicht, dass die Brutalität dieser Mörder mit jeder Begegnung weiter zunahm.

13

MEIN FREUND RISKIERT SEIN LEBEN FÜR MICH

Ein paar Wochen später besuchte ich meinen guten Freund Sam. Ich liebte es bei ihm zu sein, da die Werkstatt seines Vaters wie ein Spielzeugladen oder ein Spielplatz für mich war. Sams Vater war Blechschmied und hatte zahllose Werkzeuge in jeder Form und Größe – riesige Hämmer, Scheren und Werkbänke, mit Zwingen und Ambossen. Und natürlich viele andere interessante Werkzeuge für die unterschiedlichsten Zwecke. Für Kinder heutzutage, die viele Spielsachen und elektronische Geräte haben, mögen diese Werkzeuge nur Langeweile hervorrufen. Aber für ein Kind zu Beginn des 20. Jahrhunderts, in einem ärmeren Teil der Welt, waren sie wie Magie. Es bereitete mir unheimliches Vergnügen, die Werkzeuge zu halten, und so zu tun, als würde ich etwas bauen.

Als ich mich an jenem Tag mit Sam traf, gingen wir direkt in die Werkstatt und begannen, unserer Vorstellungskraft freien Lauf zu lassen. Sein Vater arbeitete unterdessen. Nach nur kurzer Zeit hörten wir die ukrainische Polizei und den Sonderdienst, die die Stadt durchkämmten, an Türen klopften und schrien: „Juden raus! Juden raus!" Ihre Rufe hallten durch die Stadt. Sams Vater sprang zur Tür und riss das Holzbrett herunter, sodass die Tür von innen verbarrikadiert war. Sam und ich versteckten uns unter einer

Werkbank und ich zog ein Tuch vom Tisch, um mich abzudecken. Vollkommen still lag ich da, nur mein Atem ging schnell.

Auf einmal hämmerte es an der Tür. Es war einer der ukrainischen Polizisten, die verlangten, dass jeder sofort aus dem Haus kommen sollte. Sams Vater wusste, dass sie die Tür mit Gewalt öffnen würden. Er öffnete die Tür selbst, anstatt sie vom Polizisten aufbrechen zu lassen. Der Mann hob seinen Knüppel und schlug ihn zu Boden. Er packte Sams Vater am Arm und schob ihn zu einer Gruppe von bereits gefangenen Juden auf die Straße. Dann kam er zurück zur Tür. „Sonst noch jemand hier drin?" rief er. „Kommt jetzt raus!" Oft hatten diese Leute auch Angst, die Häuser zu schnell zu betreten, da sie fürchteten, jemand könne sie aus dem Hinterhalt angreifen. Einen Moment lang stand der Mann still, bevor er vorsichtig zur Tür hereintrat.

Das grelle Sonnenlicht von draußen erschwerte ihm die Sicht in das Innere der Werkstatt deutlich. Er schirmte seine Augen mit der Hand ab und beugte den Kopf nach vorne, sodass sich seine Augen an die Dunkelheit gewöhnen konnten. Erneut blieb er stehen und wiederholte seine Aufforderung: „Kommt jetzt heraus!"

In diesem Moment sprang Sam unter der Werkbank hervor und rannte los. Er schrie: „Ich bin hier! Ich komme! Außer mir ist hier niemand!" Der Ukrainer packte ihn am Hemd, schlug ihm ins Gesicht und zerrte Sam schnell dorthin, wo die anderen Juden warteten. Mein Herz bebte in meiner Brust. Was hatte Sam getan? Er hatte sich selbst aufgegeben! Und dabei die Aufmerksamkeit des Judenjägers von mir genommen. In voller Erwartung, dass der Soldat zurückkehren würde, um den Laden zu durchsuchen, lauschte ich. Nur wenige Minuten vergingen, aber sie fühlten sich an wie Stunden. Keine Schritte kehrten zurück. Ich wartete noch etwas länger, und es schien immer wahrscheinlicher, dass der Soldat Sams Behauptung Glauben schenkte, dass er der Einzige im Raum gewesen war. Dennoch blieb ich reglos und mit vor Angst hämmerndem Herzen unter der Werkbank liegen.

Unterdessen wuchs die Zahl der Gefangenen aus der Stadt vor dem Laden und die Nazi-Soldaten befahlen ihnen, sich in Viererreihen aufzustellen. Sie organisierten die Menschen, damit sie aus der Stadt marschieren konnten, um sie so in Konzentrationslager und Arbeitslager deportieren zu können. Sam schloss sich ihnen am Ende der Reihe an, stand still und wartete darauf, dass die Tortur begann. Er schaute sich um und bemerkte, dass die Soldaten sich nach vorne bewegt hatten und ihn unter all den Erwachsenen nicht mehr sahen, da diese ihn überragten. Er blickte die Straße entlang – sie war ihm so vertraut. Er kannte jede Ecke, jeden Winkel und jede Gasse, die zwischen den Häusern und den Geschäften abzweigte. Nur wenige Meter vor sich entdeckte er eine dieser kleinen Gassen und schätzte die Distanz und seine Chance, sich unbemerkt davon zu machen, ein. Würde es ihm gelingen, durch die schmale Öffnung zu entkommen, bevor einer der Soldaten es merkte und reagierte? Ein Scheitern würde mit ziemlicher Sicherheit den sofortigen Tod bedeuten. Doch wenn er in den Reihen blieb, verzögerte sich sein Tod nur um ein paar Stunden, Tage oder Wochen. Sam kannte die Absicht der akcia nicht – zog man sie für Sklavenarbeit für die Kriegsanstrengungen heran oder wollte man sie eliminieren?

Ohne einen weiteren Gedanken oder ein Zögern duckte sich Sam und huschte auf allen Vieren durch die Beine der Gefangenen. Das war ein brillanter Schachzug, da die Wachen ihn, so von den anderen verborgen, nicht sehen konnten. Er stieß gegen Beine und einige konnten ihre Überraschung nicht verbergen. Ein paar ukrainische Polizisten bemerkten die Aufregung und gingen auf das Getümmel in den Reihen zu, aber Sam hatte die Gasse erreicht. Er richtete sich auf und rannte auf das Gassenende zu. Die Gasse war nicht lang und von einer zweieinhalb Meter hohen Mauer blockiert. Doch Sam wurde nicht langsamer. Die Ukrainer betraten die Gasse und riefen ihm zu, er solle stehenbleiben. Mit einer schnellen Bewegung und ohne seine Geschwindigkeit zu verlieren, näherte sich Sam der Holzmauer. Das Adrenalin in seinen Adern und die Nervosität stießen ihn mit übermenschlicher Kraft nach oben. Sein rechter Fuß traf auf halber Höhe eine Holzlatte. Seine Hände bekamen das obere Ende der Holzplanken zu packen und er zog sich so mühelos über die Absperrung, als sei er ein olympischer Hochspringer. Mit einem dumpfen Schlag landete er auf der anderen Seite, rollte sich über die Schulter und auf seinen Rücken ab. Er ignorierte alles, sprang auf und rannte weiter, rannte so schnell er konnte über die Straße hinter dem Zaun und durch eine weitere Gasse, die zum Stadtrand führte.

Die Soldaten bogen um die Ecke in der Gasse und blieben stehen, als sie auf die Holzwand stießen. Wo war er? Ein Junge hätte nicht so hoch springen können, doch er war nirgends zu finden. Sie sahen sich nach Kisten, Fässern oder etwas anderem um, das ihn hätte verbergen können. Aber er war nicht da. In der Zwischenzeit rannte Sam zu einem nahe gelegenen Stall und duckte sich unter einer der Ständetüren hindurch. Der Stand war leer, aber es gab einen großen Heuhaufen. Er deckte sich mit dem Heu ab und versuchte, seinen schweren Atem und sein wild pochendes Herz zu beruhigen. Nach einer Weile wusste er anhand der Stille, dass niemand seinen Fluchtweg entdeckt hatte. Dennoch lag er dort die ganze Nacht und bis in die frühen Morgenstunden so still er konnte.

Sam hatte die Nazi-Soldaten und die bewaffneten Polizisten überlistet. Wieder einmal hatte er von seiner praktischen Intelligenz und Gewieftheit, für die ich ihn so bewunderte, Gebrauch gemacht. Tatsächlich hatte er sein Leben für mich riskiert, für einen Freund, den er erst seit einigen Monaten kannte. Er musste sich dem, was er tat, bewusst gewesen sein, als er im Laden auf den Polizisten zulief. Aller Wahrscheinlichkeit nach war ihm klar, dass er sein Leben aufgab.

Zu diesem Zeitpunkt wussten wir alle, dass die Flucht nach einer Gefangennahme während einer akcia den Tod bedeutete. Es gab wenig Hoffnung auf ein Überleben, wenn man auf der Flucht erwischt wurde. Ich hätte nicht gewusst, was zu tun ist, hätten sie mich gefunden. Wie hätte ich mich davonmachen können, wo hätte ich hinlaufen sollen? Ich kannte die Straßen nicht so gut wie Sam und ich hätte zu viel Angst gehabt. Mir war nicht entgangen, was für einen erstaunlichen Akt des Mutes und der Selbstaufopferung Sam da vollbrachte. Ich hatte so etwas noch nie erlebt, besonders nicht von einer so jungen Person. Ich war und bin ihm noch immer auf ewig zu Dank verpflichtet.

Im Laden war ich mir der Ereignisse, die sich abspielten, gar nicht bewusst. Still und viele Stunden lang lag ich einfach nur da. Ich weiß nicht, wie lange, aber es kam mir wie die Ewigkeit vor. Der Lärm der akcia war nach einigen Stunden verebbt, aber ich hatte Angst mein Versteck zu verlassen und blieb bis spät in die Nacht.

Erneut hatten meine Eltern große Angst, man hätte mich gefangen genommen, getötet oder vielleicht in ein Lager gebracht. Nach Einbruch der Dunkelheit hüllte sich meine Mutter in einen Schal und schlich sich aus dem Haus, um nach mir zu suchen. Sie wusste, dass ich Sam hatte besuchen wollen und machte sich auf den Weg dorthin. Die Straßen waren still und verlassen, da sich noch viele Menschen versteckten. Dennoch blieb es gefährlich. Zum Glück gelangte meine Mutter unentdeckt zur Werkstatt. Sie trat ein und rief leise meinen Namen. Ich erkannte ihre Stimme und kroch unter der Werkbank hervor. Wir umarmten uns, aber vergeudeten keine Zeit mit zu vielen Gefühlen, bevor wir den Rückweg nach Hause antraten, darauf bedacht, keine Aufmerksamkeit auf uns zu ziehen.

Am nächsten Tag suchte ich nach Sam und war hocherfreut, ihn zu finden. Er berichtete mir von seiner Flucht und dass auch sein Vater einen Weg gefunden hatte, zu entkommen. Vor der Werkstatt und in Obhut des ukrainischen Polizisten zog der Vater schnell eine goldene Uhr hervor und bot sie dem Polizisten an. Im Gegenzug sollte dieser ihn gehen lassen. Ein paar Sekunden lang sah der Polizist die Uhr an und nahm sie ihm ab. Dann zog er seine Waffe und richtete sie in die Luft. Er drückte den Abzug und der Knall war in der ganzen Stadt zu hören. Er sah Sams Vater an und sagte: „Jetzt lauf schon. Hau ab!"

Im Oktober 1942 erfuhren wir, dass eine weitere akcia geplant war. Der Freund meiner Schwester, Mendel, überzeugte uns, in eine nahe gelegene Stadt zu gehen, um ihr zu entkommen. Dort hatte er Freunde, die uns aufnehmen würden. Meine Eltern fanden es eine gute Idee, aber beschlossen, selbst in Tluste zu bleiben, weil Timush meinte, er würde sie beschützen. Uns wollten sie so weit weg wie möglich haben, und so verließen Tusia, Mendel, Edek und ich in Windeseile die Stadt. Meine Mutter und mein Vater blieben wie geplant.

Timush kreuzte am späten Abend auf, um meine Eltern zu holen. Er plante, sie zu einer Kirche zu bringen, wo er damit beauftragt war, die Fenster zu ersetzen und andere Reparaturarbeiten zu verrichten. Aber ihm kam etwas dazwischen und er nahm sie mit zu sich nach Hause, bevor er sie am Morgen zur Kirche bringen wollte. Als der Morgen anbrach, wurde Timush von Geräuschen vor dem Haus wach. Er eilte zur Haustür und öffnete sie. Die Deutschen schwärmten bereits durch die Gegend, um nach Juden zu suchen, und es war zu spät, meine Eltern zur Kirche zu bringen, um sie zu verstecken. Schnell drehte sich Timush um und weckte meine Mutter und meinen Vater. Er brachte sie in sein Schlafzimmer und sagte, sie sollen sich in sein Bett legen. Er bedeckte sie mit Decken und Kissen und einigen Mänteln. Alles war sorgfältig so arrangiert, dass es aussah, als handele es sich lediglich um einen Wäsche- und Kleiderhaufen. Er belehrte sie, möglichst still zu liegen und keinen Mucks zu machen.

In der Hoffnung, an alles gedacht zu haben, verließ Timush das Schlafzimmer und ging langsam zu der noch offenstehenden Haustür. Lässig lehnte er sich gegen den Türrahmen und holte eine Zigarette aus der Tasche. Seelenruhig steckte er sie sich in den Mund und zündete sie mit einem Streichholz an. Als er an der Zigarette zog, stand er da wie ein Zuschauer, der sich nur für die Aufregung in der Straße interessierte. Er wartete, während Soldaten ihn passierten und neugierig anschauten. Die Einheimischen, die den Deutschen halfen, kannten Timush als einen ukrainischen Nationalisten und überzeugten die Soldaten, weiterzuziehen, da sie nicht glaubten, dass er Juden verstecken würde. Um die List nicht auffliegen zu lassen, lächelte Timush sie an und drehte sich langsam um. Er verschwand außer Sichtweite ins Innere des Hauses, die Tür sperrangelweit offen. In diesem Moment brachte dies jeden noch vorhandenen Verdacht über Timush zum Schweigen. Als der Mob das Haus passierte, sahen sie eine offene Tür und gingen davon aus, dass es jemand bereits durchsucht hatte. Ohne anzuhalten, zogen sie weiter und suchten nach anderen Häusern, wo sie einfallen konnten.

14

TUSIA WIRD NICHTJÜDISCH

Einen Monat später kam meinem Vater die Idee, meine Schwester in Sicherheit und raus aus Tluste zu schmuggeln. Er hielt es für möglich, dass sie sich als nichtjüdisch ausgeben könne. Für eine Jüdin war diese List ein Leichtes, für einen jüdischen Jungen oder einen Mann aber aufgrund der Beschneidung ein Ding der Unmöglichkeit. Bei einer Gefangennahme oder einem Verhör reichte eine heruntergezogene Hose, um die Wahrheit aufzudecken. Mein Vater wusste, dass eine solche Schliche Gefahren mit sich brachte, hatte jedoch Sorge, dass es nur eine Frage der Zeit war, bis man Tusia töten würde, sollte sie bleiben. Er schätzte ihre Überlebenschancen auf diese Weise höher ein, auch wenn er nicht wollte, dass sie fortging. So würde immerhin einer aus der Familie überleben und Zeuge der schrecklichen Verbrechen sein. Und vielleicht würde es Tusia gelingen, dem Rest der Familie zu helfen, sollte sie Erfolg haben.

Er besprach diese Idee mit Timush und unser ukrainischer Freund versprach meinem Vater, zu helfen. Timush hatte einige Freunde, die in Krakau lebten, und die er kontaktieren würde, um zu sehen, ob sie Tusia bei sich aufnehmen würden. Sie beschlossen, dass Timush, unter dem Deckmantel ihr Mann zu sein, mit ihr nach

Krakau reisen würde. Für die Reise konnten sie die Reisepapiere und den Ausweis von Timushs Frau verwenden. Einmal in Krakau angekommen, könnten seine Freunde ihr helfen, dauerhafte Papiere mit einer neuen Identität zu beschaffen.

Anfangs war Tusia nicht sonderlich auf diesen neuen Plan erpicht. Es war äußerst gefährlich und sie wollte nicht von uns getrennt werden. Doch schließlich willigte sie tapfer ein, angespornt von dem Gedanken, unserer Familie dann helfen zu können.

Unsere Mutter tat ihr Bestes, um frische, saubere Kleidung für sie zu finden, damit sie nicht wie eine mittellose Jüdin aus dem Ghetto aussah. Tusia färbte ihr Haar blond und lernte christliche Sitten von Timush, unter anderem Verse aus dem Neuen Testament und einige der üblichsten Gebete. Am Tag ihrer Abreise half meine Mutter ihr beim Ankleiden, trug ihr etwas Make-up auf und frisierte ihr die Haare. In der neuen Kleidung und Haarfarbe glich sie tatsächlich einem durchschnittlichen polnischen Mädchen. Wie versprochen, kam Timush, um sie abzuholen. Meine Schwester umarmte jeden von uns mit Tränen in den Augen. Meine Eltern weinten bitterlich, während mein Bruder und ich voller Traurigkeit neben ihnen standen. Wir wussten nicht, ob wir Tusia je wiedersehen würden, und nach all dem Schrecken, den wir bisher erlebt hatten, wagten wir nicht zu hoffen.

Timush arrangierte die Reise nach Krakau wohlwissend, dass sie nicht vom Bahnhof in Tluste fahren konnten, ohne erkannt zu werden. Stattdessen ging es zu Fuß ins zwanzig Kilometer entfernte Zalishchyky, wo sie in den Zug einsteigen konnten, ohne dass jemand sie erkannte. Der zermürbende Weg in die Stadt war nicht einfach; die Winterkälte machte ihnen zu schaffen. Und es war gefährlich für sie zu zweit unterwegs zu sein, so wahrscheinlich war es, dass sie auf deutsche Militärfahrzeuge und Soldaten stießen, deren Verdacht sie wecken könnten. Die Ortsansässigen, die die Bauernhöfe, Städte und Dörfer zwischen Tluste und Zalishchyky bewohnten, könnten ebenfalls zum Problem werden.

Der Gedanke an alles, was schiefgehen konnte, bereitete meinen Eltern zweifelsfrei eine lange, schlaflose Nacht.

Tusia und Timush erreichten den Bahnhof ohne Probleme, kauften ihre Fahrkarten und stiegen in den Zug. Der erste Halt war in Stanisławów, der Heimatstadt meines Großvaters väterlicherseits. Hier mussten sie für die nächste Etappe ihrer Reise umsteigen. Als sie entlang der Gleise und durch den Bahnhof liefen, bemerkten sie zwei polnische Detektive, die Papiere kontrollierten und die Fahrgäste verhörten. Tusia sah, dass einer der beiden anfing, sie aufmerksam zu beobachten. Ein paar Minuten später näherten sich die Detektive. Sie verlangten die Papiere und Timush zeigte die Hochzeitsurkunde. Einer der Detektive prüfte sie und der andere stellte einige Routinefragen: Wo kamen sie her? Wohin gingen sie? Wie lange waren sie verheiratet? Timush beantwortete alle Fragen, während Tusia ruhig zusah. „Wir fahren nach Krakau, um dort Urlaub zu machen und einige Freunde zu besuchen." Die Detektive schienen misstrauisch, fragten allerdings nicht weiter. Ruhig gaben sie die Dokumente zurück und entfernten sich.

Timush war nicht überzeugt, dass alles problemlos verlaufen würde. Die Kriminalbeamten beobachteten sie nämlich weiterhin, als sie durch den Bahnhof liefen. Vorsichtig lehnte Timush sich zu Tusia und fragte im Flüsterton: „Hast du Bilder von deiner Familie dabei?" Tusia antwortete: „Ja, das habe ich." Leise gab Timush zurück: „Geh auf die Toilette und werde die Bilder los. Es tut mir leid, aber wenn sie die Bilder finden, wissen sie, dass du dich verkleidet hast." Tusia fand den Waschraum sofort, ging hinein und betrat eine der Toilettenkabinen. Sie schloss die Tür hinter sich und öffnete ihren Geldbeutel. Langsam nahm sie die Fotos hervor und betrachtete sie voller Sehnsucht. Bald verschwammen die Gesichter ihrer geliebten Familie vor ihren Augen. Traurigkeit übermannte sie, als sie begriff, dass sie ihre Familie vielleicht nie wieder sehen würde. Und jetzt würde sie auch keine Bilder haben, um sich ihrer zu erinnern. Entgegen all ihrer Instinkte begann sie, die Fotos zu zerreißen. Die Papierfetzen fielen zusammen mit ihren bittern Tränen in die

Toilette. Traurigkeit wandelte sich zu Wut und Verzweiflung, als sie die Klospülung betätigte.

Als Tusia zu Timush in die Bahnhofshalle zurückkehrte, zog er sie an sich, um sie zu trösten. Er achtete darauf, ihr Weinen vor den Detektiven zu verbergen, die sie noch immer beobachteten. Sie mussten den Schein wahren, im Urlaub zu sein, und jeder Ausdruck von Traurigkeit hätte sie auffliegen lassen. Nach einer Weile erlangte Tusia ihre Fassung wieder und die Detektive waren mit dem Ausfragen anderer Fahrgäste abgelenkt. Minuten schienen wie Stunden, bevor es Zeit war, in den nächsten Zug zu steigen.

Meine Schwester war äußerst erleichtert, als sie wieder im Zug saß. Sie war dem Verdacht der beiden Detektive entgangen und konnte sich nun entspannen. Der Zug raste durch die Dämmerung und es dauerte nicht lange, bis es stockfinster war. Als die meisten schliefen, schalteten die Schaffner alle Lichter im Zug aus. Die Dunkelheit hatte etwas Tröstliches. Timush hielt Tusia fest an sich gedrückt. Trotz der Ängste, die sie heimsuchten, taten sie ihr Bestes, um ein wenig zu schlafen.

Plötzlich war der Moment der Erleichterung vorbei. Die unverwechselbaren Geräusche von näherkommenden Gestapo-Agenten durchbrachen die Stille in der Dunkelheit. Die Agenten zogen die Türen zu jedem Abteil auf und leuchteten mit Taschenlampen über die Passagiere, als suchten sie nach einem Flüchtigen. Tusia vergrub ihr Gesicht in Timushs Brust und stellte sich schlafend. Einer der Gestapo-Männer richtete das Licht direkt auf ihre Augen. Ruhig hob sie den Kopf, blinzelte schläfrig und murmelte etwas Unverständliches. Dann schloss sie ihre Augen und ließ ihren Kopf zurück auf Timush fallen. Der Lichtkegel blieb ein paar Sekunden lang weiterhin auf sie gerichtet, dann wanderte er weiter. Auch der Mann von der Gestapo entfernte sich zurück zur Abteiltür. In bloßen Sekunden war er verschwunden und auf dem Weg ins nächste Abteil.

Tusia war eine begnadete Schauspielerin und überraschte sich selbst mit dieser Leistung. Ihr Herz schlug, als würde es explodieren wollen. Doch sie hielt den Kopf gesenkt und konnte sich wieder beruhigen. Es ist unnötig zu erwähnen, dass Schlaf in der restlichen Nacht fernblieb; erwarteten sie doch, dass die Agenten zurückkehren und alles ein zweites Mal überprüfen würden. Der Zug zuckelte durch die Nacht nach Westen. Den Rest der Fahrt blieben die beiden unbemerkt und entgingen jedem Verdacht.

Es dauerte ganze zwei Tage bis zum nächsten Bahnhof, einer kleinen Stadt namens Zegocina. Dort stand ihnen ein weiterer Umstieg bevor. Es war Morgen, als sie ankamen. Zegocina war nur fünfzig Kilometer von Krakau entfernt, den größten Teil der Reise hatten sie hinter sich. Die Hoffnung wuchs, dass sie den Rest des Weges in Ruhe und unbeschadet überstehen würden. Obwohl es eine kleine Stadt war, war Zegocina ein Hauptknotenpunkt der Eisenbahn für Krakau und andere Orte. Der Bahnhof war ein geschäftiger Ort und die Deutschen hatten viele Sicherheitsmaßnahmen, um jegliche bedrohliche oder illegale Aktivität zu unterbinden.

Einmal aus dem Zug und auf dem Bahnsteig, sahen sich Timush und Tusia schnell um: Um in den Bahnhof und zu ihrem nächsten Zug zu gelangen, mussten sie eine Sicherheitskontrolle passieren. Zu beiden Seiten des Tores, durch das sie somit mussten, standen mehrere Gestapo-Agenten und hielten nach Verdächtigen Ausschau. Sie hatten es auf Schwarzhändler, Spione, Schmuggler und – natürlich – Juden abgesehen.

Gerade als Tusia Richtung Tor blickte, drehte sich einer der Offiziere um und sah sie direkt an. Ein kalter Schauer lief ihren Rücken herab. Sie wandte sich an Timush und sagte: „Wir sind entdeckt! Ich sehe es ihm an. Er weiß, dass ich jüdisch bin." Timush legte seinen Arm um sie und zog sie zu sich. „Bleib ruhig", sagte er. „Versuche zu lächeln und glücklich auszusehen." Tusia tat ihr Bestes, aber dann bemerkten sie, dass der Polizist, der sie beobachtet hatte, sich zu einem anderen Agenten umdrehte und diesem etwas zuflüsterte. Beide sahen sie Tusia an. Ihr Mut verließ sie und sie senkte ihren Blick, als könnte es das Kommende verhindern.

Sie machten sich auf den Weg zur Kontrolle. Als sie näherkamen, fasste Tusia genug Mut, um erneut zum Tor sehen zu können. Eine Menschentraube bildete sich, als die Beamten den Passagierstrom anhielten. Sie befragten zwei komplett in Schwarz gekleidete Frauen mit Trauerschleiern eindringlich. Tusia hörte nicht, was die Männer sagten, aber ihre Worte klangen knapp, energisch und wütend. Offensichtlich erregten diese beiden Frauen Verdacht und die Gestapo schien bereit, sie zu verhaften.

Auf einmal wandte sich eine der Frauen vom Tor ab und rannte zurück in Richtung der Gleise. Die Männer zogen beide ihre Waffen und riefen laut: „Halt! Sofort stehenbleiben!" Die Frau tat nichts dergleichen und lief noch schneller auf eines der Gleise. Ein Schuss hallte über die Bahnsteige. Die Frau fiel auf ihr Gesicht, quer über die Gleise. Die andere Frau begann zu schreien. Dann stürmte auch sie vom Tor weg und in Richtung der bewegungslosen Frau. Doch sie kam nicht weit. Ein zweiter Schuss. Die Frau sackte sofort zu Boden, während Hunderte von Passagieren geschockt zusahen.

Tusia tat ihr Bestes, um nicht in Panik zu verfallen. Diese Frauen waren jüdisch und hatten gehofft, ihre Trauerschleier würden ihre wahre Identität verbergen. Aber die Männer der Gestapo ließen sich nicht täuschen und kannten keine Gnade. Was würden sie mit Tusia tun? Sie war überzeugt, dass man sie als Jüdin erkannt hatte und ebenso unbarmherzig mit ihr umgehen würde. Gefühle des Terrors und des unmittelbar bevorstehenden Untergangs überkamen sie. Wenn sie gewusst hätte, was ihr bevorstand, wären diese Gefühle wohl noch qualvoller gewesen.

Timush und Tusia blieb keine Wahl. Die Offiziere hatten sie bereits ins Auge gefasst und sie waren gezwungen, ihren Weg zur Sicherheitskontrolle fortzusetzen. Dort angekommen, befahl man ihnen für ein paar Fragen aus der Reihe zu treten. Es waren die üblichen Fragen: „Woher kommen Sie? Wohin gehen Sie"

Unzufrieden mit ihren Antworten verließ der Mann seinen Posten und brachte sie in einen nahegelegenen Verhörraum, wo ein anderer Beamter auf sie wartete. Sie begannen, Timush und Tusia auf Deutsch zu verhören. Und obwohl Tusia etwas Deutsch verstand, sagte sie, dass sie ihre Fragen nicht verstehen würde. Auch Timush behauptete, der Sprache nicht mächtig zu sein. Die Beamten gingen also ins Polnische über und – nachdem sie Timushs Herkunft erfuhren – gelegentlich ins Ukrainische. Tusias Polnisch war perfekt, Ukrainisch aber sprach sie mit einem Akzent. Es war nicht unüblich, dass Polen und Ukrainer heirateten, deshalb hofften sie, dass man ihre Aussprache nicht gegen sie verwenden würde.

Tapfer hielten Timush und Tusia an ihrer Farce fest und erzählten den Beamten, sie hätten geheiratet und wären auf dem Weg nach Krakau, um dort Urlaub zu machen. Timush legte erneut ihre Heiratsurkunde und die Ausweispapiere vor. Doch keines der Papiere zeigte Fotos von ihnen, was den Verdacht der Beamten nicht zerstreute. Einer der Männer schnappte sich Tusias Handtasche und durchwühlte sie. Er schüttete den gesamten Inhalt auf einen Tisch und verteilte die Gegenstände, um sie unter die Lupe zu nehmen. Meine Schwester war erleichtert, dass sie die Familienfotos zerstört hatte – sie wären Grund genug für eine Verhaftung gewesen.

Die Beamten zeigten sich unzufrieden und störten sich scheinbar an den Aussagen. Sie nahmen eine Holzkiste, drehten sie um und befahlen meiner Schwester, sich darauf zu stellen. Dann sagte ihr einer der Männer, sie solle sich ausziehen. Zunächst weigerte sie sich, doch der Mann brüllte sie an und zog seine Waffe. Langsam begann Tusia, sich ihrer Kleidung zu entledigen. Sie zog ihr Kleid, ihr Mieder und ihren Slip aus, bis sie nur noch in ihrem BH und der Unterhose dastand. Plötzlich rief Timush voller Wut: „Nein! Hören Sie auf damit! Das ist meine Frau und Sie werden sie nicht ausziehen!" Die Soldaten sahen ihn ungläubig an. Aber die Wut und der Ernst, die in seiner Stimme mitschwangen, überzeugten sie davon, auf diese Taktik zu verzichten.

Während Tusia von der Kiste stieg und sich wieder anzog, griff einer der Agenten zum Telefon und rief einen anderen Beamten hinzu. Er hing den Hörer auf und nahm seine Waffe langsam aus dem Halter. Er lief auf sie zu und hielt ihr die Waffe vor ihr Gesicht. Unerbittlich schrie er Frage um Frage, bis ein dritter Offizier eintraf.

Der dritte Mann hatte ein Maßband dabei. Er sagte Tusia, sie solle sich auf einen der Stühle setzen und fing dann an, ihren Kopfumfang, ihre Nase, ihre Beinlänge, die Stirnbreite und fast jedes andere Körperteil auszumessen. Gelegentlich nickte er dabei und versicherte den anderen Offizieren, dass die Messungen bewiesen, dass sie Jüdin sei. „Ja, das sind die genauen Maße für eine Jüdin", behauptete er auf Deutsch. Er beobachtete Tusia genau, um zu sehen, ob seine Kommentare Angst hervorriefen und ob sie sich somit verraten würde. Obwohl sie seine Worte verstand, musste sie so tun, als sei dem nicht so, um ihre Charade als Polin aufrechtzuerhalten.

Glücklicherweise verlor Tusias Gesicht nicht seine Farbe, wenn sie die Angst überkam. Stattdessen lief ihr Gesicht rot an. Sie hatte Angst, aber Wut stieg in ihr auf und sie war entschlossen, ihre Angst zu verbergen. Sie sagte sich, dass sie ohnehin sterben würde. Doch sie war entschlossen, den Deutschen nicht die Genugtuung zu geben, dass ihre Verhörtechniken sie zu dem Geständnis brachten, dass sie eine Jüdin war.

Die Männer verstärkten ihre Bemühungen, aber Tusia gab dem Druck nicht nach. Hin und wieder zogen sich die Beamten in einen anderen Raum zurück, um sich zu beraten. Dann kehrten sie wieder und entfesselten eine weitere Befragungsrunde. Nach einem dieser privaten Gespräche kehrte einer der Offiziere zurück und zog erneut seine Waffe. Er drückte Tusia das Ende des Laufs gegen die Schläfe und rief: „Wir sind es leid, dass Sie uns hinhalten! Geben Sie endlich zu, dass Sie Jüdin sind. Wir sind bereit abzudrücken!" Doch Tusia entgegnete, mit jedem

Quäntchen Mut, den sie aufbringen konnte: „Ich bin seine Frau! Ich bin nicht jüdisch!"

Überrascht, aber noch lange nicht überzeugt, steckte der Mann seine Waffe wieder weg. Dann wandte er sich Timush zu und fing an, ihn zu befragen. Bis jetzt hatte sich das Verhör um Tusia gedreht und Timush war, von seinem Protest gegen ihr Ausziehen abgesehen, ruhig in einer Ecke geblieben. Doch die Tortur war nicht vorüber. Vielleicht dachten sie, es würde ihnen gelingen würde, Timush zu brechen, wo sich bei meiner Schwester kein Erfolg gezeigt hatte. Sie wussten, dass er Ukrainer und kein Jude war. Warum sollte so ein Mann sein Leben riskieren, um das einer Jüdin zu retten? Sie waren vollkommen überzeugt, dass Timush etwas verraten würde.

Die Offiziere begannen, Timush ebenso intensiv zu befragen, wie sie es mit Tusia getan hatten. Sie schrien eine Frage nach der anderen heraus, dieselben wie bisher. In der Hoffnung, er würde sich vertun und sich selbst widersprechen. Timush bestand jedoch darauf, dass er und Tusia Mann und Frau seien. Als sich herausstellte, dass die Fragen nicht das gewünschte Geständnis erbrachten, versuchten die Agenten es mit einer neuen Taktik: Einer der Männer nahm einen Schlagstock und schlug sich sanft auf die Handfläche. Er sagte: „Es gibt andere Wege, um Sie gestehen zu lassen, dass sie Jüdin ist" und versetzte Timush einen Schlag. Ein anderer Offizier schlug ihm in den Magen. Schläge über Schläge folgten, während sie ihn aufforderten, zuzugeben, dass er eine Jüdin beschütze. Timushs Gesicht blutete, er hatte aufgrund der Schläge schreckliche Schmerzen. Dennoch bestand er weiterhin darauf, dass Tusia seine Frau und keine Jüdin sei.

Meine Schwester schaute entsetzt zu. Sie hatte Angst, Timush würde schon bald tot sein oder unter der Brutalität brechen und ihr Geheimnis offenbaren. Doch trotz der Prügel gab er nicht nach. Ganz im Gegenteil. Die Aufrichtigkeit seiner Worte schien mit jedem Schlag zu wachsen. Und er hatte keine Angst, für sich selbst einzustehen. Einmal schrie er die Männer an: „Wie können

Sie mich schlagen! Ich dachte, Deutsche und Ukrainer wären Brüder!"

Schließlich erkannten die Beamten, dass er seine Geschichte nicht ändern würde, und gaben diese brutale Taktik auf. Wieder verließen sie den Raum, um ihre nächsten Schritte privat zu besprechen. Als sie zurückkehrten, begann das trübe Licht der frühen Morgenstunden in den Raum zu klettern. Das Verhör hatte die ganze Nacht gedauert. Tusia war erschöpft und Timush krümmte sich vor Schmerzen. Die Offiziere sahen müde aus, aber sie hatten ihre Suche nach einem Geständnis noch nicht aufgegeben. Einer der Agenten verkündete: „Sie sagen, dass sie Ihre Frau ist, aber wir sagen, sie ist Jüdin und Sie wollen ihr zur Flucht verhelfen. Also werden wir sie verhaften, aber Sie werden nach Hause geben und uns Papiere bringen, die beweisen, dass sie Ihre Frau ist." Tusia packte die Angst, als sie dachte: Wie lange wird das dauern? Eine Woche, vielleicht zwei? Mein Gott, ich werde nicht heute sterben, aber ganz bestimmt in einer Woche! Vielleicht wäre es besser, alles zu gestehen, und die die ganze Sache schneller hinter sich zu haben.

Doch Timush war noch nicht bereit, aufzugeben. Er schrie: „NEIN! Sie werden meine Frau nicht verhaften und sie allein in einem Gefängnis lassen. Wenn Sie sie verhaften, müssen Sie auch mich verhaften!" Einer der Beamten feuerte zurück: „Nein! Wir WERDEN sie verhaften und nicht Sie. Also verschwinden Sie jetzt." Schnell antwortete Timush: „In diesem Fall werde ich mich auf die Treppe vor dem Gefängnis setzen und warten, bis sie herauskommt. Sie haben ein Telefon und einen Telegraphen. Nutzen Sie die, um Informationen über uns zu erhalten." Damit nahm er den Beamten den Wind aus den Segeln und sie zogen sich zurück, um sich erneut zu beraten.

Tusia fragte sich, was Timush nur tat. Die Beamten hatten ihm eine Möglichkeit gegeben, sich davonzumachen, ohne verhaftet und mit ihr erschossen zu werden. Sie waren eindeutig davon überzeugt, dass es Beweis genug war, dass sie Jüdin und nicht seine Frau war, falls Timush ging und nicht wiederkam. Tusia konnte es nicht fassen, dass er bereit war, sein Leben zu geben, um ihres zu retten. Mehr denn je war sie sich sicher, dass dieser Mann, einst ein gefürchteter Antisemit, seinen Hass und seine Bigotterie aufrichtig bereute. Er war bereit, sein Leben zu geben für all die Angst und Gewalt, die er über die Juden aus Tluste gebracht hatte.

Nach einer Weile kamen die Agenten zurück und riefen ihnen beiden zu: „Raus! Raus!"

Tusia sammelte schnell ihre auf der Tischplatte verstreuten Sachen ein und die beiden eilten aus dem Verhörraum, zurück zum Bahnhof, wo sie hofften, sich von dem Trauma der vergangenen Nacht erholen zu können. Auf dem Weg bemerkten sie, dass ein Mann ihnen folgte. Die Gestapo-Mitarbeiter hatten einen Eisenbahnarbeiter beauftragt, ihnen zu folgen und ihre Gespräche zu belauschen. Wissend, dass der Mann ein Spion war, nahm Timush die Rolle eines ärgerlichen Ehemanns an, um die List aufrechtzuhalten. Er ging sicher, dass der Spion ihn hörte und sagte streng zu Tusia: „Du törichtes Weib! Du hast deine Haare blond gefärbt, um wie eine Deutsche auszusehen. Aber jeder sieht, dass es nicht deine natürliche Haarfarbe ist. Sie halten dich für eine Jüdin auf der Flucht. Du hast uns in große Schwierigkeiten gebracht! Wenn wir nach Hause kommen, setzt es was!" Dann gingen sie in ein Café, setzten sich und bestellten etwas. Als das Essen kam, kam es Tusia nicht in den Sinn, etwas davon zu essen, so sehr hatte sie die vergangene Nacht mitgenommen. Timush bestand jedoch darauf, obwohl sie kaum einen Bissen herunterbekam. Er wollte den Spion überzeugen, dass alles normal war.

Das stundenlange Verhör hatte Timush und Tusia so desorientiert, dass es einige Zeit dauerte, bis es ihnen gelang, sich zu sammeln und ihre nächsten Schritte zu planen. Timush fand einen Waschraum und reinigte seine Wunden. Er wusste, dass es eine Weile dauern würde, bis er sich von den massiven Blutergüssen erholt haben würde. Das Verhör hatte sie einen ganzen Tag gekostet und sie hatten ihren Anschlusszug nach Krakau verpasst. Glücklicherweise war die allerletzte Etappe nur eine kurze Reise. Der Tag war beinahe vorüber, als sie schließlich Krakau und die Wohnung von Timushs Freunden erreichten.

Timush machte sich daran, gefälschte Dokumente für Tusia zu beschaffen, damit sie Teil der polnischen Gesellschaft werden konnte. Es war eine schwierige und gefährliche Aufgabe, die mehr Zeit in Anspruch nahm als erwartet. Nach einigen erfolglosen Tagen wurde Tusia unruhig und mit jeder verstrichenen Stunde nahm ihre Paranoia und Zurückgezogenheit zu. Sie konnte es nicht länger ertragen, in der Öffentlichkeit zu sein. Sie stellte sich vor, dass jeder Blick in ihre Richtung einem Nazi-Spion gehörte, der bereit war, sie zu entlarven. Ihre Sorge machte sie so krank, dass sie nicht viel essen konnte und sie sich immer schwächer fühlte.

Eines Nachts saß sie in ihrem Schlafzimmer in der Krakauer Wohnung, während Timush und seine Freunde in der Küche Karten spielten, als sie bemerkte, wie die Männer sich mit leisen Stimmen unterhielten. Beunruhigt, dass die Männer über sie redeten und nicht ihre Aufmerksamkeit erregen wollten, begann sie angestrengt ihren Worten zu lauschen. Sie konnte sie gerade so hören und was sie hörte, ließ ihr das Blut in den Adern gefrieren.

„Du weißt, dass du dein Leben aufs Spiel setzt," sagte einer zu Timush in einem warnenden Ton. „Und für wen? Eine Jüdin! Sie wird die Erste sein, die dich in den Knast bringt, wenn die Sowjets kommen." Seine Freunde versuchten, Timush zur Aufgabe seiner Mission der Barmherzigkeit zu überreden. Wahrscheinlich, weil sie selbst nervös wurden. Was würde ihnen passieren, wenn alles aufflog? Die einzigen Verbündeten, die Timush und Tusia in Krakau hatten, schienen sich von ihnen abzuwenden. Würde ihre Angst die Männer dazu bringen, Tusia zu denunzieren? Die gefährliche Ungewissheit der Situation überzeugte Tusia, dass sie nach Tluste zurückkehren sollten. Sie würden nicht mit der Unterstützung dieser Leute rechnen können, sollte sich das Blatt wenden. Später in dieser Nacht teilte sie Timush ihre Bedenken mit und er stimmte zu, dass es das Beste sei, die Rückreise anzutreten.

Auf der Rückfahrt würden sie die gleichen Bahnhöfe passieren wie auf dem Hinweg nach Krakau. Das bedeutete, dass sie vielleicht erneut auf die Gestapo-Agenten in Zegocina treffen würden. Der Tag der Abreise kam und es war eine kurze Fahrt zu dem Ort, an dem sie das schreckliche Verhör über sich hatten ergehen lassen müssen. Als der Zug hielt, stiegen sie aus und blickten zur Sicherheitskontrolle. Tatsächlich waren die zwei Beamten, die sie verhört hatten, unter den Männern. Voller Beklommenheit näherten sich Timush und Tusia ihnen nur langsam. Die Agenten waren mit der Überprüfung von Papieren und der Befragung anderer Leute beschäftigt und bemerkten sie nicht sofort. Doch bald standen sie am Tor und die beiden Männer blickten erstaunt auf und starrten sie an. „Oh, Sie sind also zurückgekommen" riefen sie. „Wie war Ihr Urlaub?" Die Freundlichkeit, die ihnen entgegenschlug, überraschte Timush und Tusia. Aber sie lächelten und antworteten leise: „Es war sehr schön, danke." Die Beamten ließen sie ohne Widerstand passieren, als hätte ihre Rückkehr sie überzeugt, dass es sich in der Tat um ein Ehepaar handelte und meine Schwester keine Jüdin war.

Nachdem sie den Kontrollpunkt hinter sich gebracht hatten, fanden sie einen Platz, der weit entfernt von den Beamten war, um ihre zweistündige Wartezeit hinter sich zu bringen. Das Wiedersehen mit den Männern hatte sie mit Angst erfüllt. Sie beschlossen, dass es nicht klug sei, ihnen die Gelegenheit zu geben, weitere Fragen zu stellen. Das Warten auf den nächsten Zug im Angesicht der möglichen Bedrohung war unerträglich, besonders für Tusia. Also verließen sie den Bahnhof und gingen in das Dorf, um einen anderen Weg nach Hause zu finden.

Von Zegonica aus machten sie sich zu Fuß, zu Pferd und per Fuhrwerk auf den Weg. Sie nutzten jede Reisemöglichkeit, außer dem Zug. Timush hatte Freunde in einigen der kleinen Städte und Dörfer entlang des Weges und ermöglichte ihnen dort die Einkehr.

Die meisten dieser Freunde kannten Timush, nicht aber seine Frau und stellten Tusias Anwesenheit somit nicht in Frage. Einer dieser Freunde war zur gleichen Zeit Gefangener in dem sowjetischen Gefängnis in Berdytschiw gewesen. Bei der Ankunft täuschte Tusia Krankheit vor und zog sich zum Schlafen zurück, sodass es unwahrscheinlicher war, dass sie Verdacht erweckten. Mehrmals lag sie in den Häusern dieser Freunde wach und versuchte, Seelenfrieden zu finden, um einzuschlafen, während sie die Gespräche mithörte. Die Gastgeber waren meist überzeugte ukrainische Nationalisten und, wie Timush in seinem früheren Leben, Antisemiten. Tusia hörte, wie sie mit Timush über die bösen Juden sprachen. Später erzählte sie uns, dass sie noch nie so viel Verleumdung und Beleidigungen über irgendein Lebewesen gehört hatte. Timushs Freunde verachteten Juden mehr als selbst das niedrigste aller Tiere, die Kakerlake. Timush lauschte ihren Worten, schloss sich dem Spott aber nicht an. Er schwieg und gab nichts preis.

Es war ein tränenreiches, doch glückliches Wiedersehen, als Tusia und Timush endlich zurück in Tluste waren. Wir hatten nicht erwartet, Tusia je wiederzusehen. Und obwohl wir gehofft hatten, dass sie dem Schrecken, den wir erlebten, entronnen war, waren wir voller Freude, sie wieder bei uns zu haben. Meine Mutter und mein Vater brachen in Tränen aus. Dann setzten sie sich mit Timush und Tusia an den Tisch und hörten sich die ganze dramatische Geschichte an. Ihre Wertschätzung und die Schuld, die sie Timush gegenüber empfanden, wuchsen enorm, nachdem sie hörten, wie er sein eigenes Leben für ihre Tochter riskiert hatte. Die Freundschaft gedieh und wir waren ihm zutiefst dankbar, konnten ihm allerdings nur sehr wenig für sein Heldentum zurückgeben. Timush verlangte jedoch nie etwas. Ein Gelübde gegenüber dem Priester kostete ihn vielleicht mehr, als er damals ahnte, aber er schreckte nicht davor zurück, das Unrecht, dem er die vielen Jahre vor dem Krieg begangen hatte, wieder gut zu machen.

15

TYPHUS

Die Lebensbedingungen im Ghetto von Tluste verschlechterten sich weiterhin rapide. Die Menschen hungerten und die grundlegenden Bedürfnisse ließen sich immer schlechter stillen. Es war schwierig an Nahrungsmittel zu kommen. Dinge für die Körperreinigung, zum Kleider waschen und oder zum Putzen waren nahezu unmöglich zu beschaffen. Infolgedessen dauerte es nicht lang, bis ein Großteil der Leute Läuse hatte. Dies geschah in jedem jüdischen Ghetto in Polen und auch Typhus breitete sich im ganzen Land aus. Und so kämpften wir gegen eine weitere Bedrohung.

Eines Tages erkrankte mein Vater an hohem Fieber und wurde ins Bett verfrachtet. Es dauerte nicht lange, bis wir uns sicher waren, dass er Typhus hatte. In den folgenden Tagen wurde er von Traurigkeit und Depression überwältigt. Die Entscheidung in Polen zu bleiben, anstatt vor dem Krieg zu fliehen, suchte ihn heim. Er hätte seine Familie retten können, wenn er nur das Angebot meiner Tante, nach Amerika zu kommen, angenommen hätte. Schuld und die emotionalen Schmerzen dieser Wahl lasteten schwer auf ihm. Ich bin mir sicher, dass seine seelischen Qualen ihm nicht halfen, sich von der Krankheit zu erholen.

Die Gesundheit meines Vaters wurde nach dem Einsetzen des Fiebers schnell schlechter und bald begann er zu fantasieren. Innerhalb weniger Tage glitt er in einen komatösen Zustand und seine Körpertemperatur stieg auf eine fast tödliche Höhe. Ich erinnere mich daran, dass er reglos in seinem Zimmer lag, mit kaum geöffnetem Mund atmend. Zwischen seinen Lippen sah ich seine Zunge, die schwarz wie Holzkohle von dem Pilz war, der oft in den Mündern von Typhuskranken wächst.

Als Junge verstand ich nicht, durch was dieses grauenvolle Symptom verursacht wurde. Ich weiß noch, dass ich voller Entsetzen dachte, das Fieber hätte seine Zunge schwarz gebrannt. Es erfüllte mich mit Sorge und Angst, meinen Vater, der mein ganzes Leben lang stark gewesen war, so schwach und hilflos zu sehen. Warum musste ihm ein schreckliches Schicksal widerfahren? Womit hatte er das verdient? Würde er sterben? Wie würden wir nur ohne ihn überleben? Ich weiß nicht mehr, wie lange er noch lebte, nachdem er ins Koma glitt, aber er starb schnell und wir weinten uns die Augen aus dem Kopf.

Zu dieser Zeit war es fast unmöglich, eine ordnungsgemäße Beerdigung zu arrangieren. Verstarb eine Person im Ghetto, wurde der Körper eingewickelt, auf eine Schubkarre oder einen Karren gelegt und sofort zum jüdischen Friedhof außerhalb der Stadt gebracht. Die Leiche wurde so schnell wie möglich und ohne Sarg in einem seichten Grab vergraben. Doch wir konnten uns mit dem Gedanken eines solch groben Endes für unseren lieben Vater nicht anfreunden. Wir suchten weit und breit nach Materialien für einen einfachen Holzsarg. Wir verabschiedeten uns von ihm, dann wickelten wir ihn in ein Laken, legten ihn in den Sarg und nagelten die Kiste zu.

Der Tag seiner Beerdigung war trostlos: bewölkt, kalt und überall lag Schnee. Die vier Männer, die für Bestattungen auf dem jüdischen Friedhof zuständig waren, kamen, um den Sarg zu tragen. Sie hoben ihn auf und machten sich auf den Weg zur Grabstätte. Meine Mutter und mein Großvater schritten mit Edek voran, Tusia und ich folgten ihnen dichtauf. Meine Tanten Bela und Fryma begleiteten uns ebenfalls. Und mein guter Freund Sam war an meiner Seite.

Der Weg schien endlos, dennoch erreichten wir den Stadtrand und den Rand des Friedhofs. Die Straße, die dorthin führte, lag etwas höher als der Friedhof selbst und so mussten wir eine kleine Böschung hinab, um zum Grab zu gelangen. Es war Februar und der Boden war schneebedeckt. Die Sargträger begannen den Abstieg in die Böschung. Der rutschige Schnee und der unebene Boden brachten sie ins Taumeln und das Gewicht des Sarges verlagerte sich. Einer der Männer verlor jeglichen Halt. Er stürzte nach hinten und ließ die Kiste los. Die anderen Männer versuchten, nicht ihrerseits loszulassen – vergeblich. Der Sarg kippte zur Seite und fiel zu Boden. Der Deckel barst und der Leichnam meines Vaters rollte in den Schnee.

Ich erblickte den Körper meines Vaters. Sein Leichentuch war blutgetränkt. Wir standen da und verfolgten die Szene mit Schrecken. Traumatisiert schrieen wir auf. Die vier Männer sammelten den Körper wieder auf und legten ihn zurück in den Sarg, während wir uns gegenseitig trösteten.

Als die Männer eine geeignete Stelle für das Grab fanden, hoben sie schnell eine Grube aus. Wir hatten uns inzwischen beruhigt und traten an das Grab, um meinem Vater die letzte Ehre zu erweisen. Alle weinten wir, auch mein Großvater, der sich unter Tränen abmühte, einige traditionelle jüdische Gebete zu sprechen. Als er fertig war, schaufelten die Männer Erde in das Loch. Wir sahen zu und schluchzten leise, trauerten um unseren lieben Vater, bis die letzte Schippe Erde auf sein Grab fiel. Schwere Traurigkeit ergriff mich, als mir klar wurde, dass niemand etwas bei sich hatte, um das Grab zu markieren oder es als Grabstein zu hinterlassen. Der Gedanke, dass die Grabstätte meines Vaters namenlos und unbekannt war, vereinnahmte mich auf unserem langen Weg nach Hause.

Die ganze Nacht lang dachte ich über diesen schrecklichen Tag nach. Ich konnte das Bild des Körpers meines Vaters auf dem kalten, schneebedeckten Boden und den Kontrast des dunklen Rots mit dem weißen Schnee nicht vergessen. Ich dachte an den provisorischen Sarg und wie er so unangemessen war, für einen Mann, der im Leben dermaßen erfolgreich gewesen war. Und ich erinnerte mich an das unmarkierte Grab und fürchtete, dass in ein paar Jahren jede Spur davon verschwinden würde. Es schien mir, als hätten die Mörder und Monster meinem Vater alles genommen, nicht nur im Leben, sondern auch im Tod.

Am nächsten Tag besuchte ich meinen Freund Sam. Er redete mir gut zu und versuchte, mich zu trösten. Nach einiger Überlegung beschlossen wir, dass die letzte Ruhestätte meines Vaters nicht unbekannt bleiben sollte. Wir fanden einige Holzreste und ritzten seinen Namen und Lebensdaten hinein. Ein paar Tage später machten wir uns auf den Weg zum Friedhof und pflanzten das Holz in die Erde. Wie man sich vorstellen kann, hält ein hölzerner Grabstein nicht ewig. Leider konnte ich sein Grab nicht mehr finden, als ich einige Jahrzehnte nach dem Krieg nach Tluste zurückkehrte.

16

ZU DEN ARBEITSLAGERN

Ein paar Monate nach dem Tod meines Vaters kam Mendel, um uns zu sagen, dass er für uns Arbeit in den nahegelegenen Lagern arrangieren konnte. Es waren Lager auf Bauernhöfen, wo eine Pflanze namens *kok-saghyz* (auch: Kasachischer Löwenzahn) angebaut wurde. Aus dieser Pflanze wurde synthetischer Kautschuk für die Kriegsmaschinerie hergestellt. Die Arbeit war schwer, doch in vielerlei Hinsicht hatten die Arbeiter dort eine bessere Überlebenschance als im Ghetto. Die Lebensbedingungen für Juden in Tluste waren so entsetzlich, dass es schwierig war, überhaupt die Grundbedürfnisse zu decken. In den Lagern wurde wenigstens ein wenig Verpflegung geregelt, die besser war als die Essensreste, die wir uns in der Stadt zusammensuchen mussten. Die Gerüchte hielten sich hartnäckig, dass die Nazis Vorbereitungen zur Vernichtung aller polnischen Juden trafen. Sicherlich würde Tluste diesem Schicksal nicht entrinnen können. Da Arbeitskräfte dringend benötigt wurden, um die Armee mit Kautschuk zu versorgen, würden die Arbeiter in diesen Lagern wohl weniger verfolgt und getötet werden– vorerst zumindest.

Wir waren uns alle einig, dass die Lager auf den Bauernhöfen das Beste wären und so traf Mendel die Vorkehrungen für unsere

Abreise. Unsere Mutter entschied sich dagegen, mit uns zu gehen, da sie unsere Großeltern nicht zurücklassen wollte. Die Schrecken dieser Tage verlangten ihnen viel ab und sie wurden mit jedem Tag schwächer. Aber auch andere Juden in der Stadt benötigten Unterstützung. Meine Mutter fühlte sich verpflichtet, ihnen zu helfen, besonders den verwaisten Kindern. Unsere Bemühungen, sie zum Mitkommen zu überreden, schlugen fehl und sie bestand darauf, in Tluste zu bleiben. Unsere Sorge für sie spürend, versuchte unsere Mutter uns zu beruhigen und versprach sogar, dass sie versuchen würde, nachzukommen – sie wollte nicht, dass wir unsere Meinung änderten.

Mein Bruder und ich kamen in ein nahes gelegenes Lager in dem kleinen Dorf Lisowce. Meine Schwester und ihren Freund brachte man in ein weiteres Lager in der Nähe des Dorfes Szypowce. Nur wenige Kilometer trennten die beiden Dörfer voneinander. Ich war noch jung und so wurde mir die Arbeit des Wasserjungen übertragen. Das heißt, dass ich ein mit Wasserfässern beladenes Maultier entlang der Pflanzenreihen führte. Brauchte jemand Wasser, schöpfte ich eine Tasse und gab sie der Person zu trinken. Es war keine anstrengende Arbeit, doch es war ein heißer Sommer und ich war stundenlang auf den Beinen. Am Ende des Tages war ich erschöpft.

Edek hatte eine Vielzahl von Arbeiten zu verrichten, doch keine reichte an seine Arbeit in Kamionki heran, bei der er beinahe gestorben wäre. Die Arbeit, an die meine Schwester sich am lebhaftesten erinnerte, war das Kühe melken. Alles in allem war es eine schwere Arbeit, aber unsere Vorgesetzen waren nicht zu grausam zu uns. Sie wollten, dass die Bauernhöfe so produktiv wie möglich waren.

Obwohl wir in diesen Lagern Gefangene waren, waren sie seltsamerweise nicht eingezäunt oder mit Stacheldraht umschlossen. Sie lagen jedoch außerhalb der Stadt in einem spärlich besiedelten Gebiet, in dem die Bewohner der verstreuten Häuser nur zu gern jeden Fluchtversuch meldeten. Dennoch machten wir uns die Abwesenheit eines Zauns gelegentlich zunutze: Ein paar Mal besuchten wir Tusia unbemerkt in ihrem Lager, und Tusia besuchte unsere Mutter und Verwandten mehrmals in Tluste, ohne erwischt zu werden. Doch es war eine gefährliche Angelegenheit und so versuchten wir es nicht oft.

17

DAS BLUTBAD IN TLUSTE

Ein paar Monate in den Lagern vergingen, als ein Gerücht die Runde machte: Eine große akcia würde in Kürze in Tluste stattfinden. Mittlerweile war klar, dass sich das Blatt an der Ostfront gegen die Deutschen wandte. Im Umkehrschluss verstärkten sie ihre Bemühungen, die gesamte Region judenrein zu machen. Wir wussten, dass jede neue akcia wahrscheinlich viel umfangreicher und schwerwiegender sein würde als die kleineren akcias im Verlauf der letzten paar Jahre. Und wir hatten Angst um unsere Mutter und Verwandten, die noch in Tluste waren.

Eines Nachts schlich sich Tusia aus ihrem Lager, um Mutter vor dem erwarteten Überfall zu warnen. Sie wollte sie überreden, mit zu den Lagern zu kommen und zu erkennen, dass sie dort sicherer wäre. Meine Mutter lehnte ab, mit der Begründung, dass sie ihre Eltern diesem Ereignis nicht allein aussetzen wollte. Darüber hinaus verblieb eine Cousine bei ihr, begleitet von zwei kleinen Kindern, die einige Tage zuvor aus einer anderen Stadt deportiert worden waren. Meine Mutter fühlte sich ihnen verpflichtet und war fest entschlossen zu bleiben. Sie erzählte Tusia, dass ein Mitglied des örtlichen Judenrates ihr versichert hätte, dass keine akcia bevorstehen würde, und dass wenn eine geplant wäre, er sie rechtzeitig warnen würde, sich zu verstecken oder wegzulaufen. Tusia erkannte, dass es zwecklos war, sich darüber länger zu streiten und kehrte besorgt ins Lager zurück.

Doch einige im Judenrat wussten sehr wohl von der geplanten akcia und dass diese bald stattfinden würde. Das genaue Datum war ihnen allerdings unbekannt. Der Vater meines Freundes Wilo Schechner enthüllte in einem Interview nach dem Krieg, dass einige zum ersten Mal am 23. Mai 1943 von der akcia hörten. Die Neuigkeit verbreitete sich zu einigen jüdischen Familien in der Gegend. Die meisten von ihnen versteckten sich an jenem Tag in den umliegenden Feldern und Wäldern. Der nächste Tag verging, aber nichts geschah und so gingen sie wieder nach Hause.

In den dunklen, frühen Morgenstunden des 27. Mai wurden die Gerüchte bittere Realität. Die Überlebenden dieses Massakers bezeichneten den Tag später als Schwarzen Donnerstag. Der Sonderdienst und ihre ukrainischen Handlanger traten auf die Straßen und suchten nach Juden, die sie töten wollten. Zeugen des gewalttätigsten Ereignisses in unserer kleinen Stadt sagten, dass die Verantwortlichen größtenteils nach einer Nacht in der Kneipe betrunken waren, als sie ihren Angriff begannen. Sie marschierten durch die Straßen und Gassen des Ghettos, schlugen gegen Türen und brachen sie dann auf. Schüsse wurden in der ganzen Stadt gehört. Die wütenden Rufe der Angreifer vermischten sich mit den Schreien der Juden. Der Aufruhr startete langsam, doch eskalierte schnell zu vollkommener Anarchie. Leute wurden aus den Betten gezerrt, halbnackt und ohne Schuhe. Das Alter oder der Gesundheitszustand spielten keine Rolle. Kleine Kinder, Säuglinge, alte Männer und Frauen – viele von ihnen befanden sich bereits auf dem Sterbebett – wurden ins Freie gezwungen und aufgereiht, um zu ihrer eigenen Hinrichtung zu laufen. Der Blutrausch hielt selbst dann noch an, als die Nacht zum Morgengrauen wurde. Der Sonnenaufgang gebot dem Hass dieser Monster keinen Einhalt. Schlimmer noch, mit dem zunehmenden Licht nahmen der Geräuschpegel und das Chaos zu.

Erst weit in den Nachmittag hinein kam es zu einer unerwarteten Flaute der Gewalt. Die Stille war eine kurze Erleichterung für diejenigen, die sich noch in der Stadt versteckt hielten. Vielleicht, so dachten sie, sei die akcia vorbei. Noch aber war der Schrecken es nicht. Unheilverkündend bauschten sich Gewitterwolken über dem Land auf. Donner grollte in der Ferne. Ein, zwei Stunden verstrichen und der Krawall flammte erneut auf. Die Schlächter hatten nur Mittag gegessen. Es ist unfassbar, dass jemand nach solchen Taten ans Essen denken kann. Ihr Gewissen war so abgestumpft, dass jegliche Spuren von Menschlichkeit und Gnade längst vergessen waren. Die Deutschen wurden von ihrer verirrten Annahme einer Herrenrasse und der Herrlichkeit des Dritten Reiches angetrieben. Die Ukrainer hatten es auf Schmuck, Plunder, Mäntel und Schuhe abgesehen, die sie den Juden stahlen oder die von jenen zurückgelassen worden waren.

Mitten am Nachmittag begann die Schießerei erneut und wurde ebenso intensiv wie zuvor. Die Mörder zogen durch die Stadt und suchten Häuser auf, in denen sie bereits gewesen waren. Bewaffnet mit Äxten und Gewehren, schlugen sie Türen und Fenster ein und schossen wahllos in die oftmals verlassenen Häuser. Manchmal warfen sie Handgranaten hinein, um sicher zu gehen, dass jeder tot war.

Als der Sturm sich näherte, verdunkelte sich der Himmel im Laufe der nächsten Stunden, bis er fast schwarz war. Starker Regen ergoss sich wie aus Eimern und Donner rüttelte an den Gebäuden und brachte den Boden zum Beben. Blitze zuckten. Aber die Sintflut hielt die Schlächter nicht von ihrem Vorhaben ab, als hätten sie jegliches Gefühl und jede Empfindsamkeit verloren. Die triefende Nässe, das ohrenbetäubende Dröhnen und die erblindenden Blitze störten sie nicht.

Die Dämmerung legte sich über die Stadt und die Nacht kam, aber die Gewalt und der Lärm versiegten nicht. Schließlich ertönte aus der Ferne eine Trompete, das Signal, die Säuberung zu beenden. Allmählich endete die Schießerei, wie widerwillig. Das Gewitter war jetzt in weiter Ferne, aber noch immer war ein sanftes Rumpeln zu vernehmen – wie das leise Schluchzen der Überlebenden. Hunderte Menschen lagen tot auf den Straßen. Die ortsansässigen Ukrainer wurden mit dem Aufräumen des Chaos beauftragt und zogen Karren mit blutigen, verstümmelten und leblosen Körpern.

Über 3.000 Juden wurden in den Stunden vor dem Trompetenblasen abgeschlachtet. Viele waren auf der Stelle erschossen wurden, als man sie aus ihren Häusern holte. Doch viele andere hatte man in die Stadt getrieben. Dort ließen die Deutschen sie antreten und warten, um sie für eine Massenexekution zum Friedhof zu führen. Als sie die Hunderte an Opfern versammelten, riefen die Soldaten die größten und stärksten Männer unter den Gefangenen hervor. Ihnen wurden Schaufeln gegeben und befohlen, ein großes Loch auf dem Friedhof auszuheben. Kaum waren die Männer mit dem Graben fertig, reihten die Deutschen sie auf und erschossen sie. Dann stießen sie die Körper in die ausgehobene Grube.

Zurück auf dem Stadtplatz begannen die Beamten und Polizisten damit, die Gefangenen zum Friedhof zu treiben. Einhundert Menschen wurden auf einmal mitgenommen und die Straße entlang gezwungen. An der Seite der ausgehobenen Grube befahlen sie den Leuten, sich auszuziehen und die Kleidung auf die Ladefläche eines Lastwagens in der Nähe zu legen. Dann wurden sie auf ein Holzbrett geschickt, das über der Grube lag. Auf einer Seite der Grube hockte ein Soldat mit einem Maschinengewehr. Als die Opfer über dem Massengrab standen, eröffnete dieser Soldat das Feuer. Eine Person nach der anderen fiel in das Loch. Nicht alle waren sofort tot. Die Körper türmten sich und ein Stöhnen des Todes erklang. Als das Töten endlich ein Ende fand, wurde die Grube mit Erde bedeckt, wodurch ein riesiger Hügel mitten auf dem Friedhof entstand.

Die Sommerhitze in Tluste war für Ende Mai intensiv. Die Tage vergingen und die Temperatur stieg. Gase und Flüssigkeiten der verrottenden Körper unter der Erde schwollen an und drangen an die Oberfläche. Ein unerträglicher Gestank ergab sich. Der Druck der verwesenden Leichen sorgte dafür, dass sich der Hügel ganz leicht auf und ab zu heben schien. Gespenstische Geräusche erklangen, als die faulende Masse anschwoll und wieder in sich zusammensackte.

Am frühen Abend, als die Luft abkühlte, stieg ein unheimlicher Nebel über dem Grab auf und verteilte sich über dem gesamten Friedhof. Der grausige Anblick verfolgte die Einheimischen, die daran vorbeigingen. Einige sagten sogar, dass es ein Zeichen dafür sei, dass der Gott der Juden zornig war und sie für das Böse, das geschehen war, quälen würde.

In der Zwischenzeit waren wir in den Lagern zu weit weg, um die Geräusche der Gewalt zu hören. Das Schießen, das Weinen, die Schreie und das Rattern des Maschinengewehrs, das immer und immer wieder über die Landschaft schalte. Wir waren uns der Zerstörung überhaupt nicht bewusst. Doch es würde nicht lange dauern, bis wir von diesem schlimmen Tag hörten.

Tusia hatte davon erfahren, und zwei Tage später – als sie spürte, dass es sicher war – verließ sie das Lager und machte sich auf den Weg nach Tluste, um herauszufinden, was passiert war. Als sie ankam, stellte sie fest, dass unser Haus verschlossen war und die Gestapo es mit Brettern vernagelt hatte. Es gab kein Lebenszeichen und sie konnte nicht eintreten. Später fand sie unseren Großvater. Bei ihm waren meine Tante und mein Onkel, unsere Cousine und die beiden kleinen Kinder. Irgendwie hatten sie überlebt. Tränen strömten über Großvaters Gesicht, als er Tusia die schreckliche Nachricht überbrachte. Unsere Mutter, Großmutter und unsere Tante Bela waren gefangen genommen worden und wurden bei der Massenexekution auf dem Friedhof umgebracht.

Später erfuhren wir, dass meine Mutter in den Bunker unter dem Herd in der Küche gegangen war, als die akcia begann. Doch wegen des Aufruhrs war Timush nicht in der Lage gewesen, dass Haus rechtzeitig zu erreichen und den Herd wieder über die Öffnung zu schieben.

So sehr er meiner Mutter dabei zu Hilfe kommen wollte, war Timush am Tag der dieser letzten akcia hilflos. Das Töten an dem riesigen Grab dauerte Stunden. An den Seiten der Straßen sammelten sich die ansässigen Ukrainer und Polen, um die Prozession der jüdischen Gefangenen, die zum Friedhof marschierten, mitzuverfolgen. Die meisten von ihnen sahen aus, als würden sie eine Festparade sehen. Timush schloss sich der Menge an, welche die Strecke umzäunte. Mit Entsetzen entdeckte er meine Mutter unter den Gefangenen. Meine Mutter blickte auf und sah ihn dort stehen. Verzweifelt hob sie die Hand und rief: „Meine Kinder! Bitte rette meine Kinder!"

Aus Angst vor Strafe blieb Timush still und sah zu, wie sie zum Friedhof ging.

18

DIE JUDENREIN-OFFENSIVE

Die Gewalt in Tluste im Mai 1943 war erst der Beginn des schnellwütenden Terrors, den die Nazis entfesselten. Nach dem Krieg gefundene Dokument geben Aufschluss über diese Zeit und den Plan für die Juden Galiziens, wo sich Tluste befindet. Ein der Gesamtführung der SS für Osteuropa vom Chef der SS in Galizien vorgelegtes Dokument zeigt den verstärkten Versuch, Juden bereits 1942 zu evakuieren. So eine Evakuierung bedeutete für viele Juden die Deportation in Todeslager. Sie wurden mit akcias durchgeführt, wie jene Ende Mai in Tluste. Infolgedessen wurden viele nicht evakuiert, wie die Dokumente angeben, sondern dort umgebracht, wo sie sich versteckten oder Widerstand leisteten. Das Resultat bleibt das Selbe – die Deutschen wollten die gesamte Region judenrein. Egal, ob sie sie deportierten oder an Ort und Stelle ermordeten.

Am Tag nach dem Massenmord in Tluste suchte Timush meinen Bruder und mich im Lager auf, um uns die schreckliche Neuigkeit vom Tod unserer Mutter zu übermitteln. Er nahm uns beiseite und sagte im Ton tiefsten Bedauerns: „Es tut mir leid, euch das zu sagen, Edek und Lonek. Aber ihr seid jetzt Waisen." Tränen stiegen ihm in die Augen, als er uns erzählte, wie er nicht zum Haus hatte gelangen können, um zu helfen. Edek und ich waren am Boden zerstört und verängstigt, aber Timush hielt uns im Jetzt. Er sagte: „Hört zu, es gibt Gerüchte, dass die Deutschen die Arbeitslager bald liquidieren werden. Ich arbeite an einem Plan, um euch hier rauszuholen und zu verstecken."

Die Gerüchte waren nichts Neues für uns. Die Gefangenen des Lagers hatten Angst, aber wussten nicht, was sie hätten tun können. Viele sprachen davon, aus den Lagern zu fliehen. Doch wohin? Die Bewohner rund um die Lager würden einen Juden entlarven oder sogar töten, sollte man versuchen zu fliehen. Einige überlegten, sich den jüdischen Partisanen in den Wäldern anzuschließen, die einen Guerillakrieg gegen die Nazis führten. Aber auch das kam einem Todesurteil gleich, da die Deutschen alles in ihrer Macht taten, um sie auszurotten.

Bei diesem Besuch enthüllte Timush seine Absicht, uns zu retten. „Wir müssen uns organisieren und unser Überleben sorgfältig planen," sagte er eindringlich. „Ich habe ein großes, dreistöckiges Haus am Rande der Stadt gemietet. Es hat einen großen Keller und einen Dachboden mit einem Turm an der einen Seite. An der Ecke des Grundstücks befindet sich ein großer, viereckiger Stein von zwei mal zwei Metern. Ich glaube, wir können dort einen Bunker bauen, den die Nazis nicht so leicht finden können." Seine Worte erfüllten uns mit Hoffnung und er sagte, dass er uns unbemerkt dorthin bringen würde, sobald die Zeit reif war.

Wir wussten zu diesem Zeitpunkt nicht, warum er uns eine so detaillierte Beschreibung des Hauses gab. Doch sie war von unschätzbarem Wert, als wir das Haus später allein finden mussten. In diesem Moment gingen wir allerdings davon aus, dass uns Timush dorthin bringen würde. Und das war auch sein Plan. In diesen unsicheren Zeiten jedoch, war ein Plan oft ein sinnloses Unterfangen.

Tage vergingen. Die Gerüchte über die Liquidierung der Lager häuften sich und der Versuch alle in Tluste verbliebenen Juden zu töten, war bereits im Anmarsch. Wir wussten es nur nicht.

Die meisten unserer restlichen Familienmitglieder wurden in dieser Säuberungsaktion ermordet. Ortsansässige Ukrainer verprügelten meinen Großvater und hackten ihn mit Äxten zu Tode. Beide Onkel und unsere Cousine, zusammen mit den zwei kleinen Kindern, wurden am selben Tag getötet. Wie wissen wir bis heute nicht. Am 6. Juni 1943 wurde Tluste offiziell judenrein erklärt.

Jetzt setzte in den Lagern die Verzweiflung ein. Wir hatten keine Möglichkeit, die Neuigkeit selbst zu hören, aber Himmler, der Chef der SS, hatte die Auflösung aller Ghettos im Osten angeordnet. Tluste war ausgelöscht und wir schlussfolgerten, dass es nicht lange dauern würde, bevor der Liquidierungsbefehl für die Lager kam. Tatsächlich war ein Befehl erlassen worden, alle Juden in den umliegenden Lagern in den nächsten Tagen zu töten.

Die Schreckensgerüchte wurden lauter und wir warteten voller Nervosität darauf, dass Timush kam. Einige Tage vergingen, ohne dass wir von ihm hörten. Eines Tages vernahmen meine Schwester und Mendel Schüsse und Explosionen aus einem nahegelegenen Lager. Ein paar Stunden später rannte ein nackter Mann aus den umliegenden Feldern auf sie zu. Er war aus dem Lager, in dem die Schießerei stattgefunden hatte. Er hatte sich totgestellt und, wie erschossen, still auf einem Haufen von Körpern gelegen, um dem Angriff zu entkommen. Als er konnte, rannte er zum Lager meiner Schwester, um sie zu warnen, dass sie die Nächsten sein würden. Alle Lager sollten am selben Tag liquidiert werden. Doch der Lagerführer hatte sich im Tag geirrt und einen Tag zu früh gehandelt. Es war tragisch für die Juden in diesem Lager, aber es warnte meine Schwester und Mendel frühzeitig vor dem, was kommen sollte.

Timush hatte versprochen, sie aus dem Lager zu holen. Aber war es bereits zu spät? Voller Angst und Verzweiflung warteten sie und fragten sich, ob er von ihrem bevorstehenden Untergang wusste. Er musste die Gerüchte gehört haben, denn in dieser Nacht kam er auf einem Motorrad mit Beiwagen angefahren. Tusia und Mendel sprangen auf und sie entfernten sich schnell vom Lager.

Kaum waren sie unterwegs, fragte Tusia: „Was ist mit meinen Brüdern? Wir müssen sie holen!" Timush erwiderte: „Nicht jetzt. Ich kann nur zwei auf einmal mitnehmen, sonst merken die Nachbarn etwas. In ein, zwei Tagen werde ich sie nachholen, wenn es sicherer ist." Wie der Rest von uns war sich Timush nicht bewusst, dass selbst ein Tag zu spät sein würde.

Edek und ich wussten es auch nicht, aber wie Tusia und Mendel hatten wir, obwohl wir weiter entfernt waren, die Schießerei in dem anderen Lager vernommen. Wir befürchteten, dass unser letztes Stündlein bald schlug, und spürten die Bedrohung des bevorstehenden Untergangs. Mit dem Gedanken, dass die Zeit der Flucht gekommen war, warteten wir angespannt den ganzen Tag lang bis zum Abend auf Timush, ohne ein Wort oder ein Zeichen von ihm zu erhalten.

Inzwischen machten sich Timush, Tusia und Mendel im Schutze der Nacht auf den Weg zu dem Haus. Sie nahmen Schleichwege, überquerten Felder und fuhren auf Fußwegen durch die Wälder, um unentdeckt zu bleiben. Auf einem dieser Waldwege kamen sie an einer breiten Wiese heraus, auf der eine Gruppe Jugendlicher ihre Pferde weiden ließ. Timush hielt schnell und drehte den Motor des Motorrads ab, doch es war zu spät. Die Jungen hatten sie entdeckt und begutachteten sie misstrauisch. Timush befahl meiner Schwester und Mendel zurück in den Wald zu gehen und sich zu verstecken. Er stieg vom Motorrad ab und hob einen dicken Ast vom Waldboden auf. Langsam näherte er sich den Jugendlichen. Sie begannen zu schreien und umringten ihn schnell.

Timush sprach kein Wort, sondern hob den Ast und schlug ihn auf seine Handfläche. Er war zum Kampf bereit. Einer der Jungen stürzte sich auf ihn und versuchte seine Arme zu packen. Timush sprang zur Seite, hob den Ast und schlug den Jungen zu Boden. Die anderen kamen gemeinsam von allen Seiten auf ihn zu. Er drehte und wendete sich in jede Richtung, und schwang den Ast dabei, um sich zu verteidigen. Einen nach dem anderen schlug er zurück. Obwohl sie in der Überzahl waren, waren sie seiner Kraft und Schnelligkeit nicht gewachsen.

Plötzlich warf einer der Jungen einen großen Stein in Timushs Gesicht. Der Stein traf seine Nase, brach den Knochen und schnitt in die Haut des Nasenrückens. Blut strömte aus seinen Nasenlöchern und über sein Gesicht. Kein Laut kam Timush über die Lippen, stattdessen machte er einen Satz auf die Jungen zu und sie rannten davon. Wütend setzte Timush ihnen nach, aber schon nach wenigen Schritten hielt er inne, winkte ihnen mit dem Ast nach und wandte sich wieder dem Wald zu. Er schloss sich Tusia und Mendel erneut an und zusammen fuhren sie weiter zu seinem Haus.

Bald kamen sie zu einem Fluss. Timush ließ sich auf die Knie fallen und fing an, sich das Blut vom Gesicht zu wischen. Tusia riss etwas Stoff von ihrer Bluse und machte einen Verband daraus, um die Blutung zu stoppen. Wieder setzten sie ihre Reise fort. Es war beinahe Morgen, als sie eine der Hauptstraßen kreuzten und in der Ferne einen unheilvollen Anblick vernahmen: Ein Konvoi aus Lastwagen und Soldaten bewegte sich die Straße entlang in Richtung unseres Lagers.

Tusia war außer sich vor Sorge um meinen Bruder und mich. War es zu spät?, fragte sie sich. Würden sie verstehen, warum der Konvoi kam und dass sie wegmussten? In diesem Moment konnte sie nur hoffen und versuchen, so schnell wie möglich zu Timushs Haus zu gelangen.

An diesem Morgen hörten wir den Lastwagenkonvoi die Straße zu unserem Lager entlangrumpeln. Tusia wäre erleichtert gewesen, hätte sie gewusst, dass es Edek und mich zu nur einer Schlussfolgerung brachte. Die wochenlangen Liquidierungsgerüchte, die Erschießungen am Vortag und das Geräusch von Truppen, die sich unserem Lager näherten, wurde zur Gewissheit: Die Auflösung des Lagers stand kurz bevor. Wir konnten nicht länger auf Timush warten, denn bald würde es keinen Grund mehr für ihn geben, um zu kommen. Es war Zeit, zu handeln.

Schnell betrachteten wir unsere Umgebung, um festzustellen, wo und wie wir entkommen könnten. Die Landschaft rund um das Lager war uns durch unsere Besuche bei unserer Schwester bekannt. Zu einer Seite erstreckte sich eine Wiese, die dann in einen kleinen Abhang überging. Ein schmaler Bach, der sanft über die Ebene floss, hatte sich in die Senkung eingegraben. Auf der anderen Seite des Baches lag ein Weizenfeld. Es war Mitte Juni und der Weizen war groß und kräftig. Falls wir es unbemerkt über die Wiese und die Schlucht zu dem Weizenfeld schafften, wäre es möglich, sich dort bis zum Einbruch der Dunkelheit zu verstecken, und sich dann auf den Weg zu Timushs Haus zu begeben.

Die Geräusche der Lastwagen kamen immer näher. Wir hatten keine Zeit zu verlieren. Es war noch früh am Morgen und nur wenige Menschen bewegten sich rund um das Lager. Es gab keinen besseren Zeitpunkt. Wir schlenderten zum Rande des Bauernhofes, um nicht aufzufallen.

Dort hielten wir an und schauten uns um, ob wir jemandem aufgefallen waren. Beruhigt, dass uns niemand bemerkt hatte, sagte Edek: „Jetzt lauf." Wir schossen über die Wiese und stolperten den Abhang zum Bach hinunter. Ohne aus dem Tritt zu geraten, durchquerten wir das Wasser. Der Bach war schmal, aber tiefer als erwartet. Das Wasser reichte uns bis zu den Achseln und gestaltete das Fortkommen langsam und unbeholfen. Doch wir erreichten das andere Ufer, wo wir den Hügel hinaufhuschten und uns in den Weizen duckten. Abrupt stoppten wir, lagen still auf unseren Bäuchen und versuchten, Atmen zu holen. Unsere Atemzüge und unsere Herzschläge beruhigten sich und wir lauschten, ob uns jemand beobachtet hatte. Das Gebrüll der Wachen und das Bellen der Hunde blieb aus. Einen Moment lang waren wir sicher.

Vorsichtig setzten wir uns auf und spähten über den Weizen zum Lager. Binnen weniger Minuten waren die Lastwagen auf dem Hof.

Bewaffnete SS-Truppen sprangen von den Ladeflächen und umzingelten die Anlage. Die Soldaten riefen allen zu, aus den Baracken zu treten und sich im Hof zu versammeln. Als die Arbeiter heraustraten, bemerkten sie was vor sich ging und Panik griff um sich. Einige versuchten wegzurennen. Schüsse ertönten und wir sahen die Menschen fallen. Andere wurden zusammengetrieben und in die Lastwagen geschoben. Minuten später unterstrichen Explosionen das ‚Orchester des Chaos‘, als die Nazis Handgranaten in Baracken warfen, in denen sich Juden versteckten. Schreie und Rufe drangen über den wütenden Lärm. Es war ein beängstigender Anblick und fern von allem, was wir je erlebt hatten.

Reglos warteten Edek und ich auf das Ende. Wir hörten das Weinen der Gefangenen und das Stöhnen der Sterbenden. Schließlich endete der Gewaltakt und die Lastwagenmotoren zündeten. Bald waren sie und der Lärm in der Ferne verschwunden. Langsam bewegten wir uns durch den Weizen zum Straßenrand. Es war beinahe Mittag und es wäre einfach für jemanden gewesen, uns im Feld zu sehen. Stundenlang krochen wir vorwärts, während der kühle Morgen dem heißen Nachmittag die Hand reichte. Plötzlich – ein Rascheln im Weizen und Schritte. Wir blieben so still und bewegungslos wie möglich. Doch zu spät. Die Weizenhalme teilten sich über uns und ein großer, stämmiger Mann mit einem Werkzeuggürtel um die Taille starrte auf uns herab. Es war ein Ukrainer, der in der Nähe wohnte und sofort wusste, dass wir Juden auf der Flucht aus dem Lager waren.

„Wollt ihr leben oder sterben?" knurrte er. Wir wussten nicht, was wir antworten sollten und sahen ihn nervös an. Daraufhin bellte er: „Gebt mir eure Schuhe!" Angst lähmte uns und wir konnten uns weder bewegen noch ihm antworten. „Gebt mir eure Schuhe" wiederholte er. Seine Worte sickerten ein. Schnell setzten wir uns auf und zogen unsere Schuhe aus. Ohne weiteres Zögern überreichten wir sie ihm. Gierig griff er danach und betrachtete sie, als wolle er ihren Zustand überprüfen. Dann steckte er sie unter seine Arme und rief: „Und jetzt lauft! Weg hier!"

Wir sprangen auf und rannten tiefer in den Weizen hinein. Das Gefühl barfuß über den unebenen Boden zu laufen war ungewohnt, aber es hielt mich nicht davon ab, so schnell ich konnte zu laufen. Wir erreichten den Feldrand und fielen erschöpft und außer Atem zu Boden.

Die schwüle Sommerhitze stieg rund um uns im Weizenfeld auf. Die Schwüle wurde von der reichhaltigen, feuchten Erde, die die Pflanzen hielt, noch intensiver und Schweiß lief mir den Rücken herunter. Die drückende Wärme wurde unerträglich, aber wir bewegten uns nicht, aus Angst, uns zu verraten. Ich nahm einen tiefen Atemzug, hielt die Luft ein paar Sekunden lang an und atmete dann mit einem Seufzer wieder aus. Still lagen wir in den hohen Halmen und warteten auf den Einbruch der Nacht.

Timush, Tusia und Mendel kamen wohlbehalten bei Timushs Haus an, bevor der Morgen anbrach. Leise führte er sie zum Haus und hinein. Er führte sie auf den Dachboden und in den Turm, sodass sie sich verstecken konnten. Timush Frau, Hania, brachte ein paar Kissen und Decken, damit sie es sich gemütlich machen konnten, zudem brachte sie ihnen Suppe und Brot. Doch sie konnten nicht schlafen, zu besorgt waren sie um meinen Bruder und mich. Sie hatten nicht viel Hoffnung, dass wir der Razzia entkommen waren. Die Plötzlichkeit der Razzia und die grausame, rücksichtslose Natur der Mörder, aber auch die willigen Kohorten im Dorf, ließen die Chance auf ein Überleben gleich null werden. Timush versuchte Tusia und Mendel zu trösten und sagte: „Es ist zu gefährlich, um jetzt nach ihnen zu suchen. Die Nachbarn werden misstrauisch, wenn sie sehen, dass ich mitten in der Nacht mit jemandem wiederkomme. Aber gleich morgen Früh werde ich nach ihnen suchen. Vielleicht ist es noch nicht zu spät."

Als die Nacht schließlich hereinbrach, begaben wir uns auf den Weg zu Timushs Haus. Es war eine helle Mondnacht und so blieben wir abseits der Hauptstraßen. Wir zogen entlang Bauernhöfen, über Felder und durch Wälder. Unser Weg führte uns Schluchten hinauf und hinab und wir wateten durch Bäche und Flüsse. Wir hatten eine ungefähre Ahnung, wo sich sein neues Haus befand, aber der genaue Standort war uns unbekannt. Die Reise dauerte fast die ganze Nacht lang.

In den frühen Morgenstunden erreichten wir endlich die Gegend von Tluste, in der wir das Haus vermuteten. Als wir die Straße entlang gingen, erblickten wir ein großes Haus. Langsam näherten wir uns und versuchten, die von Timush genannten Merkmale ausfindig zu machen. Dann sahen wir zufällig nach unten und vor uns lag ein quadratischer Stein, wie Timush uns beschrieben hatte. In der Hoffnung, das Haus gefunden zu haben, traten wir näher heran, um einen besseren Blick zu erhaschen. Unsere Herzen machten einen Freudensprung – das Haus war drei Stockwerke hoch und hatte ein Türmchen. Wie hätte es nicht das Haus sein können? Gab es mehr als ein Haus, das in dieser Gegend auf die Beschreibung passte? Wir waren guter Dinge, aber dachten auch an die Konsequenzen, falls wir irrten, und wollten nicht zu schnell vorpreschen.

Bedächtig bewegten wir uns auf die Eingangstür zu, darauf bedacht, kein Geräusch zu machen. Das Haus lag vollkommen im Dunkeln. Ein Klopfen an der Tür könnte die Nachbarn wecken und uns verraten, also gingen wir um das Haus herum und spähten in die Fenster. Sollte es sein Haus sein, hofften wir herauszufinden, wo Timush schlief. Wir fanden ein Fenster, das wohl zu einem Schlafzimmer gehörte, und klopften vorsichtig an die Scheibe. Einige Minuten verstrichen, ohne dass sich etwas regte. Also klopften wir erneut.

Plötzlich sahen wir jemanden auf das Fenster zukommen. Die Person beugte sich hinunter und zog es langsam auf. Es war Timush! Wir konnten unsere Freude über seinen Anblick kaum unterdrücken, aber er brachte uns zum Schweigen und flüsterte: „Shhhhh! Seid still. Wir dürfen die Nachbarn nicht wecken." Er deutete zur Rückseite des Hauses. „Dort ist eine Scheune. Geht dort so leise wir möglich hin und versteckt euch bis zum Morgen.

Ich kann euch in der Nacht nicht reinlassen, sonst sehen uns die Nachbarn."

Wir vergeudeten keine Zeit und machten uns auf den Weg zur Scheune. Mit einem Mal schnitt das Bellen eines Hundes aus einem nahegelegenen Haus durch die Stille der Nacht. Wir beschleunigten unseren Schritt und drängten uns durch die Scheunentür, die wir fest, aber leise hinter uns zuzogen und uns wegduckten. Nach ein paar Minuten war der Hund wieder still und wir atmeten erleichtert auf.

Nur mit Hilfe einiger Mondstrahlen, die durch das alte Dach und die Wände drangen, tasteten wir uns durch die Scheune. Es gab einen Heuboden und nach einer kurzen Suche nach der Leiter kletterten wir hinauf. Wir schoben etwas Stroh zu einer weichen Matratze zusammen und bedeckten uns mit noch mehr Heu, um uns vollständig zu verbergen.

Ich lag still und versuchte, die Bilder der zu Boden geschossenen Menschen zu verdrängen. Doch sie drängten sich wieder und wieder vor mein inneres Auge. Ich konnte nicht anders, als über unsere wundersame Flucht zu reflektieren. Wir vermuteten (und später würde sich dies bestätigen), dass nur sehr wenige Menschen unserem Lager entkommen waren. Als die SS das Lager umstellte und das Feuer eröffnete, war es bereits zu spät. Es gab kein Entkommen. Glücklicherweise waren wir am richtigen Ort zur richtigen Zeit gewesen – am Rande des Lagers in den frühen Morgenstunden – als wir die Lastwagen mit ihren Todesschützen hörten. Unsere Entscheidung davonzulaufen, bevor sie das Lager erreichten, war reine Glückssache gewesen und hätte uns das Leben kosten können. Doch stattdessen hatte sie uns gerettet. Hätten wir unsere Entscheidung nur um einige Minuten hinausgezögert, wären wir nicht mehr am Leben. Und der Bauer, der uns in dem Weizenfeld die Schuhe abnahm, hätte sie nehmen und uns verraten können.

Mein Körper zitterte, als ich begriff, wie knapp wir dem Tod entronnen waren. Ich versuchte mich zu beruhigen, aber das

Zittern wollte kein Ende nehmen. Bald begriff ich, dass das Zittern nicht nur vom Trauma dieses erschütternden Tages stammte. Meine Kleidung war nass von Schweiß und Bachdurchquerungen. Es fror mich bis in die Knochen, als sie in der kühlen Nachtluft trocknete. Ich häufte mehr Heu auf mich und Wärme kehrte zurück in meinen Körper. Ich begann mich zu entspannen und zum ersten Mal seit Tagen fühlte ich mich sicher. Meine blanken und angegriffenen Nerven beruhigten sich und ich schlief tief und fest.

In dieser Nacht hatte ich den besten Schlaf seit Wochen. Ich erinnere mich nicht, ob ich träumte oder nicht, und wenn ja, ob es angenehme oder alptraumhafte Träume waren. Jedenfalls gab es keinen Traum, der an die Realität hätte heranreichen können. Innerhalb weniger Tage hatte sich unsere Welt, die ohnehin einem Alptraum glich, unwiderruflich zum Schrecklichen gewandelt. Unsere Eltern und Verwandten waren alle tot. Unser Haus und alles, was wir besaßen, war uns genommen. Und wir wurden immer noch verfolgt.

Für eine Nacht auf dem Heuboden fühlte ich mich sicher. Aber was würde der nächste Tag bringen? Die Monster würden wiederkommen. Sie würden nicht aufhören zu suchen, bis sie uns fanden. Sie würden die Türen einbrechen, Häuser durchforsten und alles auf den Kopf stellen, um auch den letzten Juden zu finden. Sie würden ihre Hunde mitbringen und uns dadurch in unseren Verstecken aufspüren; Hunde, die nach Juden dursten, die sonst die grausame, schreckliche Geschichte ihres Überlebens erzählen könnten. Würden wir so einer bösartigen Entschlossenheit entkommen? Glücklicherweise hatten wir Timush und er hatte einen brillanten Plan, um uns zu helfen.

Sonnenstrahlen, die durch die feinen Lücken zwischen den Brettern der Scheune ins Innere drangen, weckten uns. Alles war ruhig und friedlich. Auf dem Hof gackerten die Hühner und ein Hahn stieß einen kurzen Schrei aus. Der Duft von frisch gebackenem Brot stieg uns in die Nase. Die Schuppentür öffnete sich. Still blieben wir liegen, wussten wir doch nicht, wer da kam. Hania trat über die Schwelle und rief die Hühner zu sich. Sie streute etwas Futter aus und wandte sich dann zur Leiter. Mit einem Eimer in der Hand kletterte sie hinauf. Der Brotgeruch wurde stärker, als sie den Eimer auf dem Rand des Dachboden abstellte. Noch immer auf der Leiter stehend, griff sie hinein und nahm mehrere runde Brote heraus. Sie glänzten vor Butter und dampften noch. Wir krochen aus dem Heu hervor und stürzten uns auf sie. In unserem Riesenhunger verschlangen wir sie beinahe direkt. Aus dem Eimer holte Hania dann noch eine Karaffe mit heißem Kaffee und goss ihn in zwei Tassen, die sie uns reichte. Wir bedankten uns überschwänglich und schlürften den beruhigenden Kaffee.

Das selbstgebackene Brot an diesem Morgen war eine der unvergesslichsten Mahlzeiten meines Lebens. Man kannte es als *flam pletzel*, eines der einfachsten Brote, die es gibt. Ein flaches Brot aus lediglich Mehl, Wasser und ein wenig Pflanzenöl, das somit nicht besonders anregend für die Geschmacksknospen war. Aber in diesem Moment war das Brot wie die Speise der Götter. Auch wenn ich es heute noch rieche oder schmecke, denke ich an diesen Moment zurück und werde mit guten Erinnerungen überhäuft. Es ist eine ironische Eigenschaft unserer menschlichen Natur, die die geringste Erleichterung in einer Zeit des Terrors zu einer positiven Erinnerung werden lässt und sie in unser Gedächtnis brennt. Nie werde ich die Freundlichkeit dieser zwei Menschen vergessen und alles, was sie riskierten und opferten, um meine Familie zu retten.

Dieses Brot wurde für mich zu einem kleinen Symbol der unglaublichen Opfer, die Timush und Hania für meine Familie und mich erbrachten.

19

IN DEN BUNKER

Gemischte Gefühle bestimmten den nächsten Tag. Da war die überwältigende Angst, weil wir wussten, dass wir noch nicht außer Gefahr waren. Aber sie wurde von der Freude über die Wiedervereinigung mit Tusia und Mendel und unserem Unglauben über unser knappes Entkommen in den Schatten gestellt. Wir hatten allen Widrigkeiten getrotzt. Doch wir wussten auch, dass uns die Zeit davonlief. Wir konnten es uns nicht leisten, zu warten; wir mussten handeln, um unser Überleben zu sichern.

Timush war bereits dabei, einen Plan zu entwickeln. Nachdem wir uns gewaschen und ein wenig gegessen hatten, um wieder zu Kräften zu kommen, enthüllte er uns mit einem aufgeregten Gesichtsausdruck seine Idee, uns zu verstecken. Mittlerweile waren wir an seine natürliche Überschwänglichkeit gewöhnt, wenn er eine Lösung vorschlug oder ein Problem lösen wollten.

Natürlich stellt sich eine Frage, wenn man über die Hilfe und Freundlichkeit des Mannes nachdenkt und die Risiken, die er auf sich nahm, um uns zu helfen. Die Frage nach dem Warum. Was war sein Beweggrund? Lag es nur an seinem Geständnis im Gefängnis und seiner wundersamen Rettung vor dem Tod? Wollte er ernsthaft sein Versprechen gegenüber seinem verstorbenen

Freund, dem Priester, einlösen? War ein solches Erlebnis genug, um ein jahrzehntelang von Hass zerfressenes Herz zu ändern? Es besteht kein Zweifel, dass seine Gefängniserfahrung sein Handeln beeinflusste. Er war ein ehrenwerter Mann und sein Wort bedeutete ihm etwas. Seine Versprechen an andere und an sich selbst waren verbindlich, und einmal gegeben, mussten sie um jeden Preis erfüllt werden.

Doch ich hegte die Vermutung, dass noch etwas anderes im Spiel war. Ich fragte mich, was diesen Mann sonst noch motivierte, seinen eigenen Tod in Kauf zu nehmen, um uns zu retten. Timush hatte scheinbar einen Abenteuerdrang. Fast jede Aufgabe ging er mit heiterem Elan an. Er stellte sich gerne Hindernissen und entwarf Strategien, um sie zu überwinden. Zwar hatte er nie eine Universität besucht und verfügte wahrscheinlich nicht über die beste Schulbildung, aber er besaß natürliche Intelligenz und Scharfsinn. Und er hatte einen unstillbaren Hunger Neues zu lernen. Vielleicht waren es die Fähigkeiten eines Mechanikers, aber er schien sich an der logistischen Herausforderung, uns zu helfen, und der damit verbundenen Gefahr, zu erfreuen. Anders konnte ich mir die schiere Energie und Freunde nicht erklären. Ein Mann, der unter Druck stand, ein Versprechen im Angesicht des Todes zu halten, hatte was es benötigte, um weiterzumachen und seine Pflicht zu erfüllen. Aber dies im gleichen Geist zu tun, als handele es sich um einen sportlichen Wettkampf... das deutete auf etwas anderes hin.

Es war mit eben jenem Eifer, dass Timush uns seinen Plan darlegte. Seine Gesten waren energisch und er sprach schneller als sonst. Mund und Augenbrauen schienen sich ein Lächeln verkneifen zu müssen, um seine Begeisterung nicht preiszugeben. Er wippte ein wenig mit seinem Stuhl, während er auf einem Stück Papier die Baupläne für ein raffiniert konstruiertes Versteck skizzierte.

Jeder Bleistiftstrich offenbarte ein äußerst kühnes und verwegenes Unterfangen. Timush begann seine Erklärung damit, dass die

Hoffnung auf Erfolg davon abhing, ob das Versteck vollkommen unauffindbar war. Die Nazis waren entschlossen, alle Juden zu vernichten, und setzten alle Mittel ein, die ihnen zur Verfügung standen.

Die örtlichen Polen und Ukrainer waren nur allzu willig, ihnen dabei zu helfen, denn sie wussten, dass der Erlös aus den Opfern reichlich war, um ihn unter sich aufzuteilen. Der Gedanke, dass sie endlich das Volk los sein würden, das sie seit Jahrhunderten hassten, verstärkte ihren Hass.

Durchsuchungen und akcias würden zweifelsohne häufiger und heftiger als je zuvor stattfinden. Die Verstecke, die die Juden die letzten Male vor dem Tod bewahrt hatten, würden nicht mehr ausreichen. Die Deutschen und die Einheimischen hatten alles gesehen und waren äußerst geschickt geworden, Verstecke aufzuspüren und zu zerstören.

Timush hatte jedoch eine Idee für einen Bunker, von dem er fast sicher war, dass er nicht gefunden werden konnte. Es würde nicht einfach sein, ihn zu bauen, und es würde viel harte Arbeit und Gerissenheit erfordern, um nicht entdeckt zu werden. Timushs Skizze zeigte einen Raum mit seinen Abmessungen; ein Meter neunzig hoch, ein Meter achtzig breit und drei Meter lang. Er erklärte uns, dass dies unser Versteck sein würde. Die Größe des Raumes schockierte uns nicht, aber die Lage des Raumes auf der Skizze schon. Die rechte Seite der Zeichnung zeigte sein Haus – wir erkannten deutlich alle Stockwerke. Der Bunker befand sich allerdings nicht direkt darunter. Er sollte sich unter dem Bodenniveau des Kellers befinden, aber an der Seite des Gebäudes.

In Timushs grober Zeichnung war ein großer Stein vom Sockel der Kellerwand neu positioniert, als hätte man ihn weggeschoben. Pfeile deuteten Bewegungen an, die diese Annahme bestätigten, und Timush erklärte, dass dies der Eingang sein würde. Sobald wir drinnen wären, sollte der Stein ersetzt, verputzt und gestrichen werden, damit er zu den Kellerwänden passte. Der Eingang würde komplett versiegelt werden und wir würden buchstäblich begraben sein.

So viele Fragen gingen uns durch den Kopf, als wir auf die Baupläne starrten. Wie sollten wir atmen? Was wäre, wenn wir wegen eines Bombenangriffs oder eines anderen Notfalls rausmussten? Würde uns das nicht genauso gefährden, wie wir es im Freien waren?

Timush war uns weit voraus. Er zeigte auf den Schornstein in der Zeichnung. Sein Finger landete auf dem Sockel des Schornsteins, der auf einer Seite in den Bunker hinunterführte. Er hatte sorgfältig darauf geachtet, die Details des Schornsteins in die Skizze einzuzeichnen und wie sie zum unterirdischen Raum hin offenbleiben würden. Durch diese Öffnung würden wir Zugang zu frischer Luft haben. Die Lösung für die Luftzufuhr war neuartig. Das Problem bei jedem unterirdischen Bunker war die Öffnung, durch die Außenluft zugeführt wurde. Die Öffnung schaffte eine verwundbare Stelle, die zur Entdeckung versteckter Juden führen konnte.

Durch diesen Schacht würde nicht nur Luft strömen. Timush hatte einkalkuliert, dass auch Lebensmittel und Wasser in den Bunker gelangen mussten. Er würde Kanister der genauen Größe finden, die sich der Form der Schächte anpassen und ungehindert nach oben und unten gleiten konnten. Natürlich muss das, was nach unten geht, auch wieder nach oben kommen. Das gleiche System sollte also für unsere Notdurft verwendet werden. Der Zugangspunkt wären die Abflussrohre auf dem Dachboden.

Wir staunten nicht schlecht über diese geniale Konstruktion eines Bunkers. Aber Timush hielt noch mehr für uns bereit. Er hatte eine clevere Lösung für die Kommunikation, sodass Nachrichten zwischen dem Bunker und den Wächtern oben übermittelt werden konnten. Ein dünnes Seil, an dem eine Glocke befestigt war, hing im Schacht. Wenn Timush uns kontaktieren wollte, konnte er an dem Seil ziehen und die Glocke auf unserer Seite würde uns alarmieren. Aber wenn wir alarmiert waren, wie könnten wir uns gegenseitig mitteilen, was es zu kommunizieren gab? Die Sprache in den langen Schächten war verzerrt und schwer zu verstehen. Und die Nachbarn oder jeder, der vorbeikam, könnten die Gespräche mithören. Daran hatte Timush auch gedacht. Ein weiteres kleines Seil würde mit einem Haken herabgelassen werden. An diesem Haken könnten wir Nachrichten und Notizen befestigen, um deutlich, aber lautlos zu kommunizieren.

Wir blickten wieder auf den großen Stein, der als Eingang dienen würde. Der Gedanke, dahinter in einem kleinen Raum eingeschlossen zu sein, war äußerst beunruhigend. Wenn es einen Notfall gäbe, oder einer von uns in eine verzweifelte Notlage geriet, oder – was noch wahrscheinlicher war – wenn eine Bombe auf das Haus fiel, wie würden wir dann entkommen? Würden wir lebendig begraben sein? Timush zeigte uns erneut die Zeichnung des Steins. Auf der bunkerzugewandten Seite des Steins hatte er zwei stabile Haken gezeichnet. Wenn es kritisch werden würde, könnten wir diese mit einem Seil oder einer Stange mit einem weiteren Haken einhaken und mit entsprechender Kraft den Stein und den ihn verdeckenden Putz auf der Kellerseite loslösen. Dieses Konstruktionselement gab uns die dringend benötigte Bestärkung. Jetzt hatten wir das Gefühl, die Situation einigermaßen im Griff zu haben. Wir wussten, dass diese Macht nicht missbraucht werden konnte. Wir würden jedoch sehr diszipliniert sein müssen, um dem Drang zu widerstehen, bei jedem Geräusch oder Anzeichen von Gefahr zu fliehen.

Timush vervollständigte die Zeichnung. Wir begutachteten sie mit Sorgfalt und Bangen. In diesem winzigen Raum würden wir vier den besten Schutz vor den Monstern, die uns umbringen wollten, finden. Doch dieses neue Zuhause konnte schnell zu unserem Grab werden, sollten sich die Ereignisse überschlagen. Wir waren eine Familie und liebten uns sehr, aber würde diese Liebe auf so engem Raum fortbestehen? Wie würde es uns auf so engem Raum eingesperrt ergehen? Würde uns der Mangel an Sonnenlicht, Frischluft und Freiraum in den Wahnsinn treiben? Wir wussten, dass uns keine andere Wahl blieb, aber diese Fragen stellten sich uns trotzdem.

Die Zeichnung zog uns in ihren Bann. Unser Fokus lag zunächst auf der Integrität der Struktur. Zwei dicke Holzbalken würden die Decke des Raumes stützen. Diese Balken würden ihrerseits von Pfosten gestützt, die gleichzeitig als Rahmen für die Etagenbetten, in denen wir schlafen sollten, dienen. Diese Betten würden die Hälfte der Breite des Raumes einnehmen, sie wären neunzig Zentimeter breit und würden sich über die gesamte Länge von Wand zu Wand erstrecken. Wir vier würden uns die zwei Betten teilen müssen; meine Schwester und ihr Freund würden in dem oberen Bett schlafen und mein Bruder und ich in dem unteren.

Eine tragbare Lampe, wie sie Mechaniker oft benutzten, würde für Licht in dem Raum sorgen. Das lange Kabel der Lampe würde den Schacht hinaufführen und sollte in der Nähe der Dachbodenöffnung in eine Steckdose gesteckt werden. Im Bunker würde die Lampe an einem Haken von der Mitte der Decke des Bunkers baumeln.

An der Wand gegenüber den Kojen hatte Timush einen kleinen Tisch in der Skizze eingezeichnet, an dem wir essen, schreiben oder uns anderweitig unterhalten konnten. In der Ecke neben dem Schornstein befand sich eine behelfsmäßige Toilette. Es war eine große Metallschüssel mit einem Deckel, in den eine Öffnung geschnitten war, auf der wir sitzen konnten. Dieser Teil des Bunkers bot die geringste Privatsphäre, aber Timush hatte das ebenfalls bedacht. Eine L-förmige Verlängerung, die vom Rest des Raumes abgetrennt war, bot die Lösung. Auf diese Weise waren wir wenigstens außer Sichtweite, wenn wir unseren körperlichen Bedürfnissen nachkamen, wenngleich die Geräusche und Gerüche nicht verborgen bleiben würden. Die Nähe der Toilette zu den Schächten würde helfen, den Gestank unserer Ausscheidungen zu reduzieren, aber natürlich würde es auf so engem Raum nie möglich sein, ihm vollkommen zu entgehen. Dies war eine geringe

Unannehmlichkeit, wenn man bedenkt, was wir bereits vor den Nazis geflohen waren.

Als Timush seine Skizze des Verstecks fertiggestellt hatte, schaute er uns an und wartete gespannt auf unsere Reaktion. Wir sahen, dass er mit seinem Werk sehr zufrieden war, und bemerkten die unvermeidliche Freude, mit der er bereit war, uns zu helfen. Wir hatten gemischte Gefühle. Zweifellos handelte es sich um einen genialen Plan, aber wir waren überwältigt von dem Gedanken, ihn ausführen zu müssen, ohne entdeckt zu werden. Wie sollte uns das gelingen und wie lange würde es dauern? Würden wir genug Zeit haben, bevor die Nazis und ihre örtlichen Handlanger uns aufspürten?

In Wahrheit blieb uns keine Wahl. Es musste weitergehen, denn wir hatten keine Zeit zu verlieren. Es war dieser Plan oder der Tod. Wir waren uns alle einig, dass wir ihn durchziehen würden. Mendel, dem es wie durch ein Wunder gelungen war, Geld aufzubewahren, gab es an Timush, um die Kosten für die Materialien und andere Dinge zu decken, die für den Erfolg des Plans notwendig waren.

Die nächste Herausforderung bestand darin, nicht das Misstrauen der Nachbarn zu wecken. Timush und Hania hatten einen sechsjährigen Jungen namens Lubko. Da kleine Kinder oft keine Diskretion verstanden, stellte seine Anwesenheit ein großes Risiko für uns alle dar. Eine unschuldige Bemerkung von ihm gegenüber einem Besucher oder einem Nachbarn und wir wären entlarvt. Aus diesem Grund sorgten seine Eltern dafür, dass er nichts von dem Plan erfuhr, uns zu verstecken. Doch bei all der Arbeit, die zu erledigen war, wäre es unmöglich, die Wahrheit lange vor ihm zu verbergen. Hania meinte, dass es für alle das Beste wäre, wenn sie einen anderen Ort für ihn fanden, an dem er bleiben konnte, sodass wir an dem Bunker arbeiten konnten. Sie überzeugte ihre Mutter, während der Grabungs- und Bauarbeiten auf den Jungen aufzupassen.

In den kommenden Tagen verblieben meine Schwester und Mendel auf dem Dachboden und mein Bruder und ich auf dem Heuboden in der Scheune. Obwohl das Haus in einiger Entfernung zu den Nachbarn stand, befanden sich vier zusätzliche Personen auf dem Grundstück, und jedes Geräusch oder jeder Beweis unserer Existenz hätte uns leicht zum Verhängnis werden können. Tagsüber versuchten wir, so weit wie möglich außer Sichtweite zu bleiben. Nachts arbeiteten wir so leise und schnell wir nur konnten, um den Bunker vorzubereiten.

Bevor wir begannen, führte uns Timush in den Keller, wo wir uns daran machten, den großen Stein zu entfernen. Er befand sich am Fuße der Mauer an der äußeren Ecke des Hauses. Der Stein war etwa achtunddreißig Zentimeter dick, und gerade einmal breit genug, dass eine Person durch diese Stelle in der Wand passte. Er war schwer, aber wir hackten den Mörtel ab und konnten ihn schließlich durch Hin- und Herruckeln entfernen. Die Erde hinter dem Stein war fest verdichtet. Sie bestand jedoch größtenteils aus Lehm und ließ sich beim Graben daher relativ leicht lockern. Dennoch würde es ein langer Prozess werden. Zunächst gruben wir einen Tunnel, der entlang des Niveaus des Steins führte. Dann gruben wir in die Tiefe, gemäß der Idee, dass der Bunker weit unterhalb des Kellers liegen sollte. Timush, mein Bruder und ich hatten damit die meiste Arbeit. Schaufel um Schaufel hoben wir Erde aus dem kleinen Loch. Meine Schwester packte alles in Kartoffelsäcke, damit man es hinausgetragen konnte. Gelegentlich mussten wir anhalten und die Säcke aus dem Keller nach oben bringen. Wir wussten, dass ein wachsender Haufen Erde, der von den Nachbarn oder Passanten gesehen werden konnte, ein Hinweis darauf war, dass Juden versteckt wurden. Also trugen wir die Säcke vorsichtig und im Schutze der Nacht zu einem kleinen Bach in der Nähe und kippten die Erde hinein.

Wochenlang gruben wir so schnell wir konnten, immer darauf bedacht, dass alles unentdeckt blieb. Es war ein langsames und mühsames Unterfangen, aber mit jedem Tag wuchs die Hoffnung, dass es tatsächlich zu bewältigen war. Timush arbeitete genauso hart wie wir alle. Er teilte Entschlossenheit und Sorge, die über tiefste Freundschaft hinausgingen.

Es wurde uns glasklar, dass er sich tatsächlich seinem Gelübde gegenüber Gott und dem Priester verpflichtet fühlte, den durch seine Sünden verursachten Schaden wiedergutzumachen.

Diese Mission hatte mittlerweile eine neue Größenordnung angenommen. Seine Hingabe zu unseren Eltern, und jetzt zu uns, war zu Liebe gereift. Liebe wie man sie zu einem lieben und engen Familienmitglied hegt. Selbst seine Frau, Hania, half auf jede erdenkliche Weise, obwohl sie durch die Betreuung ihres kleinen Sohnes eingeschränkt war. Hanias Bruder war ebenfalls in den Plan eingeweiht und half mit. Er war ein geschickter Tischler und Timush beauftragte ihn mit dem Bau der Etagenbetten, des Tisches und der Stühle.

Timush beaufsichtigte die Grabungsarbeiten und den Bau des Bunkers mit leidenschaftlichem Stolz auf jedes Detail. Er beobachtete alles ganz genau, um sicherzustellen, dass die Wände und die Decke die volle Tragfähigkeit besaßen und durch nichts beeinträchtigt wurden. Er brachte Holzbalken, um die Wände an den schwächsten Stellen zu stützen und um sie zusätzlich zu verstärken. Er grub direkt neben uns, wenn er sich nicht um andere Details kümmerte oder Verpflichtungen aus seinem normalen Tagesablauf nachkommen musste. Als der Raum vollständig ausgehoben war, brachte er Gips an und strich die Wände komplett. Das würde helfen, Feuchtigkeit aus dem Raum zu halten und die Konstruktion zu verstärken. Das gesamte Holz und die für die Möbel benötigten Materialien wurden herbeigeschafft, durch das enge Loch gehoben und Hanias Bruder baute sie im Inneren des Bunkers auf. Mit seiner langjährigen Erfahrung war es sehr schnell erledigt.

Jetzt mussten wir nur noch einige Details in Angriff nehmen; unsere letzten Vorbereitungen, bevor wir untertauchen konnten. Timush stieg auf den Dachboden, um die Öffnung im Schornstein zu öffnen, die uns Zugang zu den Schächten gab. Seile wurden für die Signalglocke und unser Kommunikationssystem heruntergelassen.

Wir testeten sie alle. Wir studierten einen Plan für den Fall ein, dass die Seile auf dem Dachboden entdeckt werden würden und uns verraten könnten. Das Signal wäre das dreimalige Läuten der Glocke, woraufhin wir die Seile eilig in den Bunker ziehen sollten, um sie dort zu verstecken. Timush tröstete uns, indem er sagte, er könne sie jederzeit ersetzen, wenn die Gefahr gebannt sei. Danach wurde das elektrische Licht an einem langen Kabel durch einen der Schächte hinuntergelassen und in eine Steckdose oben auf dem Dachboden gesteckt. Wir schalteten es ein und es erhellte den Bunker.

Timushs Hingabe an den Plan und an unsere Rettung wurde zu einer Besessenheit, die an religiösen Eifer grenzte. Am Ende eines jeden Arbeitstages stand er feierlich in der Grube und bewunderte die Fortschritte des Tages. Er schritt jeden Zentimeter des Raumes ab, betrachtete sorgfältig die Struktur und überlegte, was als Nächstes getan werden musste.

Dann, nachdem er alles in Augenschein genommen hatte, sank er auf die Knie und betete. Er betete, dass Gott uns helfen möge, diese schwierige Aufgabe zu bewältigen. Er bat um Schutz vor den Nazis und denjenigen, die in der Gegend immer noch Juden jagten. Und er flehte, dass all unsere Aktivitäten von seinen Nachbarn unbemerkt bleiben würden. Manchmal bat Timush Tusia, mit ihm zu beten. Sie gehorchte zögernd, aber pflichtbewusst. Zweifellos hatte sie das schon während ihrer Reise nach Krakau mit ihm erlebt, um ihre List vor misstrauischen Augen aufrechtzuerhalten. Und er hatte sie in dieser Zeit viel über die Gebete und Praktiken des christlichen Glaubens gelehrt.

Vielleicht bewirkten Timushs Gebete tatsächlich etwas, denn wir beendeten die Arbeit an dem Bunker, ohne entdeckt zu werden. Es war schwer zu glauben, dass mehr als ein Monat vergangen war, seitdem wir aus dem Lager geflohen waren und zu Timushs Haus gefunden hatten. Aber nun war die Arbeit abgeschlossen, und es war Zeit, endgültig im Bunker zu verschwinden. An diesem Abend versammelten wir uns alle in Timushs Küche, um den Abschluss unserer gewaltigen Aufgabe zu feiern. Hania zauberte ein wunderbares Essen und wir aßen mit so viel Frivolität und Freude wie seit Jahren nicht mehr.

Nach dem Essen badeten wir gründlich und wuschen all unsere Kleidung. Als wir sauber und angezogen waren, verabschiedeten wir uns von unseren treuen Freunden. Mit Tränen in den Augen umarmten wir Timush, Hania und ihren Bruder. Wir sprachen ihnen unsere tiefste Dankbarkeit aus. Dann stiegen wir in den Keller hinab, zu dem Gang in der hintersten Ecke.

Einer nach dem anderen knieten wir nieder, schlüpften durch das Loch und ließen uns in den Raum hineinfallen. Mein Bruder knipste das Licht an. Um ihn herum wurde unsere Höhle mit den Möbeln, Vorräten und allem, was wir brauchten, beleuchtet. Unsere ersten Vorräte an Lebensmitteln und Wasser waren bereits da. Auf dem Tisch stand eine kleine Karbidlampe, für die Momente, in denen wir auf das Licht der Deckenlampe verzichten wollten. Wir hatten Tassen, Schüsseln und Teller und etwas Besteck: Messer, Gabel und Löffel. Es gab Tücher zum Reinigen der Hände und des Geschirrs, Handtücher zum Abtrocknen und Alkohol als primäres Desinfektionsmittel. In den Kojen sah das saubere und weiche Bettzeug warm und einladend aus. Wir hatten auch ein paar Dinge mitgebracht, um uns zumindest für eine kurze Zeit bei Laune zu halten: ein paar Bücher, ein Kartenspiel, ein Dominospiel und einige Zeitungen.

Wir positionierten diese Dinge, versuchten uns einzurichten und uns in dem neuen Raum zurechtzufinden. Timush rief durch die Öffnung, dass er bereit sei, und fragte, ob wir das auch seien. Wir gaben grünes Licht, verbunden mit einem letzten Dankesschrei, und hörten dann, wie der Stein wieder an seine ursprüngliche Stelle geschoben wurde. Während Timush den Mörtel und Putz mit der Kelle anrührte und in die Fugen rund um den Stein schmierte, warteten wir. Nach ein paar Minuten war er fertig und seine müde Stimme sagte etwas Unverständliches zu Hania und ihrem Bruder. Dann entfernten sich ihre Schritte und sie stiegen die Treppe hinauf.

Eine furchtbare Stille trat ein. Wochenlang hatten wir uns diesen Moment ausgemalt, doch nichts hatte uns auf dieses Gefühl der Endgültigkeit vorbereitet. Eine unheimliche und erschreckende Erkenntnis traf uns wie das Gewicht des Eingangssteins: Wir waren in einem potenziellen Grab eingeschlossen. Paradoxerweise verspürten wir aber auch ein gewisses Maß an Freiheit, das uns drei Jahre lang verwehrt gewesen war. Mit dem letzten Wischen des Putzes über die Außenwand fühlten wir uns in eine andere Welt versetzt: Eine Welt, die von dem beispiellosen Hass und Mord, wie wir sie erlebt hatten, weder berührt noch durchdrungen werden konnte.

Nun befanden wir uns an einem warmen und sicheren Ort, der trotz all seiner Einschränkungen und des fehlenden Komforts in einem wunderbaren Kontrast zu dem kalten und grausamen Ort, den wir verlassen hatten, stand. Hier und jetzt waren wir bereit, so lange zu warten, bis die Schrecken und der Wahnsinn der Welt da oben aufhörte und eine neue Welt begann.

In nur wenigen Wochen würde ich fünfzehn Jahre alt werden. Und es fiel mir schwer, das zu glauben. In gewisser Weise waren die letzten vier Jahre, die unser Leben auf den Kopf gestellt hatten, vorbei gegangen wie ein Wimpernschlag. Aber in anderer Hinsicht kamen sie mir wie die Ewigkeit vor. Die nächsten Monate im Bunker würden quälend langsam vergehen. Wir waren von dem natürlichen Tag-und-Nacht-Rhythmus abgeschnitten und erhielten nur sehr wenig Neuigkeiten von der Außenwelt.

20

ZEIT TOTSCHLAGEN

Wie lange würden wir warten müssen? Es war unmöglich, eine Vorhersage oder eine vernünftige Spekulation zu äußern. Der Krieg befand sich zu diesem Zeitpunkt kurz vor der Wende, aber niemand konnte dies vorhersehen. Seit Beginn des Jahres 1942 drangen die Nazis immer tiefer in die Sowjetunion vor, mit den Zielen, wichtige Ölfelder zu erobern, um ihre Kriegsanstrengungen zu unterstützen, und wichtige Städte, wie Stalingrad, zu kontrollieren, um die Russen zur Unterwerfung zu zwingen. Ihre relativ leichten Siege gegen die ärmeren und weit weniger disziplinierten Armeen Stalins hatten ihnen ein Maß an Selbstbewusstsein verliehen, das ihnen bald zum Verhängnis werden würde. Zum Jahresende würden ihre Kräfte erschöpft sein und sie kurz davor, von der schieren Stärke der Roten Armee übermannt zu werden.

Timush hatte hart gearbeitet, um uns in unser Versteck zu bringen, aber das war nicht das Ende des Pflichtbewusstseins, das er uns gegenüber empfand. Er bemühte sich sehr, uns in unserem Versteck auf dem Laufenden und optimistisch zu halten. Seine überwältigende Hingabe zeigte sich darin, dass er stets voraussah, was wir benötigten, um den langen, psychologischen Kampf zu überstehen. Sein Einfühlungsvermögen für das, was wir monatelang unter der Erde isoliert mitmachen würden, ging der Wirklichkeit voraus.

Alle paar Tage kamen Nahrung und Wasser herunter und unsere Abfälle gingen nach oben. Durch die Schächte kamen auch Zeitungen mit Nachrichten über den Krieg. Timush hatte uns zudem eine Europakarte besorgt, auf der wir die sich ständig bewegende Ostfront markierten. Diese tägliche Aufgabe unterbrach die Monotonie. Sie schenkte uns Hoffnung und einen Grund, das Gefangensein unter der Erde und die damit verbunden Qualen zu überstehen.

Während dieser Zeit zeigte Timush eine andere Seite von sich, die ich nicht kannte, bevor wir in den Bunker gingen. Vielleicht hatte Tusia sie gesehen, als die beiden in Krakau waren, oder wenn er seine Zuneigung zu ihr ausdrückte. Alle paar Tage kamen Briefe von ihm durch die Schächte. Es waren liebe Aufmunterungsschreiben, die uns Mut machen sollten. Überraschender jedoch waren die gelegentlichen Gedichte. Sie drückten seine Liebe zu uns aus und erinnerten uns daran, dass es noch immer Schönes gab. Auch in einer von Krieg und Gewalt zerfressenen Welt.

Oft schrieb er von unseren Eltern. Er half uns, uns an sie zu erinnern, und sagte, wie dankbar er für die Dinge war, die sie ihn gelehrt hatten. Er lobte sie und versicherte uns, dass sie im Himmel seien und über uns wachten. Sie würden uns erwarten, wenn es für uns an der Zeit war, zu sterben.

Timushs Sorge und Fürsorge rührte uns oft zu Tränen. Wir weinten, als wir seine gut formulierten Worte lasen, und wurden uns bewusst, dass er ein erhebliches Risiko eingegangen war, um uns zu retten. Von den erbrachten Opfern ganz zu schweigen. Es schien, als ob sein Lebenszweck nur erfüllt war, wenn wir überlebten.

Tusia muss von der Hingabe dieses Mannes besonders gerührt gewesen sein. Sie wusste, dass ein großer Teil seiner Motivation auf seiner Verehrung für sie beruhte. Nicht dass Tusia sie je hätte erwidern können – sie war in Mendel verliebt. Aber zweifellos schmeichelte ihr die Gunst und Aufmerksamkeit, die Timush ihr schenkte, wann immer er sich um unsere Familie herum aufhielt. Und sie wusste, dass seine Verliebtheit ihrer Familie zugutekam.

Obwohl sie nicht dasselbe für ihn empfand, musste sie vorsichtig und behutsam auf seine Annäherungsversuche reagieren. Sie wollte ihn nicht verführen, aber ihn auch nicht verletzen. Ich habe immer darüber gestaunt, wie anmutig und respektvoll sie mit dieser Bürde umging, ohne jemals ihre Prinzipien über den Haufen zu werfen. Sie zeigte ein Maß an Weisheit und Stärke, das ihrem Alter weit voraus war.

Jetzt, da wir im Bunker waren, muss Tusia große Erleichterung empfunden haben, da sie sich nicht mehr so viele Gedanken über ihre Reaktionen auf Timush machen musste. In ihren Antwortbriefen an ihn überschüttete sie ihn mit Lob und Dank für alles, was er für uns tat. Sie achtete darauf, ihn nicht zu der Annahme zu verleiten, dass sich ihre Leidenschaften von Mendel ab- und ihm zuwandten. Sie wollte ihn wissen lassen, dass wir nichts für selbstverständlich erachteten. Er hatte schon so viel getan, dass es fast unerträglich war, ihn nach mehr zu fragen. Doch es gab noch einen Gefallen, um den sie ihn unbedingt bitten wollte.

Wir hatten Hoffnung, dass unsere Tante Fryma noch lebte. All unsere anderen Verwandten waren getötet worden, aber niemand hatte etwas von ihr gehört. Wir wollten wissen, was mit ihr geschehen war und ob sie noch lebte. Tusia schrieb Timush und bat ihn inständig, nach ihr zu suchen. Sie flehte ihn an, sie zum Bunker zu bringen, falls er sie fand.

Timush willigte ein, aber seine Frau protestierte. Sie beklagte sich, dass es bereits zu viel Arbeit sei, vier Personen im Bunker am Leben zu halten. Fünf Leute würden sie noch mehr belasten. Die zusätzlichen Lebensmittel und der zunehmende Abfall könnten das Misstrauen der Nachbarn auf den Plan rufen. Das vielleicht bedeutendste Risiko war, dass Timush Tante Fryma finden und sie hierherbringen musste. Im Angesicht von Hanias Protesten hielt Timush es für das Beste, den Bedenken seiner Frau nachzugeben. Wir konnten Hanias Sorgen verstehen, aber es war unmöglich, unsere Verzweiflung, unsere Tante finden und retten zu wollen, zu ignorieren. Mit jedem Tag wuchs sie und wir wurden immer entschlossener, einen Weg zu finden, um Hania zu überzeugen.

Trotz Timushs Bemühungen, uns optimistisch zu stimmen, forderten die langen Stunden des Nichtstuns auf so engem Raum schon bald ihren Tribut. Die Enge steigerte die kleinlichen Irritationen, die man miteinander hat, ins Unermessliche – so sehr wir uns auch liebten. Wir ärgerten uns über die kleinsten Macken, Geräusche und Zuckungen, die an einem normalen Ort und zu anderer Zeit vollkommen unbemerkt geblieben wären. Bedeutungslose Meinungsverschiedenheiten arteten schnell in Streit aus. Ich erinnere mich, wie ich einmal eine Melodie eines klassischen Musikstückes summte. Ich war sicher, dass es von Tschaikowsky war und sprach es auch aus. Meine Schwester widersprach mir direkt: „Nein! Das ist nicht Tschaikowsky. Das ist Schubert." Ich stritt zurück und sagte: „Es IST Tschaikowsky! Du hast keine Ahnung, wovon du redest!" Bald stritten wir uns ohne jeglichen Respekt füreinander. Nach einer Weile war ich es leid, mich mit ihr zu streiten und antwortete nicht mehr. Und genauso schnell, wie sie gekommen war, war meine Wut vergessen.

Mendel war viel älter als wir, etwa zwölf Jahre älter als Tusia. Bevor wir in den Bunker gingen, tolerierten mein Bruder und ich ihn, mochten ihn allerdings nicht besonders. Er ärgerte mich, aber nicht auf eine liebe Art und Weise. Seine Sticheleien fühlten sich wie Spott an und sie irritierten mich. Er hatte eine konfrontative Persönlichkeit, was meinen Bruder und mich oft in Konflikt mit ihm brachte. Sagten wir Schwarz, sagte er Weiß. Und jetzt, da wir Tag und Nacht in diesem kleinen Raum mit ihm eingeschlossen waren, stieg die Irritation, die wir füreinander empfanden. In beinahe jeder Diskussion vertraten Edek und ich den gegenteiligen Standpunkt von Mendel. Meine arme Schwester war zwischen den Fronten gefangen und gab ihr Bestes, um den Frieden zu wahren. Mein Bruder und ich rollten mit den Augen, wenn wir uns über ihn ärgerten. Wir wollten uns gegenseitig über ihn beschweren, aber das ging nicht, ohne dass er uns hörte.

Es gab auch Momente, in denen mein Bruder und ich uns wünschten, dass wir mehr Privatsphäre hätten, um uns Luft zu machen oder um über Sachen zu reden, die unsere Schwester und Mendel nichts angingen. Zufälligerweise hatte ich eines der wenigen Dinge mit in den Bunker gebracht, das ich während all der schrecklichen Zeiten bei mir gehabt hatte: ein Buch über Morsezeichen. Nach einem dieser irritierenden Vorfälle kam mir die Idee, dass wir uns in Morse verständigen sollten. Nur gab es ein Problem: Wie konnten wir unser Tippen geräuschlos halten? Die Lösung durchzuckte mich wie ein Blitz. Niemand würde hören, geschweige denn mitbekommen, dass eine Unterhaltung stattfand, wenn wir den Code in unsere Handflächen tippen würden.

Die Entdeckung dieser neuen Art der Kommunikation war äußerst therapeutisch für mich. Es war Trost und Erleichterung zugleich, dass ich endlich ein privates Gespräch mit Edek führen konnte. Wir hatten so viele Erfahrungen und unser knappes Entkommen geteilt, dass er weit mehr war als nur mein Bruder. Er war mein bester Freund. Von diesem Moment an konnte ich besser mit den emotionalen Spannungen umgehen, die gelegentlich überkochten.

Das Leben im Bunker wurde schnell zur Routine. Es gab kein natürliches Licht und so waren wir nicht an den Tag-Nacht-Rhythmus gebunden. Infolgedessen beschlossen wir, dass es am besten wäre, bei Tage zu schlafen und des Nachts wach zu sein, um Lärm so gering wie möglich zu halten, denn die Nachbarn oder unerwartete Besucher durften uns nicht bemerken.

Wir hatten einen Spiegel, den wir zum Rasieren und für die Körperpflege nutzten. Doch zufällig entdeckten wir eine weitere Verwendung für ihn. Wenn wir den Spiegel unter den Schacht des

Schornsteins hielten, sahen wir den Himmel über dem Haus. So wussten wir, ob es draußen hell oder dunkel war. Manchmal ließ sich sogar das Wetter erkennen. Ich verbrachte Stunden mit dem Spiegel in meiner Hand und schaute durch den Schornstein nach oben.

Während ich den winzigen Lichtkreis betrachtete, dachte ich an grundlegende Empfindungen, die ich nicht mehr genießen konnte, wie das Gefühl einer Sommerbrise auf meiner Haut oder sanfte Regentropfen auf meinem Gesicht. Es gibt etwas im menschlichen Geist, das sich nach den einfachsten Freuden sehnt, wenn sie einem verwehrt bleiben; vor allem, wenn man nicht weiß, wann man sie je wieder genießen kann. Später hatte ich eine neue Wertschätzung für den Regen, die Sonne und die Wolken, nachdem ich monatelang unter der Erde gefangen war.

Der Gedanke an diese einfachen Dinge weckte Erinnerungen an das wunderbaren Leben, das wir in Tarnopol zurückgelassen hatten. Wir sehnten uns nach den schönen Zeiten von damals. Um uns die Zeit zu vertreiben, erzählten wir Geschichten und taten unser Bestes, um uns an jedes noch so kleine Detail zu erinnern. Wir sprachen oft über die Speisen, die wir damals aßen, und beschrieben ihren Geschmack, ihren Geruch und ihr Aussehen so detailliert wie möglich. Tusia zählte Rezepte für Kuchen, Torten und Mahlzeiten auf, bei deren Zubereitung sie unserer Mutter in der Küche zur Hand gegangen war. Wir erinnerten uns an die Lieder, die wir immer sangen, und sangen sie mit leiser Stimme. Es machte uns Spaß und unsere Stimmen harmonierten perfekt. Die Musik lenkte uns von unserer Langeweile ab. Stundenlang spielten wir Karten und Domino. All diese Sachen schafften es nicht, die Langeweile vollkommen zu vertreiben, aber ohne sie wären wir wohl um einiges unglücklicher gewesen.

Edek begann, unsere Lebensgeschichte aufzuschreiben. Er schrieb über die glücklichen Tage unserer frühen Kindheit, aber die Erinnerungen an das Grauen der vergangenen Jahre dominierten. Wenn er schrieb, hielt seine Feder meistens nur Schrecken fest. Um all das Schreckliche zu verdrängen, malten wir uns oft aus, wie das Leben nach dem Krieg aussehen würde. Wir stellten uns vor, die Welt zu bereisen, lange Urlaube zu machen, zu heiraten und unsere Kinder und Enkelkinder großzuziehen. Ohne diese Hoffnung und diesen Optimismus, wären wir mit Sicherheit der Verzweiflung immer tiefer anheimgefallen.

21

FRYMA IST GEFUNDEN

Tag für Tag schrieb Tusia Briefe an Hania und flehte sie und Timush an, Tante Fryma zu finden und in den Bunker zu bringen. Sie versicherte Hania, dass wir alles tun würden, um die Arbeit und das Risiko zu minimieren. Sie versprach, nach dem Krieg zu zahlen, was sie konnte, um sie für ihre Bemühungen zu entschädigen. Tusia versprach ihr sogar das Grundstück, das unsere Eltern und Großeltern in Tluste besessen hatten. Sie versuchte, sie von den spirituellen Vorteilen zu überzeugen, die mit der Rettung eines Menschen einhergingen. Sie appellierte an ihre religiöse Seite und erinnerte an die „Belohnung im Himmel", die sie selbstverständlich erhalten würde.

Schließlich, nach vielen Briefen und Versprechungen, gab Hania nach und willigte ein, Timush nach unserer Tante suchen zu lassen. Wir waren überglücklich und überhäuften sie mit unserem Dank. Timush begann seine Suche und wir warteten auf Neuigkeiten.

Es vergingen mehrere Tage, ohne eine Nachricht über Fryma. Wir hatten keine Ahnung, ob sie noch lebte oder wo sie sich aufhielt. Doch wir versuchten, optimistisch zu bleiben. Dann, eines Tages, erreichte uns eine Nachricht mit den freudigen Worten: Fryma ist gefunden!

Aufregung überwältigte uns und wir waren bereit, sie willkommen zu heißen. Hania beschloss, dass es das Beste für Lubko wäre, bei ihrer Mutter zu leben, da Fryma in den Bunker kam. Sie waren stets darauf bedacht gewesen, dass er nicht wusste, wo wir versteckt waren und bis zu diesem Moment ahnte er auch nichts. Doch eine weitere Person würde es schwieriger machen, das Geheimnis vor ihm zu bewahren.

Timush hatte unsere Tante in einem nahe gelegenen Arbeitslager ausfindig gemacht. Die Häftlinge dieses Lagers hatten die Ermordungsaktionen bisher überlebt, was sie zum Teil den Anstrengungen eines deutschen Offiziers zu verdanken hatten, der für dieses Lager zuständig war. Sein Name war Vati und er argumentierte erfolgreich, dass die im Lager geleistete Arbeit die deutschen Kriegsanstrengungen unterstützte. Das Lagerleben war zwar immer noch sehr schwierig und die Arbeit schwer, aber Vati tat alles, was er konnte, um die Gefangenen am Leben zu halten. Darüber hinaus behandelte er sie viel menschlicher als die Deutschen es in anderen Lagern taten.

Als Timush Fryma fand, befand sie sich in einem sehr schlechten Gesundheitszustand. Sie war Haut und Knochen, und das Trauma, das unserer Familie widerfahren war, hatte sie seelisch zerstört.

Natürlich war sie misstrauisch und ängstlich, als Timush im Lager auftauchte, um ihre Freilassung zu erwirken. Sie wusste nicht, ob sie seiner Behauptung, dass wir lebten, glauben konnte. Als er verkündete, dass er sie zu uns bringen würde, zögerte sie. Inzwischen war ihr das Leben im Lager vertraut und sie wusste, dass sie sich in relativer Sicherheit befand, verglichen mit dem, was sie außerhalb des Lagers erwarten könnte. Nach allem, was sie erlebt hatte, konnte sie den Gedanken kaum ertragen, in ein Versteck zu gehen, in dem sie neuen Gefahren ausgesetzt war. Hinzu kam, dass Timush sich geheimnisvoll gab, wohin er sie bringen wollte, und er nicht viel über den Bunker preisgab. Seine Zurückhaltung sollte uns schützen und den Ort geheim halten. Selbst die größte Diskretion und die besten Absichten konnten dazu führen, dass Informationen sich verbreiteten. Und es war unmöglich zu wissen, ob nicht verräterische Ohren der Unterhaltung folgten. Doch schließlich gelang es Timush, Fryma zu überzeugen, das Lager mit ihm zu verlassen.

Ein paar Tage später kehrte er mit einem Fahrrad zum Lager zurück. Timush sagte, er würde vor ihr fahren und sie würde ihm in einiger Entfernung zu Fuß folgen, um nicht den Anschein zu erwecken, dass sie zusammengehörten. Auf diese Weise würden sie es vermeiden, den Verdacht von Passanten und Stadtbewohnern zu erregen. Dann begaben sie sich vorsichtig in Richtung des Hauses. Der Weg dauerte länger als sonst, aber sie kamen bald sicher ans Ziel.

Im Haus angekommen, fühlte sich Timush vielleicht ein wenig euphorisch. Vielleicht stellte er sich unsere Freude über ihre Ankunft vor und begann, ein wenig schelmisch zu werden. Er beschloss, Fryma einen Streich zu spielen. Ich glaube nicht, dass er böse Absichten hatte; ich vermute eher, dass er die Situation etwas auflockern und ihr vielleicht beweisen wollte, dass wir tatsächlich gut versteckt waren. Es gab nicht viel Gelegenheit für Lachen oder Unterhaltung in diesen dunklen Tagen, aber Timush wusste, dass dies ein glücklicher Anlass für uns alle war, und eine gute Gelegenheit, um etwas Spaß zu haben.

Er brachte Fryma in die Küche, holte einen großen Topf heraus, füllte ihn mit Wasser und stellte ihn auf den Herd, um das Wasser zum Kochen zu bringen. Er bewegte sich lässig, pfiff eine Melodie und betrieb Smalltalk. Fryma wurde immer unruhiger. Warum tut er das, fragte sie sich. Wird er mich hier umbringen und das heiße Wasser nutzen, um alle Beweise zu beseitigen? Die Panik in ihrem Inneren wuchs und Terror pulsierte in ihren Adern. Plötzlich konnte sie nicht mehr an sich halten und verlangte zu wissen, wo wir versteckt wären. Timush lächelte und sagte: „Sieh dich gern im ganzen Haus um. Wenn du sie findest, kannst du dich ihnen anschließen."

Frymas Nerven lagen blank. Mein Gott, dachte sie. Was meint er nur? Vielleicht sind sie tot und er hat mich hierhergebracht, um mir das gleiche Schicksal zu bescheren. Timush bemerkte, dass sein Streich ein wenig aus dem Ruder gelaufen war. Fryma war von Angst ergriffen. Also beruhigte er sie, nahm ihre Hand und sagte: „Komm mit." Er führte sie behutsam die Treppe zum Dachboden hinauf, positionierte sie nahe des Schornsteins und der Öffnung der Schächte. Aber er genoss noch immer die spannungsgefüllte Atmosphäre der Enthüllung des Familientreffens. Er drehte sich zu unserer Tante um und sagte, mit einem schelmischen Grinsen: „Deine Familie ist da drin." Fryma schaute in die winzige Schornsteinöffnung und keuchte auf. „Wie können sie da drin sein?" fragte sie. „Es sind nur ein paar Zentimeter." Doch Timush war nicht bereit, alles zu erklären. Er genoss seinen kleinen Witz. „Ja, ich weiß," sagte er. „Aber sie sind dort und wenn du bei ihnen sein willst, wirst du dort auch hingehen!" Er lachte beinahe, aber für Fryma war es alles andere als witzig. Sie war verwirrt, benommen und verzweifelt – waren wir in Sicherheit und würde sie bald mit uns in Sicherheit sein?

Timush versuchte es mit einem weiteren Trick, um den Witz aufrechtzuhalten. „Also wenn du mir nicht glaubst, kannst du ja einmal in dem Loch nach ihnen rufen. Dann werden sie dir antworten." Fryma kam sich seltsam und dumm vor. Wie konnte es Menschen auf dem Boden eines Schornsteins geben? Dennoch tat sie, was Timush sagte. „Tusia!" rief sie. „Tusia! Bist du da?"

Tusia sprang plötzlich vom Boden auf, wo sie auf Neuigkeiten von unserer geliebten Tante gewartet hatte. Mit tränenbenetzten Wangen antwortete sie: „Ja, Fryma! Ja! Wir sind hier und wir sind in Sicherheit!"

Fryma stand unter Schock. Sie konnte kaum sprechen. Gefühle und Erinnerungen an all die Traumata der letzten Jahre überkamen sie. Ihre Stimme begann zu brechen und sie stockte, kämpfte um jedes Wort. Sie musste es einfach wissen. „Wie... wie... wie komme ich dort rein?" Tränen liefen ihr über das Gesicht und durchnässten ihre fleckige, zerlumpte Bluse.

Timush nahm sie in seine Arme, tröstete sie und führte sie dann die Treppe wieder hinunter. Diesmal bis in den Keller. Er hatte einen Teil des Putzes um den steinernen Eingang weggemeißelt, sodass er sich leicht entfernen ließ. Er zog den Stein von der Wand weg und zeigte Fryma, wie wir in den Bunker gelangt waren. Schock hatte sie noch immer im Griff. Ihr fehlten die Worte, als wir einer nach dem anderen herauskamen und sie umarmten. Nur das Geräusch ihres Schluchzens kam ihr über die Lippen.

Timush nahm uns alle mit nach oben und zeigte uns das kochende Wasser. „Wascht euch schnell, während ihr hier seid. Dann werden wir gemeinsam zu Abend essen, bevor ihr alle wieder untertaucht."

Wir vergeudeten keine Zeit und wuschen uns. Das warme, saubere Wasser fühlte sich so gut an, dass es mir schwerfiel, die anderen an die Reihe zu lassen. Wir waren schon so lange im Bunker, ohne zu baden, dass Haut, Haare und Gesichter schmutzig waren. Erneut zeigte Timush tiefes Mitgefühl, als er uns das warme Badewasser anbot.

Während wir uns wuschen, bereitete Timush das Abendessen vor. Nachdem wir sauber und wieder angezogen waren, setzten wir uns alle hin. Das Essen war sehr einfach, aber es zählte zu dem Köstlichsten, an das ich mich erinnern kann. Das warme Essen brachte uns vor Freude zum Strahlen. Wir hatten eine kleine Verschnaufpause außerhalb unseres Bunkers und, was am wichtigsten war, wir hatten unsere Tante wieder. Wir fühlten uns sicher, weil wir wussten, dass wir bald wieder in unserem perfekten Versteck sein würden. Es tat gut, Timush wieder von Angesicht zu Angesicht zu sehen.

An diesem Abend war er beinahe euphorisch, so sehr freute er sich, dass unsere herzliche Freundschaft ihm zuteil wurde. Es besteht kein Zweifel, dass er es wirklich liebte, sich mit uns zu unterhalten und zu interagieren. Es war, als ob er sich danach sehnte, ein Teil unserer Familie zu sein. Und in vielerlei Hinsicht stand er uns so nah wie ein echter Blutsverwandter.

Bald war es für uns an der Zeit, in den Bunker zurückzukehren. Wir dankten Timush für seine Gastfreundschaft und er umarmte uns zum Abschied alle. Eine leise Traurigkeit überkam ihn, als er uns zurück in den Keller führte, damit wir untertauchen konnten. Wir krochen durch den engen Gang und ließen uns in die Tiefe hinab, woraufhin Timush den großen Stein wieder an seinen Platz schob. Erneut hörten wir seine Kelle, wie sie den Mörtel auf der Oberfläche des Steins verteilte. Dann strich er wieder über die Stelle, um jeden Hinweis auf einen Durchgang zu verstecken, und stellte Kartoffelsäcke davor. Wieder einmal waren wir von der dunklen und turbulenten Welt abgeschottet.

22

VORBEREITUNG AUF DEN LANGEN WINTER

Nach fast drei Monaten im Bunker, gesellte sich Fryma zu uns. Und so mussten wir uns neu koordinieren. Das Bett, in dem mein Bruder und ich schliefen, war bereits zu eng für uns beide. Wir mussten es jedoch fortan mit unserer Tante teilen, da sich alle einig waren, dass dies die beste Lösung war. Die Entscheidung war eine Frage der Praktikabilität. Meine Schwester und Fryma in einer Koje wäre die anständige Wahl gewesen, aber für Mendel wäre neben Edek und mir kein Platz gewesen. Und natürlich wäre es auch nicht richtig für Fryma gewesen, neben Edek zu schlafen. Die Entscheidung wurde also per Ausschlussverfahren getroffen. Ich schlief an der Wand, Edek in der Mitte und Fryma ganz außen. Die ganze Nacht lang mussten wir jede noch so kleine Bewegung miteinander abstimmen. In vielen Nächten fiel es mir schwer zu schlafen, so fest wurde ich gegen die Wand gedrückt.

Obwohl Fryma überglücklich war, wieder mit uns vereint zu sein, stand sie in Folge ihrer Erlebnisse unter dem unausweichlichen Schatten des Schocks und Traumas. Sobald sie sich in dem engen und feuchten Raum eingelebt hatte, drängten sich die vergangenen drei Jahre gewaltvoll in ihren Kopf. Was für eine Art der Existenz war das? Wie konnten Menschen dazu gebracht werden wie Tiere, wie Hasen, zu leben? Eingesperrt in einem Käfig, mit Angst vor dem Tageslicht und dazu verdammt sich auf ewig vor potenziellen Raubtieren zu verstecken. Was war das für eine Welt? Unbeantwortbare Fragen gingen ihr durch den Kopf, zusammen mit den unerbittlichen Erinnerungen an Grausamkeit, Verstümmelung und Blutvergießen.

Man sollte meinen, dass die Sicherheit dieser Zufluchtsstätte eine kartharische Erlösung für meine Tante dargestellt hätte, die sie von der Lähmung, die viele andere Überlebende ergriff, befreien konnte. Doch Frymas Leiden endete nicht mit ihrer Rettung – sie verstummte. Kein einziges Wort konnte sie mehr sprechen, geschweige denn seufzen oder grunzen. Tage verstrichen und sie sagte nichts. Wir versuchten, sie zum Reden zu animieren, aber uns traf lediglich ihr verfolgter, trauriger Blick und sie gab keinen Ton von sich.

Wir anderen vier hatten uns lang daran gewöhnt, dass wir unsere Notdurft in Hör- und Geruchsweite auf der Toilette, die Timush für uns entworfen hatte, verrichten mussten. Für Fryma stellte es jedoch nur eine weitere Demütigung in einer langen Reihe von entmenschlichenden Erfahrungen dar. Hier befand sie sich in der Gesellschaft von Menschen, die sie gut kannte und liebte, und war gezwungen, schamlos ihre intimsten Angelegenheiten des Lebens offenzulegen. Fryma konnte sich dieser Aufgabe nicht stellen. Mehr als vier Tage lang hielt sie also alles zurück. Vielleicht hoffte sie auf das Kriegsende, damit sie rausgehen und sich privat erleichtern konnte. Auch wenn es sicherlich nicht logisch ist, kann man ihr keinen Vorwurf machen, wenn man bedenkt, wie lange wir bereits in einer Welt ohne Logik lebten. Natürlich kam der Tag, an dem sie ihre Notdurft nicht länger zurückhalten konnte; ihre langersehnte Erleichterung musste die Scham und die Verwirrung, die sie spürte, überschattet haben.

Wenn Menschen so lange so miteinander leben wie wir, entsteht eine seltsame Dynamik. Die Emotionen, die einen in dadurch geschaffenen Wut-Momenten ergreifen, folgen weder Logik noch

Sinn. Mein Gedächtnis ist nicht gut genug, um sich der meisten Sachen, die damals passierten, zu erinnern. Noch erinnere ich mich an das, was für gewöhnlich zu diesen Wutausbrüchen führte. Aber stellen Sie sich vor, wie schwer es ist, mit Ihren Lieben in einem großen Haus zu wohnen, wo man die Möglichkeit hat sich zurückzuziehen, bevor man etwas Unbedachtes tut oder sagt. Wir fühlten dieselben Emotionen, aber für uns gab es keinen Rückzugsort. Die überwältigende Gefahr und die allgegenwärtige Unsicherheit machten uns noch viel empfindlicher.

Ich bin beinahe dankbar, dass ich mich an unsere Streitereien nicht mehr erinnere. Sie scheinen im Vergleich zum wahren Feind damals zu kleinlich. Draußen versuchten unsere Verfolger auch den letzten unserer Leute aufzuspüren und zu vernichten, während wir uns hier im Bunker über Kleinigkeiten stritten. Noch heute verspüre ich nach all den Jahren Scham darüber.

In der Welt über unseren Köpfen gab es jedoch Menschen, die wussten, dass wir lebten – dass wir uns versteckten, um unser Leben zu retten – und sie konnten den Gedanken nicht ertragen. Nicht alle von ihnen waren Nazis, deutsche Soldaten oder das örtliche Gesindel, das uns seit Generationen hasste. Manche von ihnen waren Juden wie wir.

Einige Wochen nach unserem Verschwinden traf unerwartet ein Mann bei Timush ein. Der Mann war einer der jüdischen Polizisten im Ghetto von Tluste. Er wusste, dass wir Timushs Freunde gewesen waren und hatte in der Vergangenheit Hilfe von ihm erhalten. Irgendwie hatte er die Vernichtung der Juden in der Stadt überlebt, aber wusste, dass die Nazis wiederkommen würden und sein Glück möglicherweise nicht von Dauer war. Verzweifelt suchte er nach einem Weg, um den Nazis zu entkommen.

Im Schutz des schwachen Lichts der Morgendämmerung klopfte dieser Mann also an Timushs Tür. Timush war überrascht, so früh am Morgen gestört zu werden und öffnete zögerlich. Der Mann sprach schnell und voller Nervosität, als bliebe ihm nur ein paar Stunden Zeit, um zu flüchten. Timush war ruhig, als er sich das

Anliegen des Mannes anhörte. „Ich weiß, dass Sie die Kleiners immer beschützt haben. Wir wissen, dass ein paar von ihnen die akcia und die Lagerauflösungen überlebt haben. Wissen Sie, wo sie sein könnten?"

Timush ließ sich mit der Antwort Zeit und dachte sorgfältig nach. Seine kühle Reaktion auf die Fragerei zerstreute das Misstrauen ihm gegenüber ein wenig, als er schließlich sagte: „Ich kann Ihnen nicht sagen, wo die Kleiners sind, weil ich es nicht weiß."

Das Gemüt des Mannes wurde zornig. „Schauen Sie, ich weiß, dass Sie sie hier verstecken. Sie könnten Probleme bekommen, wenn das rauskommt. Aber wenn Sie mir sagen, wo sie sind und wenn ich mich ihnen anschließen kann, werde ich es niemandem erzählen."

Ein leichtes Lächeln breitete sich auf Timushs Zügen aus. Er richtete sich auf und sah dem Mann direkt in die Augen. „Ich werde Ihnen etwas erzählen. Nein, ich werde Ihnen nicht nur etwas erzählen, sondern auch etwas für Sie tun."

Timush trat von der Tür zurück und öffnete sie weit. Mit seiner freien Hand bedeutete er dem Mann mit einer großzügigen Willkommensgeste einzutreten. „Bitte kommen Sie herein. Ich habe bereits gesagt, dass ich nicht weiß, wo sie sind. Aber ich kann sehen, dass Sie mir ganz offensichtlich nicht glauben. Also können Sie gerne das Haus durchsuchen und sich selbst überzeugen. Suchen Sie, wo Sie wollen. Falls Sie sie finden, können Sie sich ihnen anschließen!"

Die Selbstbeherrschung des Mannes fiel ein wenig in sich zusammen, als er Timushs Selbstvertrauen und Aufrichtigkeit spürte. Aber Verzweiflung trieb ihn und er konnte dem vorgestellten Angebot nicht widerstehen. Langsam folgte er Timush durch die offene Tür. Timush zog sich in die Küche zurück, wo er soeben Kaffee kochte. Seelenruhig schenkte er sich eine Tasse ein, schmierte sich eine Butterschnitte und setzte sich an den Küchentisch.

Der Polizist sah zu, wie Timush sein Frühstück am Tisch aß. Er gesellte sich zu ihm in die Küche und begann, die Dielen, die Wände und die Zimmerdecke nach Hinweisen auf unseren Aufenthaltsort abzusuchen. Doch er fand nichts und setzte seine Suche bald in den anderen Räumen fort.

Es ist wichtig anzumerken, dass dieser Mann als Polizist darin geschult war, die Verstecke von Juden aufzuspüren. Manchmal war die jüdische Polizei gezwungen, mit den Nazis und Deutschen bei der Suche nach versteckten Juden zu kollaborieren. Dieser Mann kannte jeden Trick und war in der Lage, das geringste Anzeichen eines Verstecks zu erkennen. Seine Suche wurde im Laufe der Stunden immer intensiver. Der Morgen wich dem Nachmittag. Er wurde immer entschlossener, Timushs Geheimnis aufzudecken.

Er durchsuchte einen Raum nach dem anderen. Er schob die Möbel von den Wänden zurück und schlug die Teppiche auf dem Boden auf. Er trat hart auf hohlklingende Bodendielen, die aussahen, als würden sie nachgeben. Er stürmte auf den Dachboden und schlug auf jedes Brett. Dann marschierte er hinunter in den Keller. Er schaltete das Licht ein und betrachtete den gesamten Raum. Diesmal folgte ihm Timush. Als er die Treppe hinunterstieg, sah er, dass der Beamte verwirrt war und ein enttäuschtes Gesicht machte. Die Steinwände des Kellers sahen undurchdringlich aus und nichts schien fehl am Platz zu sein. Der Betonboden wirkte intakt und sah aus, als wäre er das bereits viele Jahre lang.

Der Mann trat zur entferntesten Wand und bewegte seine Hand entlang der Steine, die die Kellerwände bildeten. Er bewegte sich über jeden Zentimeter des Kellerbodens, beugte sich vor und strengte seine Augen an, um ein Anzeichen eines Risses oder einer verborgenen Tür zu finden. Zum Glück erregten die Kartoffelsäcke, die den Zugangsstein zu unserem Bunker verbargen, nicht seine Aufmerksamkeit. Er ging ohne einen Gedanken an ihnen vorbei. Schließlich blieb er stehen und drehte sich zu Timush um und gab sich geschlagen. „Sie haben die Wahrheit gesagt. Die Kleiners sind nicht hier."

Timush zuckte mit den Schultern und hob die Hände. Die Handflächen zeigten nach oben, als wolle er sagen: „Habe ich doch gesagt." Er unterdrückte das stolze Lächeln, dass seine technische Meisterleistung ihrer ersten Prüfung standgehalten hatte. Dann wandte er sich um und führte den Mann zurück nach oben, um ihn nach draußen zu begleiten.

Nachdem der Polizist fort war, schrieb uns Timush, was geschehen war. Die Geschichte sorgte für große Erleichterung und Hoffnung, dass niemand je unser Versteck aufspüren würde. Wir hatten uns seit Jahren nicht so sicher gefühlt.

23

TIMUSHS ENTSCHEIDUNG: LEBEN ODER TOD

Die Risiken, die Timush in den letzten Jahren für uns eingegangen war, überstiegen bei Weitem das, was ein normaler Mensch aus Reue getan hätte. Sein Engagement verwirrte uns, aber in unserem verzweifelten Überlebenskampf waren wir komplett auf ihn angewiesen. Er war unsere einzige Möglichkeit, der Brutalität des mörderischen Nazi-Regimes zu entkommen. Wir waren unendlich dankbar für alles, was er tat, und auch für die Einstellung, mit der er an alles heranging. Wie ich bereits erwähnte, wurde er für uns ein enges Familienmitglied und es war, als fühlte er sich dazu verpflichtet, uns zu beschützen. Seine Liebe glich der einer Mutter zu ihrem Kind oder der eines Bruders zu seiner Schwester.

Obwohl wir nie wirklich verstanden, warum er diese Risiken einging, wussten wir, dass er Außergewöhnlichkeit und Kultiviertheit in unseren Eltern gesehen hatte. Vielleicht hatten ihn seine Unterhaltungen mit ihnen von einer Vision erfüllt, dass er etwas erreichen konnte, das über die Provinzgrenzen hinausging. Doch es gab noch einen weiteren Grund. Er sprach es nie aus, aber wir hatten mehrere dezente Hinweise aufgeschnappt, dass Tusia ihn faszinierte. Eine solche Faszination kann einen Mann irrational handeln lassen, sodass er alles aufs Spiel setzt.

Inzwischen wusste er allerdings, dass Tusia seine Liebe niemals erwidern würde. Sie war in Mendel verliebt und würde ihm treu bleiben. Vor diesem Hintergrund wirkten Timushs Handlungsmotive noch geheimnisvoller. Trieb ihn tatsächlich jungenhafte Schwärmerei? Oder zwang ihn der Respekt und seine Zuneigung zu unseren Eltern dazu? Hatte der tragische Anblick unserer Mutter, auf ihrem Weg zu ihrer Hinrichtung, und wie sie ihn anflehte, ihre Kinder zu retten, sein Herz berührt? Oder war es lediglich sein Gelübde gegenüber dem Priester und Gott im Angesicht seiner Beinahe-Hinrichtung?

Wahrscheinlich war es ein Zusammenspiel all dieser Faktoren, die zu einem perfekten Sturm in seiner Psyche wurden. Dieser Sturm und sein Abenteuerdrang waren alles, was es brauchte, um die Bühne für seine edelste Heldentat vorzubereiten.

Kurz nach seiner Rückkehr aus dem sowjetischen Gefängnis, schloss sich Timush einer ukrainischen Hilfstruppe an, die die Deutschen im Ort unterstützte. Zu dieser Zeit wurden all diese Rekruten hauptsächlich für die Polizeiarbeit in der Umgebung von Tluste eingesetzt. Timush wusste, dass ihm dieser Dienst Zugang zu Informationen über mögliche akcias und andere Pläne der Deutschen mit den Juden in der Region liefern würde. Und er hatte Recht – seine Entscheidung hatte sich in den letzten paar Jahren als äußerst wertvoll erwiesen. Doch bald sollte sie ihn heimsuchen.

Ich weiß nicht, wie lange wir in dem Bunker waren, aber viele Monate waren vergangen, als wir eine beängstigende Nachricht erhielten. Timush war gezwungen, Tluste zu verlassen. Die Männer, die die örtliche Polizeiarbeit verrichteten, wurden eingezogen, um an der Front zu kämpfen. Wie die anderen, hatte Timush sein Einberufungsschreiben erhalten und wurde aufgefordert, sich innerhalb von einigen Tagen zu melden.

Er schrieb uns einen langen Brief, in dem er das Dilemma erklärte, das uns allen bevorstand. Der Krieg lief schlecht für die Nazis, sehr schlecht, besonders an der Ostfront. Die einst so effizienten Truppen waren geschwächt und wurden von der Roten Armee zurückgedrängt. Seit ihrer massiven Niederlage bei Stalingrad im Vorjahr, hatten die Deutschen viel Boden an die Sowjets verloren, und benötigten jeden Mann für den Kampf. Oder zumindest als Kanonenfutter. Timush wusste noch nicht, wohin man ihn schicken würde. Doch er wusste, dass es zu diesem Zeitpunkt des Krieges wohl im Tod enden würde.

Andererseits würde ein Ignorieren des Befehls vielleicht seine Überlebenschance erhöhen. Er könnte versuchen, sich den ukrainischen Nationalisten anzuschließen, die einen Guerillakrieg in den Wäldern führten. Diese Widerstandskämpfer wurden auch als Banderowcy bezeichnet, benannt nach ihrem berüchtigten Anführer Stepan Bandera. Diese Gruppe war nicht nur antisowjetisch, sondern auch antisemitisch. Er schlug weiter vor, sich uns in dem Bunker anzuschließen, aber Hania lehnte das strikt ab. Sie sagte ihm, dass sie gehen würde, sollte er sich dafür entscheiden. Die einzige Möglichkeit, die es uns ermöglichte, sicher im Bunker zu verbleiben, war, wenn er dem Befehl folgte. Ansonsten würden die Deutschen zweifellos irgendwann das Haus durchsuchen. Würde der Bunker dann unentdeckt bleiben? Und wenn nicht, wer würde da sein, um für unsere Ernährung und andere Bedürfnisse zu sorgen?

Timush schloss seinen Brief damit, dass er zum ersten Mal in seinem Leben nicht wusste, was er tun sollte. Die bevorstehende Entscheidung war überwältigend, voller Unsicherheit und er hatte das Gefühl, dass er sie nicht allein treffen konnte. Er bat uns, ihm zu helfen.

Ungläubig lasen wir den Brief ein zweites Mal. Wir waren schockiert von den Neuigkeiten und unsere Herzen waren schwer unter der Last der Entscheidung, die er uns überließ. Timush legte sein Leben in unsere Hände! Wir würden es wahrscheinlich überleben, wenn er den Befehl befolgte und sich zum Dienst an der Front meldete. Seine Frau Hania würde im Haus bleiben und sich um uns und die Versorgungsleitung zum Bunker kümmern. Unabhängig von seinem Schicksal an der Front würde Timushs

Eigentum vor einer Beschlagnahmung geschützt sein, wenn er der Aufforderung Folge leistete und das Haus würde wohl nie durchsucht werden. Aber wir konnten uns nicht dazu bringen, die Entscheidung für ihn zu treffen. Wie hätten wir ihn nach dem, was er bereits für uns getan und geopfert hatte, darum bitten können, sein Leben für unseres zu geben?

Schweren Herzens verfassten wir unsere Antwort. Wir dankten ihm überschwänglich für alles, was er für uns in den letzten Jahren getan hatte. Ohne ihn und seine großen Opfer wären wir lange tot. Wir sprachen unser Verständnis für seinen Konflikt und seine Angst aus, mit denen er im Angesicht dieser bedeutungsvollen Entscheidung konfrontiert war. Und wir brachten unsere Trauer und unser Bedauern über diese neue Entwicklung zum Ausdruck. Doch wir schrieben auch, dass wir die Wahl nicht für ihn treffen konnten. Wir würden auch nicht versuchen, ihn zu beeinflussen, und wir ermutigten ihn dazu, das zu tun, was er für nötig und für das Beste hielt.

Als der Brief den Schacht nach oben stieg, war es uns schwer ums Herz. Einmal mehr mussten wir warten. Was würde Timush beschließen? Welchen Einfluss hatte Hania auf seine Entscheidung? Vielleicht sah sie darin eine Gelegenheit, uns endgültig aus dem Bunker zu bekommen und sich von der Sorge zu befreien, Juden zu verstecken. Unser Schicksal hing in der Schwebe, obwohl niemand die Konsequenzen seiner Entscheidung vorhersagen konnte. Mehrere Tage lang warteten wir auf eine Antwort. Wir wollten unbedingt mit Timush sprechen. Nicht, um ihn in seiner Entscheidung zu beeinflussen, sondern um zu wissen, was ihm durch den Kopf ging.

Hania besaß tatsächlich eine Meinung darüber, was Timush tun sollte. Zu diesem Zeitpunkt wusste niemand von uns, dass sie eine Affäre mit einem anderen Mann hatte. Wir hatten schon immer gespürt, dass ihre Ehe unter großer Spannung stand, und wenn uns die Aufmerksamkeit für Tusia auffiel, wie sehr musste sie dann erst Hania auffallen? Soweit wir wussten, hatte er Hania gegenüber seine Zuneigung für unsere Schwester nicht gestanden. Falls sie es wusste oder es zumindest ahnte, beeinflusste es zweifellos ihre Meinung darüber, was Timush tun sollte. Es war klar, dass sie es für das Beste hielt, dass er den Befehl befolgte und an die Front ging.

Als sein Brief endlich bei uns eintraf, lasen wir ihn mit eiserner Entschlossenheit. Dennoch wurden wir von einer Flut der widersprüchlichen Gefühle überwältigt. Er schrieb lediglich: „Es ist das Beste für uns alle, wenn ich gehe und Befehlen folge." Mit seinen Worten kam zuerst ein Anflug von Hochgefühl, da wir wussten, dass dies zumindest kurzfristig die beste Lösung war. Traurigkeit folgte schnell und vermischte sich mit dem kurzen Gefühl der Erleichterung, das wir verspürt hatten. Wir sorgten uns um ihn und unsere Herzen schmerzten, als wir an den Schrecken und das Leid dachten, die ihn auf dem Schlachtfeld erwarteten. Mit diesen Gefühlen kamen eine unglaubliche Dankbarkeit und Ehrfurcht für diesen unwahrscheinlichen Helden.

Die Ungeheuerlichkeit seiner Entscheidung wurde uns in den kommenden Tagen bewusst. Hätte er sich entschieden, nicht zu gehorchen und sich den ukrainischen Nationalisten anzuschließen, wäre es um seine Überlebenschance besser beschieden gewesen und unser sicherer Tod. Nun erbrachte dieser Mann das größte Opfer. Und egal, wie sehr er seine Entscheidung mit sich und seiner Familie in Gedanken traf, glaubten wir dennoch, dass er es für uns und nur für uns tat.

24

LEBEN OHNE TIMUSH

Der Tag kam, an dem Timush sich melden musste. Er schickte uns noch einen Brief, in dem er schrieb, wie sehr er uns vermissen würde und dass er uns für die kommenden Tage alles Glück der Welt wünschte. Wir dankten ihm erneut für alles, was er für uns getan hatte, und sagten, dass wir für ihn und seine Sicherheit und seine Gesundheit beteten. Wir sagten, dass wir sehnsüchtig auf seine Rückkehr warten würden, und darauf, dass wir erneut mit ihm essen konnten, ohne die Schrecken des Krieges und des Völkermords.

Die Tage nach seiner Abreise unterschieden sich nicht von den vorherigen Monaten. Das Essen kam weiterhin regelmäßig und unsere Notdurft wurde wie gewohnt herausgehievt. Die Glocke läutete wie immer, um uns davon in Kenntnis zu setzen, dass Hania da war, um diese Aufgaben zu erfüllen. Falls es etwas gab, dass wir wissen mussten, achtete sie darauf, uns gewissenhaft zu schreiben.

Einmal ließ sie uns wissen, dass ihr Bruder öfter da war, um ihr bei den Aufgaben zu helfen. Selbstverständlich hatte er beim Bau des Bunkers und der Möbel geholfen, sodass wir uns nicht sorgten. Wir waren dankbar, dass er da war, um ihr zu helfen, damit sie es nicht allein tat. Und wir waren mehr als bereit, kleine Aufgaben zu erfüllen, die er als Gegenleistung von uns verlangte. Zum Beispiel schickte er uns seinen Tabak, damit wir ihn für ihn zerschnitten. Ohne Zweifel eine mühsame Arbeit und keine, die ihm Spaß machte.

Nach einigen Wochen bemerkten wir, dass Hania es müde war, den versprochenen Pflichten nachzukommen. Sie begann, mehr Geld für Lebensmittel und Vorräte zu verlangen. Es war viel mehr als das, was Timush jemals verlangte, und wir machten uns Sorgen, dass sie zu viel auf sich genommen hatte. Mendel hatte noch etwas Geld, um die Forderungen zu erfüllen, aber in diesem Tempo würde es nicht lange reichen. Würde es genug sein, bis wir aus dem Bunker konnten? Und wenn nicht, würde sie uns dann verlassen? Timushs Abwesenheit wurde zu einem großen Sorgenpunkt für uns. Hania hatte sich unserem Überleben nie so sehr verschrieben wie er. Und dann gab es ihren potenziellen Verdacht, was Timush und Tusia anging. Die Unsicherheit der Situation steigerte unsere Angst Tag um Tag.

In der Zwischenzeit traf ein sehr willkommener Brief von Timush an Hania ein. Sie teilte ihn mit uns und wir konnten es kaum erwarten, ihn zu lesen. Der Brief war nur an sie adressiert, aber er bezog sich darin kryptisch auf „die Kinder", fragte, wie es ihnen ginge und bat sie, seine Grüße zu übermitteln. Er wollte uns nicht direkt erwähnen, aus Angst, der Brief würde entdeckt werden. Doch wir wussten, wer mit den Kindern gemeint war. Er ließ uns wissen, dass für ihn alles in Ordnung sei, obwohl er sich sehr nahe der Front befand. Er wünschte uns alles Gute und hoffte, dass es uns auch gut ging. In dem Brief befand sich ein Foto von ihm in einer eleganten, deutschen Uniform. Es tat uns weh, ihn in der Uniform zu sehen, die wir zu verachten gelernt hatten. Doch wir waren froh, ihn gesund und munter zu sehen.

Weitere Wochen vergingen und Hanias mangelnde Entschlossenheit, uns weiterhin zu verstecken, wurde deutlich. Die Lebensmittelversorgung und das Erfüllen anderer Bedürfnisse schwankten stark und die Menge und Qualität war ebenfalls inkonsistent. Schließlich bestätigte sie dies in einem Brief an uns. Darin schrieb sie, dass die Angst entdeckt zu werden immer größer wurde. Sie schlug uns vor, den Bunker bald zu verlassen, weil sie glaubte, dem Verantwortungsdruck nicht gewachsen zu sein. Obgleich wir diese Entwicklung erwartet hatten, lähmten uns ihre Worte. Der Gedanke, uns den Schrecken draußen zu stellen, ängstigte uns. Wir fühlten uns so sicher und wohl und wir wussten nicht, ob wir die Kraft und den Überlebenswillen besaßen, um weiterzumachen wie zuvor.

Wir taten unser Bestes, um sie davon zu überzeugen, uns weiterhin zu verstecken. Wir appellierten an ihren Sinn für Heldentum und die Belohnung, die sie erhalten würde, sobald alles vorbei war. Aber es schien, als könne sie nichts beruhigen. In den nachfolgenden Briefen drängte sie uns wiederholt zum Gehen. Sie hatte Angst, dass der Krieg noch Jahre andauern würde, und in diesem Szenario würde es ihr unmöglich sein, die Hilfe aufrechtzuhalten. Sie glaubte nicht, dass sie noch lange durchhalten würde. Vielleicht einige Wochen noch, aber definitiv keine Jahre.

Tatsächlich waren ihre Ängste berechtigt. Hania hatte Timushs Art, uns mit Zeitungen und anderen Berichten über den Kriegsverlauf auf dem Laufenden zu halten, weitergeführt. Wir verfolgten den Kriegsverlauf weiterhin auf der Europakarte, die er uns zur Verfügung gestellt hatte. Es war Anfang 1944 und die Frontlinien in Italien und Russland stagnierten. Es würde Monate dauern, bis die Alliierten in der Normandie landeten (auch wenn wir zu diesem Zeitpunkt natürlich nicht wussten, dass sich so ein Angriff in der Planung befand). Es bestand also keine große Hoffnung auf ein baldiges Kriegsende. Doch wir flehten Hania an, uns mehr Zeit zu geben und boten an, im April zu gehen, wenn sich die Kriegslage nicht änderte.

Ein paar Wochen später bemerkten wir, dass das Haus über uns viele Tage lang völlig still gewesen war. Ohne einen Brief oder eine Nachricht von Hania, dass sie länger weg sein würde. Die lange

Stille und die Tage ohne Lebenszeichen von ihr beunruhigten uns, aber wir versuchten, uns gegenseitig Mut zu machen und sagten uns, dass die Abwesenheit vielerlei Gründe haben konnte.

Dann, eines Abends gegen zweiundzwanzig Uhr, kam ein Brief den Schacht hinunter. Wir sprangen auf und öffneten ihn, ohne zu wissen, was uns erwartete. Die Worte waren beängstigend. Hania erklärte, dass ihr Bruder plötzlich hysterisch geworden sei. Sie fürchtete, dass er den Verstand verlor und vollkommen verrückt wurde. Er verhalte sich irrational und rede Unsinn. Doch was sie danach schrieb, erschreckte uns am meisten: In einer seiner Schimpftiraden hatte er angedroht, zur Gestapo zu gehen und ihnen von dem Bunker und von uns zu erzählen. Hania war panisch und wusste nicht, was sie tun sollte. Soweit sie wusste, hatte ihr Bruder bereits Meldung gemacht und die Gestapo befand sich auf dem Weg. Sie bestand darauf, dass wir den Bunker so schnell wie möglich verließen. Es gab keine Zeit zu verlieren – wir mussten vor Tagesanbruch weg sein.

Neuer Schrecken erfüllte unsere Gedanken. Das Verlassen des Bunkers wäre der sichere Tod, aber im Angesicht dieser neuen Bedrohung zu bleiben, schien uns unerträglich. War es nicht besser, rauszugehen und sich unserem Schicksal zu stellen, anstatt diese Unsicherheit zu ertragen? Wir diskutierten über die beste Lösung, konnten uns aber nicht einigen. Tusia und Mendel wollten abwarten, aber Edek und ich hielten es für das Beste, unser Glück draußen zu versuchen. Wir waren der Meinung, dass es dort viel mehr Optionen für uns gab als im Bunker. Die Stunden vergingen und wir fanden keinen Kompromiss. Ein paar von uns beteten, andere weinten. Ich war fassungslos und taub. So oft hatten wir schon überlebt, wenn auch knapp. Der Gedanke, dass das Glück uns nicht mehr hold war, lähmte mich.

Als der Morgen anbrach, waren wir uns schließlich einig, dass wir die Abreise vorbereiten mussten. Gerade als wir anfingen, ein paar Dinge einzusammeln, hörten wir Schritte im Haus. Angst packte uns, als diese die Treppe zum Dachboden hinaufstiegen. Wer war das und was kam als Nächstes? Plötzlich fiel ein Brief den Schacht hinunter. Obwohl wir nicht wussten, was darinstand, sorgte der alleinige Anblick des Papiers für Erleichterung. Wir schnappten uns den Brief und öffneten ihn. Er war von Hania. Sie schrieb: „Meine Lieben, mein Bruder hat Selbstmord begangen. Er hat sich im Stall erhängt. Ich bin sehr traurig, aber Gottes Wille ist vollbracht. Ich bin mir sicher, Er hat gesprochen. Er hat ein Leben im Tausch gegen fünf genommen."

Die Worte trieben uns allen Tränen in die Augen. Wieder einmal waren wir auf wundersame Weise gerettet. Dass es zu einer solchen Tragödie für Hania gekommen war, zerriss uns das Herz, aber sie akzeptierte es als Wille Gottes. Ihr Wille und ihre Entschlossenheit, weiterhin für uns zu sorgen, waren zurück. Seitdem drängte uns Hania nie wieder, den Bunker zu verlassen. Auch ihre Bemühungen, für unsere Bedürfnisse zu sorgen, ließen nicht mehr nach.

Einige Wochen später kamen ein paar deutsche Offiziere und Soldaten zum Haus, und verlangten es ein paar Tage lang als Quartier. Sie waren auf dem Rückzug vor der Roten Armee. Es gab nicht viel, was Hania hätte tun können, und zu viel Protest hätte vielleicht ihren Verdacht erregt. Doch nachdem unser Versteck der umfangreichen Suchaktion des jüdischen Polizisten standgehalten hatte, war sie zuversichtlich, dass niemand uns finden würde. Also richteten sich die deutschen Soldaten ein und machten es sich gemütlich. Wir waren uns nicht sicher, wie viele sie waren, aber sie machten ganz schön Lärm, und obwohl wir uns sicher waren, dass sie den Bunker nicht finden würden, zerrten die schweren Schritte, die lauten Stimmen und das Geplänkel an unseren Nerven. Voller Anspannung warteten wir, dass sie wieder gingen.

Eines Nachts beschlossen die Offiziere, ein Feuer im Kamin zu bauen. Sie baten Hania, es vorzubereiten. Hania hatte große Angst, denn seit dem Bau des Bunkers war der Kamin nicht mehr in Benutzung gewesen. Sie wusste nicht, ob der Rauch den Schacht hinunter ziehen würde, sodass wir daran erstickten. Schnell rannte sie zum Dachboden hinauf und schickte uns eine Nachricht. Jetzt waren wir ebenfalls von Angst ergriffen – wir hatten nie darüber nachgedacht, was in diesem Fall passieren würde.

Wir hörten, wie das Holz in den Kamin gelegt wurde und auch das Knistern des Anzündholzes. Nervös warteten wir, als die Flammen sich in das Holz fraßen und das Holz knarrte und knackte. Was würden wir tun, sollte der Rauch in den Bunker ziehen? War es besser dazusitzen und zu ersticken? Oder den Stein herauszuziehen und sich den Deutschen zu ergeben? So oder so sahen wir dem sicheren Tod ins Auge. Die einzige Frage war, was die schmerzlosere Art des Sterben war.

Als die Flammen wuchsen, behielten wir den Schacht ganz genau im Auge. Zu unserer großen Freude und Erleichterung drang kein Rauch in den Bunker. Tatsächlich schien eher frische Luft stärker hineinzuströmen. Unsere Nerven beruhigten sich schnell und wir atmeten erleichtert auf. Wir gingen wieder zu unserer üblichen Routine über, jedoch darauf bedacht, den Geräuschpegel so minimal wie möglich zu halten. Solange die Soldaten im Haus waren, konnte Hania uns kein Essen schicken und wir wurden unsere Abfälle nicht los. Daher hofften wir natürlich, dass die Deutschen bald weiterzogen. Nach ein paar Tagen des Aufenthalts taten sie genau das. Hania erzählte, dass sie weg waren, und wieder einmal konnten wir zuversichtlich aufatmen. Der Bunker war unentdeckt geblieben.

25

„DIE RUSSEN SIND HIER!"

Die Besetzung des Hauses durch die deutschen Soldaten war kein Einzelfall. In den folgenden Tagen und Wochen wichen weitere Truppen vor dem russischen Vormarsch zurück und kamen dabei durch Tluste. Mehrmals wurde Hanias Haus requiriert. Der Rückzug der Deutschen war uns sehr willkommen, zeigte er doch die Wendung des Krieges. Dennoch hockten wir jedes Mal voller Angst im Bunker und fürchteten, dass man unser Versteck entdecken würde.

Während dieser Momente verhielten wir uns vollkommen still, aus Angst, dass die geringste Bewegung bemerkt werden und zu Verdacht führen könnte. Still zu bleiben, war gar nicht so schwer – das hatten wir in den vergangenen Jahren gelernt. Doch auch wenn wir darin geübt waren, zu lebendigen Statuen zu werden, machte es die Angst immer schwer, ein Husten oder ein Niesen zu unterdrücken. Der Verstand kann einer Person manchmal Streiche spielen. Und so kann es schnell passieren, dass man husten oder niesen muss, wenn man daran denkt, dass man es eben nicht tun sollte. Das Wissen, dass man nicht husten oder sich räuspern darf, kann einem das Gefühl geben, zu ersticken. Glücklicherweise ist es uns immer gelungen, diese unwillkürlichen Reaktionen während dieser Besuche zu unterdrücken.

Weitere Wochen vergingen und die Neuigkeit, dass sich die Deutschen auf dem Rückzug befanden, erfüllte uns mit großer Hoffnung. Unsere Tortur könnte bald vorbei sein. Mittlerweile war es Mitte März 1944. Seit fast neun Monaten lebten wir im Bunker! Es war eine lange Zeit und es fühlte sich an, als wären Jahre vergangen. Zweifellos hat diese Tortur unser Leben verkürzt. Für uns gab es in all diesen Monaten kein Obst oder Gemüse, Fleisch und Proteine waren ebenfalls Mangelware. Wir hatten uns nicht gut waschen, geschweige denn die Zähne putzen können. Meine Zähne faulten und fielen aus. Meine Haut war vernarbt vom Kratzen der Ausschläge, die mich plagten. Die Bewegung war auf dem engen Raum so begrenzt, dass unsere Muskeln verkümmerten. Der Bunker hatte uns vor den Nazimördern gerettet, aber wenn der Krieg nicht bald vorbei war, würden wir an den schrecklichen Lebensbedingungen dort zugrunde gehen. Wir warteten – hoffnungsvoll, aber von Angst geplagt, dass das Kriegsende zu spät kam.

Als die nächsten Tage vergingen, wurde der Lärm außerhalb des Bunkers immer lauter. Die Deutschen zogen sich zurück. Panzer, Fahrzeugkolonnen und Militärangehörige brachten den Boden zum Beben. Gelegentlich gab es Schreie und Schüsse und wir wussten, dass der Kampf die Stadt erreicht hatte. Aber wir wussten nicht, was das Chaos bedeutete. Wurden die Deutschen zurückgedrängt? Waren die Russen gekommen und dabei zu gewinnen? Würde es eine weitere Stagnation an der Front geben, die den Krieg noch einmal hinauszögerte?

Hania konnte es uns nicht sagen, weil sie aus Angst um ihre Sicherheit zu ihrer Mutter gegangen war, bis sich der Aufruhr legte. Wir wussten nicht, wie lange sie weg sein würde, aber vor ihrer Abreise hatte sie dafür gesorgt, dass wir gut versorgt waren. Sie hatte uns genug Essen für mehrere Tage gegeben. Doch allein unter der Erde zu sein, ohne Kommunikation oder Hilfe von oben, war erschütternd. Und so warteten wir und lauschten auf Hinweise darauf, was dort oben vonstattenging.

Dann, am 22. März 1944, einem Tag, den keiner von uns jemals vergessen wird, passierte etwas Schreckliches. Wir lauschten dem anhaltenden Grollen der Welt, als eine gewaltige Explosion das Haus über uns heftig erschütterte. Der Bunker bebte, als befände er sich im Epizentrum eines Erdbebens. Die Holzbalken ächzten und Staub und Schmutz regneten auf uns herab. Unsere Petroleumlampe erlosch und wir schmecken Ruß, der die Schächte hinab kam. Eine weitere Explosion, aber diese war weiter weg und fügte unserem Versteck keinen weiteren Schaden zu. Es war klar, dass draußen ein Kampf stattfand und eine Bombe oder eine Mörsergranate das Gebäude getroffen hatte. Wir drängten uns voller Angst zusammen und wussten nicht, ob dies der letzte Tag unseres Lebens war. Würde der Bunker unser Grab werden, als die Bomben uns lebendig begruben? Die Angst und Unsicherheit, die wir damals fühlten, lassen sich nicht in Worte fassen.

Der Kampf dauerte den ganzen Tag und bis tief in die Nacht an. In den frühen Morgenstunden des 23. März wurde es ruhig. Nach den Bomben und dem Grollen der Armeen war diese Stille beinahe ohrenbetäubend. Wir atmeten auf. Wir lebten und der Bunker war noch intakt. Staub und Ruß hatten sich gelegt und die Zugluft aus den Schächten reinigte die Luft, sodass wir wieder leichter atmen konnten. Mit den Stunden wuchs jedoch die Anspannung, ohne jegliche Mitteilung von oben.

Plötzlich hörten wir, wie die Tür des Hauses aufschwang und Schritte den Boden überquerten. Sie schossen die Treppe hinauf zum Dachboden. Dann hörten wir eine höchst willkommene und vertraute Stimme: „Die Russen sind hier! Die Russen sind hier!" Es war Hania und voller Freude rief sie: „Ihr könnt jetzt rauskommen!"

Es ist unmöglich, Worte zu finden, um zu beschreiben, was wir in diesem Moment fühlten. Neun Monate lang hatten wir unter der Erde verbracht und nun war es sicher genug, um unser Versteck zu verlassen. Freude, Erleichterung, Hochgefühl, Jubel, Ekstase – keines dieser Worte ist genug, um das Ende unseres langen Albtraums zu beschreiben. Und sogar zusammen können all diese Worte nicht ausdrücken, was wir fühlten. Vermischt mit all diesen Gefühlen war die überwältigende Traurigkeit, die es für immer geben würde, über unsere verlorenen Familienmitglieder und Freunde und die Zerstörung unserer Leben und der jüdischen Gemeinschaft.

Der Krieg tobte seit fast vier Jahren und bald würde ich sechzehn Jahre alt sein. Einige der prägendsten Jahre meines Lebens waren mir genommen worden, als ich von einem kleinen Jungen zu einem Jugendlichen heranwuchs. Es war nicht einfach, dass alles in diesem Moment zu verarbeiten. Vor allem nicht, da die Angst vor dem, was uns draußen erwartete, noch nicht gebannt war. Das Schlimmste war vielleicht vorbei, aber unser Kampf ums Überleben noch lange nicht.

26

AUSSERHALB DES BUNKERS

Nach dem Jubel durch den Schornstein, eilte Hania die Treppen zum Keller hinunter und stieß die Kartoffelsäcke beiseite, die die Öffnung zum Bunker verbargen. Sie klopfte kräftig auf den Stein, der sie bedeckte, und rief uns zu, ihr zu helfen, den Stein zu lösen. Mit Hammer und einem Meißel entfernte sie auf ihrer Seite den Putz und Mörtel, die den Stein an Ort und Stelle hielten. Im Bunker bewegten wir den Stein auf und ab, um das Lösen von der Wand zu erleichtern. Mit aller Kraft stießen wir gegen die Stange, die uns Timush zu diesem Zweck gegeben hatte. Langsam bewegte sich der Stein. Das Adrenalin steigerte sich mit der Freude und dem Wissen, dass wir bald frei waren. Kurz darauf rollte der Stein über den Kellerboden.

Einer nach dem anderen drängten wir uns durch die Öffnung in den Keller. Dort erwartete uns ein beunruhigender Anblick: Sonnenlicht drang in den Raum. Eine Bombe hatte das Haus getroffen und schwer beschädigt. Doch wie durch ein Wunder standen die drei Stockwerke und die Treppe noch, wenn auch mehr schlecht als recht. Uns wurde klar, wie nahe wir dem Tod durch die gewaltige Explosion gekommen waren. Dies war nur ein weiteres knappes Entkommen, das wir unserer langen Liste des wundersamen Überlebens hinzufügen konnten.

Doch jetzt war nicht der Zeitpunkt, um innezuhalten und über die Vergangenheit zu reflektieren. Wir mussten schnell aus dem Keller und uns überlegen, wie es weiter ging. Es war Ende März und sehr kalt. Unsere Kleidung war dünn, abgenutzt und für das Wetter ungeeignet. Hania gab uns alte Kleidung und Decken, die wir um uns wickelten. Vorsichtig stiegen wir die wacklige Treppe nach oben und machten uns auf den Weg nach draußen. Das schwache Licht im Keller hatte uns nach den Monaten im Bunker bereits zugesetzt. Im Freien blendete uns der Schnee, der den Boden vollständig bedeckte und von der Sonne angestrahlt wurde. Unsere Augen schmerzten und wurden feucht, als das grelle Licht uns zwang, sie wieder zu schließen.

Zusammen mit Hania blickten wir zurück auf das Haus. Erstaunlicherweise stand es noch, aber beinahe waren wir von ihm lebendig begraben worden. Um uns herum heulte der Wind und wir wussten, dass wir weiter mussten, um Essen, Unterkunft und Neuigkeiten über den Krieg zu finden. Wir liefen Richtung der Hauptstraße und Hania begleitete uns. An der Straße blieb sie stehen und sagte: „Auf Wiedersehen! Ich wünsche euch alles Gute. Geht zu den Sowjets und bleibt bei ihnen, dort dürftet ihr sicher sein." Wir wandten uns zu ihr und dankten ihr für alles, was sie für uns getan hatte, und auch für die Risiken, die sie auf sich genommen hatte, um uns am Leben zu halten. Dann umarmten wir sie alle und sie kehrte allein zum Haus zurück.

So viele Fragen gingen uns durch den Kopf. Die Sicherheit des Bunkers lag hinter uns und wir hatten keine Ahnung, was für Gefahren vor uns erwarteten. Die Angst, von den Deutschen entdeckt zu werden, war verschwunden, aber eine neue Art der Angst beschlich uns. Wohin würden wir gehen? Wo würden wir leben? Was würden wir an Nahrung finden? Und, und das war die schlimmste Frage, war der Krieg tatsächlich vorüber oder würden die Nazis zurückkommen?

Wir machten uns auf den Weg in Richtung Tluste und stießen bald auf eine kleine Einheit sowjetischer Soldaten. Wir rannten auf sie zu und winkten ihnen. Als wir näherkamen, fiel uns auf, dass sie sich in einem schrecklichen Zustand befanden: Ihre Uniformen waren abgewetzt und schmutzig, ihre Fahrzeuge waren verrostet und voller Dellen. Die Männer waren blass und hager und hatten unrasierten Gesichter und zerzaustes Haar. Wir fragten uns: „Haben sie die disziplinierten deutschen Soldaten besiegt?" Der Anblick der Soldaten war ein einschneidender Kontrast zu den Erinnerungen an die perfekt ausgerüsteten Deutschen. Wie konnte so etwas passieren?

Als wir uns ihnen näherten, blieben sie wie überrascht stehen. Sie musterten uns von oben bis unten und einer von ihnen fragte: „Wer seid ihr? Wo kommt ihr denn her?" Wir antworteten mit freudiger Stimme: „Wir sind Juden. Wir sind Juden und wir haben überlebt!" Vielleicht war es naiv zu glauben, dass sie unsere Freude teilten, aber ihre Antwort ließ uns das Blut in den Adern gefrieren. „Was? Warum zur Hölle hat Hitler euch nicht auch umgebracht? Wir sind hunderte Kilometer gereist, den ganzen Weg aus von Odessa, und wir haben die ganze Zeit noch keinen einzigen Juden gesehen." Ihre Reaktion war entmutigend und machte uns nervös, über das was uns unter den Sowjets blühen würde.

Uns wurde klar, dass es die russischen Soldaten nicht interessierte, was uns die Nazis angetan hatten und dass sie keinerlei Interesse daran hegten, uns zu helfen. Also setzten wir unseren Weg in die Stadt schnell fort. Unterwegs trafen wir ein paar andere Überlebende. Viele waren es nicht, aber auf wundersame Weise waren auch sie dem Tod entronnen. Manche waren in den umliegenden Dörfern oder auf dem Land versteckt worden. Andere stammten aus demselben Arbeitslager, in dem Timush meine Tante aufgespürt hatte.

Mendels Schwester hatte sich auf einem Bauernhof unweit von Tluste versteckt. Mit ihr hatten ihr Ehemann, ihre Cousine, ein zehnjähriges Mädchen und ein sechsjähriger Junge überlebt. Auch das glich einem Wunder. Es kam selten vor, dass ein so junges Kind im Versteck überlebte. In diesem Alter waren sie sich oft der Gefahren und der Wichtigkeit des Stillseins nicht bewusst. Auf engstem Raum ließ sich die Tortur nicht aushalten. Und so weigerten sich viele, die bereit waren, Juden zu verstecken, kleine Kinder aufzunehmen, aus Angst, dass der Versuch der Rettung in einer Katastrophe endet. Wir haben viele schreckliche Geschichten von Eltern gehört, die gezwungen waren, ihre eigenen Kinder zu töten, als sie Lärm machten, der drohte, ihr Versteck preiszugeben – eine schreckliche Entscheidung verzweifelter Menschen. In diesen Fällen versteckten sich die Eltern zusammen mit anderen, deren Leben durch den Lärm ebenfalls gefährdet war. Es stellte sich die Wahl: Sollte eine Person sterben oder alle? Diese Vorkommnisse gehören zu den heimtückischste Folgen dessen, was die Nazis unserem Volk antaten.

Wir trafen Mendels Schwester kurz nach unserer Ankunft in Tluste. Sie traf zur gleichen Zeit wie andere Überlebende ein. Ich bin mir unsicher, wie viele es insgesamt waren, vielleicht zwanzig oder dreißig. Wir waren etwas überrascht, dass überhaupt noch jemand übrig war. Doch wenn man bedenkt, dass Tluste in Vorkriegszeiten tausende Juden verzeichnete, bot uns diese Zahl keinen Trost.

Als die Überlebenden in die Stadt kamen, suchten wir unter ihnen nach bekannten Gesichtern und hofften, Freunde unter ihnen zu finden. Plötzlich sah ich meinen guten Freund Sam auf mich zu kommen. Er hatte mich ebenfalls entdeckt und rannte so schnell er konnte, um mich zu umarmen. Wir packten und hielten einander fest, voller Freude. Die Emotionen waren überwältigend und wir konnten kaum sprechen. Schließlich gelang es uns, zu erzählen, wie wir überlebt hatten. Sam war in dem Arbeitslager gewesen. Von all dem, was er mir erzählte, blieb mir eine Sache besonders im Gedächtnis: Sam wusch sich häufig im Schnee, um sich sauber und frei von Läusen zu halten. Er hatte schon immer ein Händchen für intelligente Dinge und ein natürliches Überlebenstalent. Ich glaube, dass er größtenteils dank dieser Fähigkeiten überlebte. Es tat so gut, ihn wiederzusehen und zu wissen, dass auch er dem Tod entkommen war. Ein paar Jahre zuvor hatte er sein Leben riskiert, um meines zu retten und es bereitete mir große Freude, ihn am Leben zu wissen.

Nach unserer Ankunft in Tluste kehrten wir in unsere alte Nachbarschaft zurück. Leichen lagen in den Straßen. Einige von ihnen erkannte ich, unter anderem einen Freund meines Bruders. Es war ein schrecklicher Anblick und er brannte sich in mein Gedächtnis ein. Die Gebäude um uns herum waren fast völlig zerstört und alles, was nicht niet- und nagelfest war, geplündert. Wir gingen zu unserem Haus und zur Bäckerei meines Großvaters, um zu sehen, ob sie noch standen. Auch sie waren beinahe vollkommen vernichtet und boten kaum Schutz vor der Kälte. Wir suchten nach Nahrung, wo immer wir konnten, aber es gab fast nichts. Zum Glück fanden wir ein paar Kartoffeln und erbettelten etwas Brot bei einigen der ansässigen Bauern.

Die Erinnerungen an all die Tragödien, die wir in Tluste erlebten, waren sehr schmerzvoll und wir wollten nicht bleiben. Doch wir konnten nirgends hin und lebten uns vorerst wieder ein. Leider fing alles erneut an, wie ein immer wiederkehrender Albtraum. Es würde nicht lange dauern, bevor wir erneut entwurzelt und auf der Flucht waren.

27

DIE RÜCKKEHR DER DEUTSCHEN

Zusätzlich zu der Angst, die durch Hunger und das Ausgeliefertsein gegenüber den Elementen entstand, wurde eine neue Angst schnell Wirklichkeit. Die Gerüchte häuften sich, dass die Deutschen einen erfolgreichen Gegenangriff gestartet hatten und sich zurück auf dem Weg nach Tluste befanden. Nichts hätte für uns verheerender sein können als diese Neuigkeit. Nach allem, was wir überlebt hatten, kamen diese Monster zurück. Würden es ihnen dieses Mal gelingen, uns alle miteinander zu erledigen?

Es dauerte nicht lange, bis sich die Gerüchte bestätigten. Die russischen Truppen begannen, sich aus dem Ort zurückzuziehen. Die Überlebenden debattierten, was als Nächstes zu tun sei. Obwohl Tluste für viele seit Generationen die Heimat gewesen war, war nicht mehr viel davon übrig. Nur Erinnerungen – viele gute Jahre und nur ein paar kurze, schreckliche Jahre. Für uns reichten die letzten Jahre aus, um uns davon zu überzeugen, nicht bleiben zu wollen. Wir wollten nicht gefangen und ermordet werden. Und so beschlossen wir, der Roten Armee auf ihrem Rückzug zu folgen und alles zu tun, um hinter die russischen Linien zu kommen.

Die meisten anderen Überlebenden beschlossen, ebenfalls nach Osten zu fliehen. Andere planten, sich wieder zu verstecken und abzuwarten. Mendels Schwester war unter ihnen und sie versuchte, uns zu überzeugen, bei ihr zu bleiben. „Wenn ihr mit den Russen mitgeht, werden euch das Wetter und die Kälte umbringen. Kommt mit uns. Wir werden uns bei dem Mann verstecken, der uns bisher versteckt hat. Er ist ein sehr guter Mann und wird uns beschützen." Aber wir waren strikt dagegen und Tusia sagte: „Ich werde auf keinen Fall an einem Ort bleiben, den die Deutschen unter ihrer Kontrolle haben. Ich kann nicht zurück in einen Bunker oder irgendein anderes Versteck gehen. Und ich werde mich sicherlich nicht von irgendwelchen Nichtjuden verstecken lassen."

Wir vergeudeten keine Zeit mehr mit weiteren Diskussionen. Die Russen zogen sich schnell zurück und wir machten uns auf den Weg, sie zu begleiten. Mangels anderer Transportmittel waren wir zum Laufen gezwungen. Unser erstes Ziel war die nächstgrößere Stadt im Osten, Czortkow, die etwa fünfzehn vierundzwanzig von Tluste entfernt war. Unter normalen Umständen wäre diese Entfernung keine große Leistung gewesen, aber wir trugen kaum Kleidung und das bisschen, was wir besaßen, war nicht für Schnee und Kälte geeignet. Unsere Schuhe waren fast vollständig abgenutzt und boten nur wenig Schutz vor dem nassen und schlammigen Boden. Da uns jedoch keine andere Wahl blieb, marschierten wir weiter. Mit uns die vielen anderen, die aus Tluste flohen.

Russische Truppen in ihren großen Lastwagen und Konvois passierten uns. Es war deutlich, dass sie auf der Flucht waren. Hunderte von ihnen zogen an uns vorbei Richtung Osten, um der deutschen Armee zu entkommen. Wir kämpften uns entschlossen durch Schnee und Schlamm; wohlwissend, dass die Deutschen uns bald auf den Fersen sein und uns keine Gnade zeigen würden.

Schließlich erreichten wir Czortkow und fanden uns im Stadtzentrum auf einem großen öffentlichen Platz wieder. Ein paar andere Juden, die ebenfalls den deutschen Horden entkommen wollten, sammelten sich dort. Zu einer Seite des Platzes stand ein großes, stattliches Gebäude. Es war das Hauptpostamt der Stadt.

Eine große Treppe führte zur Eingangstür. Mehrere Offiziere der Roten Armee und ein paar russische Soldaten standen auf den Treppenstufen. Einer der Offiziere stach uns ins Auge – er sah aus, als wäre er ein wichtiger Mann. Seine Uniform befand sich in einem sehr viel besseren Zustand als die der anderen russischen Soldaten, die wir getroffen hatten, und war mit dutzenden Medaillen geschmückt.

Als wir uns der Treppe näherten, erblickte uns einer der russischen Offiziere und rief: „Hey, wer seid ihr und wohin wollt ihr?" Tusia antwortete und sagte ihm, wir seien überlebende Juden aus Tluste und auf der Flucht vor dem Vormarsch der Deutschen. Er bedeutete uns, zu ihm zu kommen und sagte: „Nun, die Deutschen rücken noch immer vor. Ihr müsst also weiter nach Osten."

Wir waren überrascht, weil er jetzt auf Jiddisch zu uns sprach. Es stellte sich heraus, dass er ebenfalls Jude war und ein Offizier der Roten Armee. Dann kam der hochdekorierte Offizier die Treppen herunter und auf uns zu. Er begann, auf Russisch mit uns zu sprechen. Der jüdische Offizier wandte sich zu uns und sagte, erneut in Jiddisch: „Wisst ihr, wer dieser Mann ist?" Wir schüttelten den Kopf und er fuhr fort: „Das ist General Schukow." Der Name sagte uns nichts, aber nach dem Krieg erfuhren wir, was für ein wichtiger Mann er war. Sein Verdienst während des Zweiten Weltkrieges machte ihn bekannt und er würde schließlich zum Oberbefehlshaber der Sowjetischen Armee ernannt werden. Schukow würde sich den Oberbefehlshabern der USA und Großbritanniens, General Eisenhower und General Montgomery, in Berlin anschließen und zur Unterzeichnung der bedingungslosen Kapitulation Deutschland anwesend sein. Mit der Unterzeichnung dieser Erklärung wurde der Krieg in Europa offiziell beendet.

Der General wollte ebenfalls wissen, wer wir waren und wohin wir gingen. Und so gaben wir ihm die gleiche Antwort wie zuvor dem Offizier. Wir sagten, dass wir gerne mit seinen Truppen mitwollten, um nicht von den Deutschen gefangen genommen und getötet zu werden. Er sagte: „Ich bin mir nicht sicher. Die Lage ist unübersichtlich und wir wissen nicht, ob wir uns erneut vor den Deutschen zurückziehen müssen." Dann drehte er sich um und kehrte zum oberen Treppenende zurück.

Der jüdische Offizier wiederholte Schukows Rat, dass wir weiterfliehen sollten. Doch dann sah er nach unten und bemerkte, dass Tusia keine Schuhe trug, nur Säcke, die sie mit einer Schnur um ihre Füße gebunden hatte. Er betrachtete uns mit Mitgefühl und sagte: „Aber warum solltet ihr laufen? Steigt doch dort auf einen unserer Panzer und fahrt darauf, solange sie sich zurückziehen." Wir benötigten nichts weiter, um uns zu überzeugen, nahmen sein Angebot an, machten uns auf den Weg zu dem Panzer und kletterten herauf.

Der Panzer war Teil eines großen Konvois von Militärfahrzeugen, die vor dem deutschen Vormarsch zurückwichen. Es war bitterkalt, als wir auf dem Tritt an der Seite des Panzers hockten und versuchten, uns nicht von der holprigen Fahrt abwerfen zu lassen. Die riesige Maschine rumpelte bedächtig die schlammige Straße entlang und wir klammerten uns an ihr fest. Bald darauf setzte der Schneefall wieder ein. Er wurde stärker und stärker. Schon bald befanden wir uns in einem Schneesturm. Die Panzer bewegten sich langsamer vorwärts, doch der Schneesturm brachte sie nicht zum Stillstand. Wir waren vollkommen eingeschneit und froren, aber wir hielten uns fest. Die unangenehme Fahrt war besser als ein noch viel unangenehmeres Laufen.

Wir klammerten uns an den Panzer, während rings um uns heftiger Schnee fiel. Schließlich kam der Konvoi für kurze Zeit zum Stillstand. Wir debattierten, ob wir weiterfahren sollten, ohne zu wissen, wie weit sie sich zurückzogen. Würden sie bis hinter die russische Grenze zurückfallen? Es hätte eine neue Gefahr bedeuten können. Zu diesem Zeitpunkt besaßen die Sowjets nicht die vollständige Kontrolle oder Autorität in der Ukraine, und die strenge Hand, die in Russland regierte, gab es hier nicht. Doch wir wussten, dass sich dies ändern würde, sobald wir die Grenze passierten und dass wir vielleicht nie wieder aus Russland herauskommen würden. Andererseits riskierten wir hier nur den Tod, sobald die Deutschen die Stadt zurückeroberten und die Gegend an sich rissen.

Irgendwann wurde die Fahrt mit dem Panzer so anstrengend, dass wir darüber nachdachten, lieber zu laufen, anstatt die Erschütterungen zu ertragen. Vielleicht war es doch weniger schmerzhaft, zu Fuß zu gehen. Natürlich würden wir Schmerzen und Unwohlsein erleiden, aber die Schwierigkeit, uns auf der holprigen Straße am Panzer festzuhalten, erschien uns in dem Moment das größere Übel. Wir sprangen vom schneebedeckten Panzer ab. Unsere Hände brannten und ein stechender Schmerz breitete sich aus. Uns war von Kopf bis Fuß so kalt gewesen, dass wir überhaupt nicht bemerkt hatten, wie die nackte Haut unserer Hände auf dem eiskalten Metall des Panzers festgefroren war. Als wir vom Panzer sprangen, wurde die Haut von unseren Handflächen gerissen. Das darunter liegende Gewebe lag offen und blutete. Wir hatten in unserem Leben so viele Schmerzen, Schnitte und Prellungen erlebt, dass ich die meisten längst vergessen habe. Jedoch nicht die Schmerzen in diesem Moment.

Und somit setzten wir unseren Weg zu Fuß fort, weg von den Deutschen. Die Straße führte uns nach Nordosten und weg von Czortkow. Sie war in einem schrecklichen Zustand und bot eine schmutzige, matschige Mischung aus Schlamm und Schnee. Unsere Schuhe waren von Löchern übersät und das Leder verbraucht – und wie der russische Offizier festgestellt hatte, trug meine Schwester Sackleinen an den Füßen. Jeder Schritt erforderte Konzentration und wir fielen und stolperten oft. Ich fand ein paar alte Klamotten, machte Stoffstreifen aus ihnen und band sie mir um die Schuhe, um sie gegen die Kälte zu isolieren. Der Schnee war jedoch knietief und in kürzester Zeit waren meine Füße durchnässt. Nach einer Weile waren sie vollkommen taub und ich konnte kaum noch stehen.

Wir liefen zusammen mit einer Menschengruppe, die von den Frontlinien wegwollte. Ich schätzte mich glücklich, dass mein Freund Sam Teil dieser Flüchtlingsbande war. Wir liefen nicht zusammen, aber sahen einander zu unterschiedlichen Zeitpunkten. Ich wäre gerne während dieser Reise an seiner Seite geblieben, aber ich blieb bei meiner Familie. Mir wurde so kalt und ich wurde dermaßen müde, dass ich begann, hinter allen zurückzufallen. Edek und Tusia liefen langsamer, um mir zu helfen. Sie nahmen meine Hand und zogen mich mit sich. Sie forderten mich auf, nicht aufzugeben und weiterzulaufen. Es erforderte jedes Quäntchen Willenskraft, um einen Fuß nach dem anderen zu setzen. Wenn ich das Klischee „einen Schritt nach dem anderen" oder „einen Fuß vor den anderen" höre, denke ich an diese beschwerliche Reise und es sind weit mehr als bloße Wörter.

An diesem Abend erreichten wir die Stadt Kopeczynce nordöstlich von Czortkow, wo wir ein verlassenes Haus fanden, von dem wir hofften, dass es uns Schutz vor der Kälte bieten würde. Einmal im Inneren, wurde uns jedoch bewusst, dass es nur eine geringfügige Verbesserung war: Plünderer hatten alle nützlichen Dinge entwendet. Kaputte Stühle lagen in einer Ecke und überall war Müll verstreut. Viele der Küchenschränke waren geleert – wir fanden keinen einzigen essbaren Krümel. Wenigstens boten das Dach und die Wände etwas Schutz vor der Nässe und Kälte, aber die Lücken und Risse darin ließen den eiskalten Luftzug herein. Trotz alledem machten wir es uns so gemütlich wie es ging und versuchten, zu schlafen.

Obgleich wir völlig erschöpft und geschwächt waren, fiel uns das Einschlafen schwer. Es gab keine Betten und so schliefen wir auf dem harten Boden, wo es nichts gab, dass unsere müden Knochen und Gelenke hätte abfedern können. Die eiskalte Luft fuhr uns über die durchnässten Kleider und Schuhe und riss uns immer wieder aus dem Schlaf. Dennoch gelang es uns ein paar Stunden zu schlafen, bevor der Morgen anbrach.

Als wir aufwachten, vernahmen wir ein Schluchzen in einem der anderen Räume. Wir näherten uns den Geräuschen und spähten in die Dunkelheit direkt hinter der Tür. Auf dem Boden kniete ein junges Mädchen über dem Körper ihrer jüngeren Schwester. Sie wog vor und zurück, den Kopf in den Händen und weinte leise, aber unkontrolliert. Sie war von Trauer ergriffen und konnte nicht sprechen. Das kleine Mädchen neben ihr konnte nicht viel älter als sieben oder acht Jahre alt sein. Reglos lag es da und atmete nicht mehr, seine Haut weiß wie ein Geist. Seine Augen waren halb geöffnet und starrten ins Nichts. Es war in der Nacht erfroren. Was für eine grausame Wendung des Schicksals. Was für Gefühle musste dieser Albtraum mit sich bringen, der so viele heimsuchte? Welche Verzweiflung muss seine Schwester empfunden haben, als sie es leblos fand? Ein paar Tage zuvor müssen sie noch so glücklich gewesen sein, auf wundersame Weise überlebt zu haben. Und jetzt, befreit und erfüllt von dem Versprechen besserer Tage, war diese Hoffnung zerstört.

Wir sahen zu, wie das Mädchen sich sammelte und seine Tränen unterdrückte. Es beugte sich vor und küsste seine Schwester sanft auf die Wange, dann strich es ihr leicht über das Haar. Es brachte die Kleine langsam in eine sitzende Position und begann dem toten Mädchen den Pullover über die Arme zu ziehen. Sobald dieser ausgezogen war, schloss es dem Mädchen die Augen und gab ihm noch einen Kuss. Dann stand es auf, schlang den Pullover um sich und verließ den Raum.

Es war nicht das erste Mal, dass wir die Hand des Todes und ihre bösartige Wirklichkeit aus nächster Nähe beobachteten. Doch es war eine sehr tragische Momentaufnahme und eine deutliche Erinnerung daran, dass der Überlebenskampf nicht vorüber war.

28

IM FIEBERWAHN

Wir hatten keine Zeit, über die Tragödie, deren Zeuge wir geworden waren, nachzudenken. Geschweige denn, um mit dem jungen Mädchen zu trauern oder ihr zu helfen, ihre Schwester zu beerdigen. Es war ein weiterer Teil der Entmenschlichung und des Leids, mit denen wir Juden konfrontiert waren. Die Deutschen rückten weiterhin vor und wir mussten so schnell wie möglich aufbrechen. Also begaben wir uns wieder zu Fuß und voller Verzweiflung auf den Weg, um uns so weit wie möglich von der herannahenden Front zu entfernen.

Es ging weiter nach Nordosten in Richtung der Stadt Podwoloczysk. Unterwegs begann mein Körper zu schmerzen und mit Schüttelfrost zu zittern. Dieses Mal hatte die Kälte jedoch nichts mit dem eisigen Wetter zu tun, sondern mit Fieber. Auf meinem Marsch hatte ich das Gefühl, ich würde jeden Moment zusammenbrechen. Ich wusste, dass meine Körpertemperatur schnell anstieg. Glücklicherweise stießen wir am Nachmittag auf ein weiteres verlassenes Haus, in dem wir für die Nacht ruhen konnten. Wir befanden uns etwas außerhalb von Podwoloczysk und ganz in der Nähe der russischen Grenze.

Im Haus brach ich auf dem Boden zusammen und zog meine Gliedmaßen in einer fötalen Position an mich, um mich vor dem Schüttelfrost zu schützen. Edek wusste sofort, was der Grund für meine plötzliche Krankheit war: Typhus.

Typhus wird durch Läuse verursacht. Bei den erbärmlichen Bedingungen, denen Juden in Ghettos, Arbeitslagern und Verstecken ausgesetzt waren, breiteten sich diese Schädlinge schnell aus. Im Arbeitslager bei Lisowce behielt ich meinen Körper daher ganz genau im Auge. Ich wurde sehr gut darin, die Läuse zu finden und sie zwischen meinen Fingern zu zerdrücken, bis ich es knacken hörte. Im Bunker hatten wir keine Probleme mit Läusen und taten unser Bestes, um sauber zu bleiben. Dort waren wir praktisch in Quarantäne, geschützt vor dem Läusebefall anderer. Doch nachdem wir unser Versteck verlassen hatten, waren wir in unmittelbarer Nähe von anderen Überlebenden gewesen und diese hatten Läuse. Jetzt krochen sie auch auf unseren Köpfen und in unserer Kleidung. Mit ihnen kam diese schreckliche Krankheit.

Edek zeigte zunächst keinerlei Krankheitssymptome und fühlte sich normal, aber auch Tusia fieberte etwas. Also machte sich Edek auf den Weg, um einige sowjetische Soldaten in der Nähe um Hilfe zu bitten. Er war sich nicht sicher, ob sie überhaupt helfen konnten. Dennoch erzählte er ihnen von unserer Notlage. Die Soldaten brachten ihn zu seiner großen Erleichterung zu einem Sanitäter, der ihm etwas Medizin für uns gab. Er eilte mit den Pillen so schnell zurück zu uns wie er konnte. Ich weiß nicht, um was für Medizin es sich handelte, aber es war ganz sicher kein Heilmittel gegen Typhus. Die einzige Behandlung gegen Typhus war nämlich ein Impfstoff. Doch die Pillen linderten die Schmerzen und senkten das Fieber.

Edek erinnerte sich noch gut daran, wie die Krankheit unseren Vater das Leben kostete und schwor, alles zu tun, um uns vor diesem Schicksal zu bewahren. Eines der grausamsten Symptome von Typhus ist ein seltsamer schwarzer Pilz, der oft die Zunge befällt. Wird diese nicht kontrolliert und gereinigt, erfasst der Pilz irgendwann den Mund und die Atemwege, sodass die Person erstickt. Der Anblick des Pilzes im Mund unseres Vaters und seine Atemnot hatten sich tief in unser Gedächtnis eingebrannt. Angst erfasste mich, als mir klar wurde, dass mich dasselbe erwartete.

Verwirrung übermannte schon bald meine Angst und ich begann zu halluzinieren. Mein Fieber stieg und stieg. Es dauerte nicht lang, bevor mein Bewusstsein sich trübte. Meine Erinnerungen an diese Tage sind größtenteils verschwommen, aber ich erinnere mich noch lebhaft daran, wie ich auf dem Boden des verlassenen Hauses unter einem der Fenster lag, und ich erinnere mich an die Kampfgeräusche in der Ferne, die immer näherkamen.

Dem Vormarsch der Deutschen gingen Luftangriffe voraus. Die Bomben fielen auf die nahegelegene Stadt. Hin und wieder erhellten Lichtblitze den Himmel und erfüllten den Raum, in dem ich lag. Die Russen schossen mit Leuchtspurmunition, damit sie die angreifenden Flugzeuge besser sahen.

Es gab keine Möbel in diesem Haus und wir hatten keine Decken oder eine andere Art von Bettzeug. Also lag ich halb eingefroren auf den harten Bodenbrettern. Ich glaube nicht, dass wir überhaupt etwas hatten, auf dem mein Kopf ruhte. Ich erinnere mich, dass Schmerzen und Zittern die Nachteile der harten Oberfläche überschatteten.

Tusia litt nun ebenfalls unter Fieber und kämpfte dagegen an. Edek schenkte uns seine vollständige Aufmerksamkeit. Er war in der Lage gewesen, ein wenig Zucker und Salz zusammen mit ein paar sauberen Lumpen zu organisieren. Er tränkte die Lumpen mit Wasser, wickelte sie um einen kleinen Stock und tauchte sie danach in den Zucker und das Salz. Damit reinigte er unsere Zungen und entfernte den Pilz. Er achtete darauf, dass unsere Münder sauber und unsere Atemwege frei blieben. Ohne seine Bemühungen hätten wir dieses Haus niemals lebendig verlassen.

Bald erholte ich mich von dem Fieber und überwand die Gefahr, an Typhus zu sterben. Doch es hatte mich zutiefst geschwächt. Ich hatte weder die Kraft zu stehen noch zu laufen und ich konnte nicht sprechen. Edek kümmerte sich weiterhin um mich. Täglich brachte er mich nach draußen, wenn die Sonne schien. Er trug mich auf seinem Rücken, sodass ich im Sonnenschein an der frischen Luft genesen konnte. Nach einigen Tagen kehrte auch meine Kraft zurück.

Warum Edek noch nicht an Typhus erkrankt war, blieb ein Rätsel, aber auch ihn würde es erwischen. Zu diesem Zeitpunkt hatten Tusia und ich uns allerdings so weit erholt, dass wir ihm helfen konnten. Wir waren bereits seit ein paar Wochen in Podwoloczysk und hatten einige Leute in der Region kennengelernt. Wir hörten, dass es ein Krankenhaus gab. Mit der Hilfe eines ansässigen jüdischen Arztes namens Schmeterling waren wir in der Lage, Edek in das Krankenhaus einweisen zu lassen. Dort wurde er viel besser versorgt als wir es selbst hätten tun können.

Tusia und ich durften im Krankenhaus verbleiben, während Edek sich dort befand. Das Personal wies uns einen Schlafplatz in einem der Wartezimmer zu und gab uns ein paar Decken und Kissen, sodass unser Aufenthalt angenehmer war. Wir hatten noch immer kein Bett, aber zum ersten Mal seit Wochen war es warm und trocken. Ich tat mein Bestes, um in Edeks Nähe zu bleiben und ihm zu helfen, wie er mir geholfen hatte. Er begann zu halluzinieren und reagierte heftig auf die Vorstellung, dass überall um ihn herum im Krankenhaus Bomben fielen. Er schrie vor Angst, so schlimm war es. Ich tat, was ich konnte, um ihn in diesen Momenten zu beruhigen.

29

DIE NAZIS AUF DEM RÜCKZUG

In den ersten paar Monaten nach unserem Aufenthalt im Bunker kam es uns nicht in den Sinn, auf das Datum zu achten. Das tägliche Überleben hatte Vorrang und in gewisser Weise vergingen die Tage schnell, auch wenn sie sich gleichzeitig wie eine Ewigkeit anfühlten. Mittlerweile liegen die Ereignisse so weit zurück, dass es mir schwerfällt, unsere Reise von Tluste nach Podwoloczysk zeitlich einzuordnen. Historische Quellen berichten jedoch, dass es Ende Mai 1944 war, als die Deutschen sich erneut zurückzogen. Unsere Reaktion auf diese Neuigkeit war pure Erleichterung, dass wir nicht die russische Grenze überschreiten mussten.

Als wir von dem Rückzug erfuhren, waren wir überzeugt, es sei sicher, in Gebiete zurückzukehren, die uns vertrauter als Podwoloczysk waren. Es gab keinen wirklichen Grund für uns, nach Tluste zu gehen, aber wir kannten Leute in Czortkow und da die Stadt das Zentrum der Region war, hielten wir sie für vielversprechend. Und so trafen wir die Entscheidung zurückzukehren.

Ich hatte Mendel seit unserer Ankunft in Podwoloczysk nicht mehr gesehen. Während der Reise dorthin hatte er sich normalerweise an der Spitze der Gruppe befunden und nicht bei uns. Ich weiß nicht wieso. Vielleicht wollte er die Gruppe in seine bevorzugte Richtung führen, anstatt dem Rest blind zu folgen. Inzwischen waren wir allesamt von Typhus genesen und bereit, in vertrautere Gefilde zurückzukehren. Wir hörten, dass Mendel bereits die Entscheidung getroffen hatte, nach Tluste zurückzugehen und nach seiner Schwester und ihrer Familie zu suchen. Später erfuhren wir von ihrem traurigen Schicksal: Die Familie, die sie während der Nazi-Besetzung versteckt hatte, war nicht erfreut gewesen, sie wiederzusehen. Zusammen mit mehreren Nachbarn ermordete sie die ganze Familie, indem sie sie mit Schaufeln und Spitzhacken zu Tode schlug. Die Entscheidung, erneut unterzutauchen, erwies sich als tragischer Fehler.

Wir wissen nicht, was diesen drastischen Sinneswandel verursachte. Aber höchstwahrscheinlich hatten diese Menschen die Familie zuvor nur gegen Bezahlung versteckt, nicht aus Nächstenliebe. Da Mendels Schwester kein Geld mehr hatte, waren sie dazu bereit, sie abzuschlachten. Wir waren schockiert und trauerten. Gleichzeitig waren wir sehr erleichtert, dass wir darauf bestanden hatten, uns ihnen nicht anzuschließen. Es war eine weitere Wendung des Schicksals, die uns am Leben hielt.

Das Wetter war etwas wärmer geworden und die Reise nach Czortkow war nicht so beschwerlich wie die Reise nach Podwoloczysk. Dennoch freuten wir uns, dass wir nicht den ganzen Weg zu Fuß zurücklegen mussten. Viele russische Truppen bewegten sich noch immer die Straße zwischen den beiden Städten entlang, sodass wir auf eine Kombination aus Fahrten auf der Ladefläche ihrer Militärlastwagen und bei Einheimischen mit Pferdekutschen zurückgreifen konnten. Auf diese Weise waren wir viel schneller in Czortkow, als wir erwartet hatten. Innerhalb von nur wenigen Tagen waren wir zurück in der vertrauten Stadt.

Schon bald trafen wir auf einen alten Bekannten aus unserer Zeit in Tarnopol, einen Juden namens Ginsberg. Vor dem Krieg war er ein Familienfreund gewesen, jetzt arbeitete er in Czortkow für die sowjetischen Behörden. Er half uns enorm. Durch ihn fanden wir eine Wohnung, die wir mit einem russischen Agenten teilten. Sein Name war Doroshenko und er war Mitglied des NKWD. Er war ein ebenso interessanter wie farbenfroher Mensch, eben so wie man es angesichts seines Berufes erwarten würde. Wir lernten ihn gut kennen und gelegentlich half er uns an Essen und andere Grundbedürfnisse des Lebens zu kommen.

Die Deutschen hatten die Westukraine verlassen, aber die Zustände waren noch immer chaotisch, und obwohl der Zusammenbruch des NS-Regimes unmittelbar bevorstand, war der Krieg im Westen noch nicht vorbei.

Im Juni hörten wir die aufregende und willkommene Nachricht, dass die Alliierten in der Normandie gelandet waren. Zu diesem Zeitpunkt konnten wir es noch nicht mit Sicherheit sagen, aber diese Invasion war der Beginn des Endes. Wir freuten uns und glaubten, dass die Nazis bald besiegt sein würden. Die Russen marschierten weiterhin von Osten aus Richtung Berlin, aber die Fortschritte dieser zusammengewürfelten Armee waren langsam. Infolgedessen rekrutierten die Sowjets jeden arbeitsfähigen Mann für die Front. Viele Juden wollten sich ihnen anschließen und ihre Verfolger bekämpfen und jene, die nicht mitmachen wollten, wurden gezwungen, sich der Roten Armee anzuschließen. Edek war gerade erst einundzwanzig geworden und somit ein Spitzenkandidat. Es ist unnötig zu erwähnen, dass er alles andere als begeistert war. Er war noch immer vom Typhus geschwächt und hoffte auf einen Ausweg.

Aus der letzten sowjetischen Besatzung wussten wir, dass die Russen Kunst und Musik sehr wertschätzten und großen Wert auf die Förderung und Erhaltung der Künste legten. Edek war zuversichtlich, dass die Möglichkeit bestand, der Einberufung zu entgehen, wenn er nur sein Talent als Geigenspieler beweisen könne. Also wendete er sich an die örtliche Stelle für Theater und Musik. Dort erfuhr er, dass eine neue Gruppe für alle Arten von Theaterunterhaltung gegründet wurde. Die Gruppe bräuchte Musiker, Schauspieler, Tänzer und Sänger. Natürlich besaß er keine Geige mehr und suchte überall verzweifelt danach. Mit etwas Glück fand er eine auf dem Schwarzmarkt, kaufte sie und plante sein Vorsprechen.

Leider wurde ihm bei seiner Ankunft mitgeteilt, dass es bereits genügend Geigenspieler in der Gruppe geben und kein Bedarf mehr bestehen würde. Ihm wurde auch gesagt, dass es an Tänzern mangeln würde, und ob er nicht tanzen könne? Edek hatte keine wirkliche Tanzausbildung, jedoch hatte er als Jugendlicher gerne getanzt und kannte einige Gesellschaftstänze. Er hatte sich sogar ein paar Stepptänze beigebracht, nachdem er die Fred Astaire-Filme gesehen hatte. Und so bejahte er mit einem kurzen, nervösen Zögern, und wurde gleich am nächsten Tag zu einem Vorsprechen eingeladen.

Es blieb ihm nur sehr wenig Zeit, seine Tanzschritte aufzufrischen. Aber Edek ging die Sache mit all seinem Selbstbewusstsein an. Als er für das Vorsprechen eintraf, grüßte ihn eine junge, attraktive Frau, die ihn beurteilen würde. In diesem ersten Gespräch spürte er, dass sie sich zu ihm hingezogen fühlte und er hoffte, dass dies ein gutes Omen für eine Aufnahme in die Theatergruppe war.

Als er an die Reihe kam, um sein Können unter Beweis zu stellen, bat Edek den Pianisten, einen schnellen Foxtrott zu spielen. Er ging den Tanz mit aller Kraft und Leidenschaft an, die er nur irgendwie aufbringen konnte. Das leichte Lächeln auf dem Gesicht der Frau ließ ihn glauben, dass er seine Sache gut machte.

Doch als die letzten Noten des Liedes verstummten, betrachtete sie ihn lediglich amüsiert und fragte nach einem Moment: „Rauchen Sie?" Edek antwortete: „Ja." Und so holte sie zwei Zigaretten hervor und reichte ihm eine. Dann zündete sie beide an. Nach ein paar Zügen sah sie ihn an und sagte: „Sie sind kein professioneller Tänzer, nicht wahr?" Edek erwiderte verlegen ihren Blick, ohne zu antworten. Seine Hoffnung sank in der Annahme, er hätte seine Chance verspielt, bevor sie fortfuhr: „Das habe ich mir schon gedacht. Aber ich kann sehen, dass Sie viel Talent haben. Und Sie kennen die westlichen Tänze. Ich könnte jemanden wie Sie gebrauchen. Ich möchte ein paar moderne, beliebte Tänze zeigen – nicht nur Volkstänze, wie es so oft getan wird." Edeks Herz machte einen erleichterten Sprung, als ihm klar wurde, dass sie ihn in die Gruppe bringen würde.

Von diesem Tag an arbeitete er hart daran, alle Tänze und athletischen Bewegungen einzustudieren, die dazu gehörten. Schließlich wurde er zu einem der besten Tänzer in der Gruppe. Ihm wurden auch einige kleine Rollen als Schauspieler in den Theaterproduktionen zugeteilt. Ironischerweise musste er in einem von diesen die Rolle eines deutschen Soldaten verkörpern. Er hatte keinen Sprechakt, sondern war nur Statist.

Sein Anblick in einer deutschen Uniform war so beunruhigend, dass ich mich noch heute daran erinnere. Doch das Wichtigste war, dass er nicht an die Front musste. Später erfuhren wir, dass zwei von Edeks Freunden, die in seinem Alter waren, in den Kampf gezogen waren. Beide fielen im Krieg. Es war ein weiteres tragisches Beispiel von Juden, die den Völkermord wundersamerweise überlebten, nur um dann ihr Leben zu verlieren, als sie dachten, das Schlimmste hinter sich zu haben.

Nachdem wir uns in Czortkow eingelebt hatten, fühlten wir uns von Tag zu Tag sicherer, dass der Horror unseres Leidens vorbei war. Tusia und Mendel planten ihr langes Leben zu zweit und heirateten kurz nach unserer Ankunft.

Was mich betrifft, so war ich bereit, die Gelegenheit beim Schopfe zu packen und unseren neugefundenen Optimismus in Erfolg zu verwandeln. Die vielen erschütternden Erfahrungen im Laufe der vergangenen Jahre hatten dem typischen Glauben eines Jugendlichen, dass er unbesiegbar war, nichts anhaben können. Tatsächlich schien meine neu gewonnene Freiheit diesen Glauben eher zu bestärken. Ich nehme an, dass ich meinen starken Wunsch, ein eigenes Unternehmen zu gründen, von meinem Vater geerbt hatte. Der Gedanke, bei jemand anderem angestellt zu sein, gefiel mir überhaupt nicht. Es war vor diesem Hintergrund, dass ich Feuer und Flamme war, als ich herausfand, dass es in einer nahegelegenen Stadt einen Laden gab, der Hefe zu Großhandelspreisen verkaufte. Sofort kam mir die Idee, dass ich dorthin gehen, etwas kaufen und nach Tarnopol bringen könnte, um Profit zu machen. Also schmiedete ich Pläne, mich so schnell wie möglich aufzumachen, und bereitete mich ein paar Tage später auf die Reise vor.

Ich erzählte Doroshenko von meinem Vorhaben und überraschenderweise ermutigte er mich dazu, es durchzuziehen. Er erstellte sogar ein paar Dokumente, die es mir ermöglichen würden, die Reise sicher und ohne Belästigung durch die Behörden anzutreten. Die Stadt hieß Czernovic und lag südlich von Czortkow. Wie bereits so oft, entschied ich mich dazu, zu trampen. Ich hatte Glück. Ein paar Fahrten später kam ich sicher in der Stadt an. Die Stadt war groß, sehr schön und von schweren Kriegsschäden verschont geblieben. Ich schlenderte durch die Straßen und genoss das geschäftige Treiben der Läden und Cafés. Am Ende einer Straße bog ich um die Ecke und fand mich plötzlich vor einem Kino wieder. Die helle Marquise warb für den neusten Hollywood-Film. Der Filmtitel lautete Sun Valley Serenade, mit Sonia Henie und Glenn Miller mit seiner weltbekannten Band, und Milton Berle in den Hauptrollen. Ich hatte keine Ahnung, worum es in dem Film ging, aber ich war fasziniert und wollte ihn unbedingt sehen und so stand ich auf einmal an der Abendkasse und kaufte eine Karte.

Der Film war wunderschön gemacht und toll inszeniert. Die Musik war so kraftvoll und rührte mich beinahe zu Tränen. Ich war so überwältigt, dass ich mir eine zweite Karte kaufte und mir den Film noch einmal ansah. Der Film entführte mich in eine Welt, die so weit entfernt und so anders war als die Welt, die ich die letzten Jahre erlebt hatte. Es hätte keine bessere Therapie geben können. Der Film schenkte mir Hoffnung und Optimismus, dass das Leben wieder gut werden könnte.

Ich verließ das Kino in einem emotionalen Hochgefühl und begab mich auf den Weg zur Hefefabrik. Zum vorsichtigen Transport der

Hefebeutel hatte ich einen Koffer mitgebracht. Ich kaufte die Hefe und machte mich in Richtung Bahnhof auf. Der Koffer war viel schwerer als auf der Hinreise und ich entschied mich, mit dem Zug zurückzufahren. Ich ahnte nicht, dass dies meinen Versuch, Unternehmer zu werden, zunichtemachen würde. Die Reise verlief gut, bis sich der Zug Tarnopol näherte. Als der Zug langsamer wurde, um in den Bahnhof einzufahren, tauchten plötzlich NKWD-Agenten auf. Sie gingen durch die Abteile und überprüften die Papiere der Fahrgäste. Ich hörte ihre lauten Stimmen, die die Leute aufforderten, den Nachweis zu zeigen, dass ihre Reise legal sei. Angst griff nach mir, als ich realisierte, dass Doroshenko mir die notwendigen Papiere für die Reise nach Czernovic gegeben hatte, nicht aber nach Tarnopol.

Ohne einen Moment des Zögerns ließ ich den Hefekoffer los und versetzte ihm einen Tritt, sodass er unter dem Sitz direkt gegenüber von meinem lag. Ich würde genug Probleme haben, sobald herauskam, dass ich die falschen Papiere mit mir führte. Doch einen Koffer voller Beweise meiner kapitalistischen Pläne? Das würde alles noch viel schlimmer machen.

Innerhalb von Sekunden waren die NKWD-Agenten in meinem Abteil und thronten über mir. Ich übergab ihnen die Papiere, die Doroshenko mir gegeben hatte. Sie schauten sie sich an und wussten sofort, dass sie nicht in Ordnung waren. Sie forderten mich auf, mitzukommen und behielten mich in ihrer Nähe, als sie ihre Runde durch die verbliebenen Waggons beendeten.

Als der Zug Tarnopol erreichte, eskortierten sie mich zu einem Raum im Bahnhofsgebäude. Ich war überrascht, einen Mann aus Tluste zu sehen, als ich dem Raum näherkam. Er erkannte mich ebenfalls und winkte mir, als die Agenten mich in den Raum hineinführten. Dort befanden sich andere Reisende, die aus verschiedenen Gründen festgenommen worden waren. Auf der gegenüberliegenden Seite des Raum war ein kleiner Junge und ich entschied mich, mich neben ihn auf den Boden zu setzen. Der Platz war in der Nähe einer anderen Tür, die offen und unbewacht war.

Ich dachte, dass sich vielleicht die Gelegenheit ergeben würde, durch sie zu entwischen.

Mehrere Stunden des bloßen Wartens verstrichen. Niemand kam, um mich zu verhören und es wurde nichts darüber gesagt, wie alles ablaufen würde. Dann betrat ein Beamter den Raum und sah zu mir und dem anderen Jungen herüber. Er rief einen von uns zu sich, aber es war unklar, wen er meinte. Der Junge zeigte auf sich selbst und sah den Beamten an, als wolle er fragen: „Meinen Sie mich?" Der Beamte machte eine Kopfbewegung und der Junge erhob sich und ging zu ihm. In diesem Moment wandte sich der Beamte an einen anderen Häftling und drehte mir somit den Rücken zu. Ich wusste, dass er mich nicht sah, und so rollte ich mich schnell auf alle Viere und huschte durch die offene Tür ins Freie. Glücklicherweise war auf der anderen Seite ein leerer Gang und ich rannte, bis ich mich im Hauptbahnhof wiederfand. Völlig unbemerkt hatte ich mich davongemacht! Es galt jedoch, keine Zeit zu verlieren und so fand ich den Ausgang und innerhalb von Sekunden war ich frei und auf den Straßen Tarnopols.

Und nun? Wohin würde ich gehen und wie kam ich zurück nach Czortkow? Es war lange her, seit ich in Tarnopol gewesen war, doch ich erinnerte mich an den Namen eines Mannes, dessen Schwester für meinen Vater gearbeitet hatte. Ich dachte angestrengt nach und konnte mich tatsächlich an den Namen der Straße, in der er lebte, und deren allgemeine Richtung erinnern. Ich machte mich auf, aber die Stadt war stark bombardiert worden und überall lagen Trümmer. Die vielen zerstörten Gebäude erschwerten es mir, mich zurechtzufinden. Mit eiserner Entschlossenheit lief ich durch die gesamte Nachbarschaft, Straße nach Straße, bis ich das Haus schließlich fand. Es war schwer beschädigt, aber zu meiner großen Freude wohnte der Mann noch dort. Er hieß mich willkommen und bot mir an zu bleiben, bis ich mich sicher fühlte, die Heimreise anzutreten. Mein erster Versuch ein Unternehmer zu werden, war gescheitert, und wieder einmal war ich ganz knapp einer schwierigen Lage entkommen.

Am nächsten Tag reiste ich per Anhalter zurück nach Czortkow. Kurz nach meiner Ankunft hörte ich, dass mein Freund Sam mittlerweile in der nahegelegenen Stadt Borschow lebte. Obwohl es eine ganz schöne Entfernung war, trafen wir uns so oft wie wir konnten und unsere Freundschaft gedieh.

Eines Tages beschlossen wir, Tluste einen Besuch abzustatten, um zu sehen, was aus der Stadt geworden war. Ich hatte keine große Lust, erwarteten mich doch nicht viele gute Erinnerungen. Aber Sam war in der Stadt aufgewachsen und seine Familie hatte lange dort gelebt. Aus Respekt ihm gegenüber erklärte ich mich bereit, ihn zu begleiten. Ich nehme an, dass es an den vielen schlechten Erinnerungen lag, dass ich mich nicht mehr gut an diesen Tag erinnere. Ich weiß nicht mehr, was wir taten oder sahen. Doch es war ein wichtiger Moment für Sam und ich glaube, es war das letzte Mal, dass er je seinen Geburtsort besuchte.

Einige Zeit später erfuhr ich, dass unser NKWD-Mitbewohner, Doroshenko, Sams Stadt für eine Mission aufsuchen würde. Als er mir davon erzählte, bat ich ihn, mich mitzunehmen. Ich fragte, ob ich mitfahren durfte, um meinen Freund zu besuchen und er stimmte zu. Einige seiner Missionen waren Razzien gegen die Banderowcy, die gleiche Gruppe ukrainischer Nationalisten, der Timush sich hatte anschließen wollen, anstatt mit den Deutschen zu kämpfen. Als Agent des Geheimdienstes war es Doroshenkos Aufgabe, diese Leute aufzuspüren und sie zu verhaften oder zu töten. Es war gefährlich und oft witzelte er mit uns darüber. Er sagte: „Heute gibt es Doroshenko, aber vielleicht morgen gibt es keinen Doroshenko." Dann lachte er laut und bellend. Er brachte uns dazu, es mit ihm zu sagen. Wie ein düsteres Kinderlied wiederholten wir es zusammen und lachten allesamt.

Doch für Doroshenko war dieser Gedanke eine ernste Angelegenheit, eine wahrhafte Bedrohung. Seine Prophezeiung würde sich bald bewahrheiten und ich würde ein Teil davon werden. Als es an der Zeit war, um mit ihm nach Boroschow zu gehen, konnte ich ihn nirgendwo finden. Ich weiß nicht, ob er bereits gegangen war, zu spät kam oder ob ich die Abfahrtszeit verpasst hatte. Was auch immer der Grund war, letzten Endes ging ich nicht mit.

In dieser Nacht kehrte Doroshenko nicht in die Wohnung zurück. Anfangs machten wir uns über seine Abwesenheit keine Gedanken. Seine Pläne waren oft unregelmäßig. Nach einigen Tagen war er noch immer nicht zurück und wir fragten uns, was ihm widerfahren war. Bald hörten wir, dass er auf eben jener Mission vor einigen Tagen von ukrainischen Nationalisten überfallen und getötet worden war. Wäre ich an diesem Tag mit ihm gegangen, wäre auch ich mit großer Wahrscheinlichkeit getötet worden. Eine weitere glückliche Wendung des Schicksals hatte mich am Leben gehalten.

Wie ich bereits erwähnte, bedeutete der Rückzug der Deutschen aus der Gegend nicht, dass wir in völliger Sicherheit lebten. Doch als Jugendlicher, der so viele Begegnungen mit dem Tod überlebt hatte, fühlte ich mich wohl etwas unbesiegbar. Alle jungen Menschen kennen dieses Gefühl bis zu einem gewissen Grad, selbst zu normalen Zeiten. Meine Erfahrungen hatten mich furchtlos gemacht, und zwar bis jenseits aller Weisheit. Ich hatte einen Freund in Kopychyntsi. In dieser Stadt hatten wir auf der Flucht vor dem deutschen Vormarsch übernachtet. Eines Tages entschied ich, ihn zu besuchen. Die Stadt war nicht zu weit entfernt, aber man kam nur zu Fuß oder per Anhalter dorthin. Die Straße war stark befahren, mit Autos, Lastwagen, Militärfahrzeugen und sogar Pferdekutschen. Da noch immer Chaos herrschte, konnte es eine gefährliche Reise sein – und das auch ohne die Gefahr einzukalkulieren, das es unmöglich war vorherzusagen, wie lange die Reise dauerte, insbesondere wenn andere Reisende keine Mitfahrgelegenheit anboten.

Ich begann die Tagesreise und schaffte es zügig per Anhalter nach Kopychyntsi. Die Russen hatten überall in der Region eine Ausgangssperre verhängt und so übernachtete ich bei meinem Freund, sodass wir mehr Zeit miteinander verbringen konnten.

Ansonsten hätte ich meine Rückreise viel zu früh antreten müssen. Am nächsten Tag genossen wir die gemeinsame Zeit so sehr, dass wir dabei die Zeit aus den Augen verloren. Es wurde immer später und mir wurde klar, dass es schwer werden würde, Czortkow vor der russischen Sperrstunde zu erreichen. Ich eilte die Straße hinunter und fing an zu trampen. Wie sich jedoch herausstellte, musste ich den größten Teil des Weges laufen und erreichte Czortkow erst nach Beginn der Sperrstunde.

Als ich die Straße zu unserer Wohnung entlang ging, bogen zwei russische Soldaten um die Ecke. Sie sahen mich, kamen näher und befahlen mir anzuhalten. Ich wurde nach meinen Papieren gefragt, aber da ich keine hatte, vermuteten sie sofort, dass ich ein Spion einer Untergrundbewegung sei. Sie sagten, ich sei verhaftet und dass ich mich mit dem Rücken zu ihnen drehen sollte. Beide trugen sie Gewehre mit Bajonetten auf dem Lauf. Einer der Soldaten stieß mir mit der Bajonettspitze gegen den Rücken und befal mir, mich zu bewegen. So führten sie mich die Straßen entlang zu ihrem Hauptquartier.

Schließlich kamen wir bei einem historischen Schloss an, das zur Zeit der Stadtgründung einige hundert Jahre zuvor errichtet worden war. Dieses Schloss diente als Kommandoposten. Das Gebäude war sehr alt, groß und beeindruckend, wie es auf dem Hügel mit Blick auf das Stadtzentrum thronte. Im Inneren brachte einer der Männer mich in ein dunkles Büro und stieß mich in die Mitte des Raumes, dann ließ er mich zurück. Mittlerweile hatte ich große Angst und wusste nicht, was man mir antun würde. Ich saß da und wartete etwa eine Stunde allein – doch es kam mir so viel länger vor.

Der Offizier betrat den Raum erneut. Dieses Mal mit einem grellen Licht, das er mir direkt in die Augen schien. Er begann, mir Fragen ins Gesicht zu brüllen. Es erscheint humorvoll, klischeehaft und unglaubwürdig, dass Verhöre tatsächlich in dunklen Räumen und mit einem hellen Licht stattfanden. Doch ich erlebte ein solches Verhör und kann bestätigen, dass es zumindest einmal tatsächlich geschah. Es war eine wirksame Angsttaktik, um Gefangene einzuschüchtern und ihnen Informationen zu entlocken. Für mich gab es damals kein Grund zum Lachen – die Angst hatte mich vollends im Griff und ich war bereit, ihm alles zu erzählen.

Nach einigen eindringlichen Fragen wurde ich aufgefordert, meine Taschen zu entleeren und alles auf einen Tisch in der Nähe zu legen. Ich hatte nicht viel dabei, aber aus irgendeinem unerfindlichen Grund hatte ich das Buch über Morsecodes, das mein Bruder und ich im Bunker benutzt hatten, dabei. Ich nahm es hervor und legte es auf den Tisch. Sofort packte es der Mann und sagte misstrauisch: „Aha! Was ist das?" Warum würde ein Jugendlicher den Morsecode kennen? Der einzige Grund war, dass er eine Art Kampfgruppe unterstützte. Und in diesem Fall unterstützte ich höchstwahrscheinlich eine nationalistische Bewegung, die sich der kommunistischen Regierung widersetzte.

Ich tat mein Bestes, um ihm in allen Einzelheiten zu erklären, warum ich das Buch in meinem Besitz hatte. Ich erzählte ihm von dem Bunker und dass ich mit meinem Bruder hatte reden wollen, ohne dass Mendel uns hörte. Zunächst war er skeptisch und setzte mich unter dem hellen Licht immer weiter unter Druck. Immer wieder ließ er mich meine Geschichte wiederholen, als hoffe er auf eine Ungereimtheit. Doch da es die Wahrheit war, gab ich nicht nach. Mit jeder gebrüllten Frage wuchs meine Angst, aber ich beteuerte meine Unschuld, bis er schließlich die Untersuchung unterbrach und den Raum verließ.

Ich wartete mindestens eine weitere Stunde, vielleicht zwei, bis er endlich zurückkam. Er kam ins Zimmer und schaltete das grelle Licht aus, dann sagte er mir, dass er mir glaube. Aber noch nicht ganz fertig sei. Er hätte noch ein paar weitere Fragen. Jetzt lag sein Schwerpunkt darauf, mehr über die ukrainischen Nationalisten in Tluste herauszufinden. Er drängte mich, von jemandem zu erzählen, von dem ich wusste, dass die Person Teil der ukrainischen Unabhängigkeitsbewegung war oder mit den Nazis kollaboriert hatte. Ich war froh, dass ich nicht mehr im Mittelpunkt seiner Befragung stand, aber es machte das Verhör nicht weniger beängstigend. Ich war mehr als bereit, ihm auszuhelfen, besonders über Nazi-Kollaborateure. Jedoch fiel es mir nicht leicht, mich an viele zu erinnern, obwohl er sich immer intensiver um mehr Informationen bemühte.

Das Verhör dauerte die ganze Nacht und bis in die frühen Morgenstunden hinein. Ich glaube, es war gegen drei Uhr morgens, als er aufhörte, mich auszufragen. Er war überzeugt, dass ich keine Gefahr darstellte und keine weiteren Informationen über mögliche Feinde in Tluste vor ihm zurückhielt. Ein paar Minuten nachdem er den Raum verlassen hatte, kam eine Soldatin herein und führte mich in einen anderen Raum. Sie zeigte auf das Bett und erklärte, dass ich darin schlafen könne, bis die Ausgangssperre am Morgen vorbei war.

Ich war extrem erschöpft und froh, mich hinlegen zu können, aber die ganze Angelegenheit hatte mich aufgewühlt und ich konnte nicht schlafen. Ich lag auf dem Bett und wartete sehnsüchtig auf den Morgen. Als das Morgenlicht endlich zum Fenster hineinschien und damit das Ende der Ausgangssperre signalisierte, sprang ich auf, zog meine Schuhe an und rannte zur Tür, um mich auf den Heimweg zu machen. Mein Bruder und meine Schwester waren etwas überrascht, mich so früh am Morgen zu sehen. Sie hatten sich wegen meiner Abwesenheit keine Sorgen gemacht und einfach angenommen, ich hätte bei meinem Freund in Kopychyntsi übernachtet. Aber als ich ihnen meine Geschichte erzählte, waren sie glücklich, dass ich einer weiteren gefährlichen Situation entkommen war.

30

TIMUSH UND HANIAS SCHICKSAL

Mein Erlebnis mit den sowjetischen Soldaten war erschreckend gewesen, dennoch bereitete es mir eine gewisse Genugtuung, ihnen Informationen über ein paar Nazi-Kollaborateure in Tluste gegeben zu haben. Insbesondere über einen. Ich erinnere mich nicht an jeden, den ich nannte, aber ich weiß, dass ich Schap erwähnte. Er war der ukrainische Polizist gewesen, der mich auf dem Heimweg nach meiner Suche nach Essen erwischte und mir hart ins Gesicht schlug.

Seit unserer Rückkehr nach Czortkow waren wir erneut in Kontakt mit Hania getreten, um zu sehen, wie es ihr erging. Wie die meisten hatte sie nur das Nötigste zum Überleben. Und sie war noch immer in die Bemühungen um eine unabhängige Ukraine verwickelt. Damals wussten wir es nicht, aber sie arbeitete mit den Banderowcy. Wir waren auf Neuigkeiten über Timush gespannt und versuchten sie daher so oft wie möglich zu sehen. Sie erzählte uns, dass er noch am Leben sei, aber nach einer Verwundung aus der deutschen Armee desertiert sei. Jetzt verstecke er sich und versuche, sich zu erholen, damit er nach Hause zurückkehren könne. Aber er benötige Hilfe, einige grundlegende Dinge zu besorgen, um am Leben zu bleiben. Sie bat uns, ihr bei der

Beschaffung von Nahrungsmitteln, Kleidung, Schuhen und Verbandsmaterial für seine Wunden zu helfen. Jedes Mal, wenn sie nach Czortkow kam, um uns zu sehen, hatte sie eine Liste an Dingen dabei, deren Bereitstellung ihm helfen würde. Wir waren mehr als bereit, zu helfen, und besorgten die Dinge mit Eifer und in der Hoffnung, dass wir Timush wiedersehen würden. Wir kratzten das Geld zusammen, um ihr bei der Beschaffung der Dinge zu helfen, und wir suchten intensiv, um auch jene zu finden, die wir nicht kaufen konnten.

Hania besuchte uns in regelmäßigen Abständen mit ihrer Liste mit Sachen für Timush. Wir waren immer erfreut, von ihr Neuigkeiten über ihn zu hören. Allerdings waren sie allesamt sehr allgemein gehalten und hatten wenig Details, als ob sie selbst nicht viel wusste – oder nicht wollte, dass wir viel wussten. Auch wenn uns das etwas seltsam erschien, vertrauten wir ihr und wollten Timush auf keinen Fall Hilfe vorenthalten, die er zum Überleben benötigte.

Im April 1945 gaben die Sowjets bekannt, dass ehemalige polnische Bürger, die in der Ukraine lebten, nach Polen zurückkehren durften. Die Grenze zwischen Polen und der Ukraine hatte sich im Laufe der letzten zwei Jahrhunderte mehrfach verschoben und Polen und Ukrainer lebten Seite an Seite. Die ethnischen Spannungen zwischen Russen, Ukrainern und Polen führten in der Grenzregion allerdings seit hunderten Jahren immer wieder zu Auseinandersetzungen. Als der Krieg in der Region sein Ende fand, flammten die ethnischen Konflikte unter den polnischen und ukrainischen Nationalisten erneut auf. Oft kam es zwischen den beiden Gruppen zu Zusammenstößen und einige Massaker auf beiden Seiten sind wohlbekannt. Die Sowjets waren darin bestrebt, diesen Konflikt und den Patriotismus, der damit einherging, zu unterdrücken. Infolgedessen boten sie ehemaligen polnischen Staatsbürgern, die innerhalb der neuen ukrainischen Grenze wohnten, die Möglichkeit, nach Polen zu immigrieren. Viele Polen, unter ihnen viele der überlebenden polnischen Juden, packten die Gelegenheit beim Schopfe.

Fast zwei Jahrzehnte vor dem Zweiten Weltkrieg lagen die Städte Tarnopol, Czortkow und Tluste innerhalb der Grenzen Polens. Wir waren schon immer polnische Staatsbürger gewesen und sahen uns auch als Polen. Doch die Sowjets hatten im Einvernehmen mit den Alliierten die ukrainische Grenze nach Westen verschoben und all diese Städte waren jetzt Teil der Sowjetunion. Wir begrüßten die Bekanntmachung, dass wir gehen konnten. Erinnerten wir uns doch an die erdrückende Hand der Sowjets auf unsere finanzielle Situation, als sie das Geschäft unseres Vaters beschlagnahmten. Wir wollten nie wieder unter den Sowjets leben und glaubten, dass der Westen uns mehr Möglichkeiten bot.

Also vergeudeten wir wenig Zeit damit, unsere Reise zu planen. Obgleich die Region unsere einzige Heimat gewesen war, übte sie auf uns keinen nostalgischen Reiz mehr aus. Es gab nichts, das wir zurücklassen mussten, von erschütternden Erinnerungen an Tortur und Genozid abgesehen. Aber wir sorgten uns um Hania und suchten sie auf, bevor wir uns auf den Weg machten. Wir wussten, dass sie die Russen hasste, und da wir sie als Familie sahen, wollten wir ihr helfen, das Land zu verlassen. Zu diesem Zeitpunkt wussten wir nicht, dass sie den ukrainischen Nationalisten half. Dadurch befand sie sich in größerer Gefahr, als wir ahnten. Sie konnte von den Sowjets getötet oder gefangengenommen werden, als diese ihren Einfluss auf das Land festigten. Edek hatte eine Idee, die es ihr ermöglichen würde, mit uns zu kommen. Er schlug vor, dass sie sich als seine Frau ausgab, damit sie die Erlaubnis, das Land zu verlassen, ebenso erhielt. Sobald sie in Polen seien, versicherte er ihr, könnten sie sich scheiden lassen und sie könnte ihren eigenen Weg gehen.

Doch Hania lehnte Edeks Vorschlag ab. Sie hatte sich ihrer patriotischen Mission verschrieben. Viele Jahre nach dem Krieg erfuhren wir die Gründe dafür. Nicht nur half sie den Nationalisten, sondern sie hatte auch eine Affäre mit einem Mann, der Teil der Bewegung war. Wie lang diese Affäre andauerte, wussten wir nicht, aber wir vermuteten im Nachhinein, dass sie bereits existierte, als wir im Bunker waren. Hania hielt an ihren

Überzeugungen und ihrer Liebe zu diesem Mann fest. Schließlich wurden beide von den Sowjets gefangengenommen, einem Scheinprozess unterzogen und durch Erhängen hingerichtet.

Gleichzeitig erfuhren wir, dass Timush im Kampf an der Front ums Leben gekommen war. Und das viele Monate bevor wir Czortkow verließen. Die Vorräte, die Hania uns abnahm, waren überhaupt nicht für ihn gewesen, sondern für die Kämpfer des ukrainischen Widerstandes. Die Wahrheit war etwas entmutigend, aber wir hegten ihr gegenüber keinen Groll, nur Respekt und Ehrerbietung.

Obwohl sie nicht sehr begeistert davon gewesen war, uns beim Überleben zu helfen, hatte sie alles getan, um Timushs Wünschen nachzukommen – und setzte sich selbst damit einem großen Risiko aus. Und eine freie und unabhängige Ukraine war ein nobles Ziel, für das sie letzten Endes ihr Leben gab. Viele Jahre später wurde Hania für ihre Bemühungen zur ukrainischen Heldin ernannt. Mittlerweile gibt es eine Plakette im Zentrum von Tluste, die an Timush und Hania und ihren Verdienst für die nationalistische Sache erinnert.

Was Timush betrifft, so weinten wir um ihn, als wir von seinem Tod erfuhren. Wir wollten unbedingt wissen, was passiert war und wie sein Leben ein Ende gefunden hatte. Jedoch ließen sich nur sehr wenige Informationen über die letzten chaotischen Tage der deutschen Armee herausfinden. Wie sehr wir uns wünschten, er hätte überlebt! Dann hätten wir ihn wiedersehen und ihn in unsere Familie bringen können. Wir sind davon überzeugt, dass er das mehr als alles andere gewollt hätte. Wir wollten ihm unbedingt etwas davon zurückgeben – wenn auch nur auf eine sehr kleine Art und Weise – was er für uns gegeben und geopfert hatte. In vielerlei Hinsicht verdankten wir ihm unser Leben.

31

DIE SUCHE NACH EINEM NEUEN ZUHAUSE

Der April 1945 war eine chaotische und unsichere Zeit, vor allem in Europa und für osteuropäische Juden, die den Holocaust überlebt hatten. Auf dem gesamten Kontinent waren Millionen Menschen in alle Richtungen unterwegs, im Versuch ein neues Leben nach der Zerstörung des Krieges aufzubauen. Und obwohl das Kriegsende kurz bevorstand, war der Krieg noch nicht vorbei. Die Sowjets stießen aus Osten nach Berlin vor und die Alliierten rückten schnell aus Westen an. Die meisten wussten, dass Hitler und das Nazi-Regime bald fallen würden. Doch inmitten dieses Optimismus herrschte große Unsicherheit über die Zukunft.

Vor diesem Hintergrund schmiedeten auch wir unsere Pläne. Wir wollten das sowjetische Repatriierungsangebot für Polen annehmen und da Hania sich entschieden hatte zu bleiben, gab es für uns keinen Grund, noch länger zu warten. Wir hatten wenig Zeit, unsere Reise zu planen, und es war keine leichte Entscheidung, wohin wir gehen wollten. Soweit wir damals wussten, hatten wir keine Bekannten in Polen.

Wir nahmen nur mit, was wir tragen konnten, und begaben uns auf den Weg zum Bahnhof. Tausende polnische Bürger waren uns bereits zuvorgekommen, als wir den Bahnhof erreichten. Es gab nicht genügend Züge, um die Massen konsequent abtransportieren zu können und so wuchs die Flüchtlingsschar von Stunde zu Stunde. Wir überprüften die Fahrpläne der nach Westen fahrenden Passagierzüge – alle waren für mehrere Tage ausgebucht. Viele hatten es aufgegeben, auf die Abfahrt der Personenzüge aus der Stadt zu warten und drängten in die Waggons der Güterzüge. Auch wir beschlossen, dass wir nicht auf dem Bahnhof einen geeigneten Personenzug abwarten wollten. Die Zeiten waren so unsicher, dass wir Angst hatten, die Sowjets würden ihr Angebot so schnell zurücknehmen, wie sie es gemacht hatten.

Wir entschieden uns, dass die beste Option ein Güterzug war, und so hörten wir uns bei anderen Evakuierenden und Bahnhofsmitarbeitern um, um herauszufinden, welche Züge nach Westen fuhren. Schließlich fanden wir einen solchen Zug und stiegen in einen Güterwaggon, der bereits voll mit Menschen war. Als sich der Zug endlich in Bewegung setzte, saßen wir mit dutzenden anderen flüchtenden Polen zusammen.

Wir wussten nur, dass der Zug nach Polen fuhr. Bald lernten wir, dass das Ziel Krakau war. Wir hörten, dass Krakau der massiven Zerstörung, die viele andere Städte in Osteuropa erleiden mussten, entgangen war. Für einen Moment erlaubten wir dem kleinen Funken Hoffnung und Optimismus einen kleinen Teil unserer Sorgen zu lindern.

Wir hatten keine Ahnung, wie lang die Reise dauern würde. Der Triebwagen war nach oben hin offen und es gab keinen bequemen Platz, um zu sitzen oder zu schlafen. Die Fahrt war furchtbar holprig und der Waggon schaukelte wie ein Boot auf unruhiger See. Aber wir richteten uns ein und freuten uns auf das Ende der Reise. Der Zug fuhr mit unterschiedlichen Geschwindigkeiten, die von seinen geplanten Abholungen und Lieferungen abhingen. Manchmal saßen wir scheinbar stundenlang ohne Bewegung da, manchmal rasten wir mit Höchstgeschwindigkeit die Strecke entlang. Wenn der Zug in einen Bahnhof einfuhr, bewegten wir uns oft über die verschiedenen Gleise, während die Waggon an- und abgekoppelt worden. Das gesamte Erlebnis war eine Mischung aus Monotonie und nervöser Unruhe voller Ungewissheit vor dem Kommenden.

Stunden vergingen und wir kamen Krakau immer näher. Wir fuhren in einen kleinen Bahnhof in einer Stadt ein, an deren Namen ich mich nicht länger erinnere. Aber ich erinnere mich noch gut an die Szene, die sich uns dort bot: Die Menschen drängten sich auf dem Bahnsteig um Zeitungen herum und sprachen über die Schlagzeilen. Präsident Roosevelt war verstorben und die Welt trauerte um den Verlust eines großen Mannes, der in einer der schwierigsten Momente der Weltgeschichte zu führen gewusst hatte. Ich hatte in den vergangenen Tagen jegliches Zeitgefühl verloren, auch heute bin ich mir noch nicht sicher, wann wir Czortkow verließen. Doch es war der 21. April 1945, als wir in diesen Bahnhof einfuhren. Das Sterbedatum des amerikanischen Präsidenten ist die einzige Möglichkeit unsere Reise zeitlich einzuordnen.

Wir erreichten Krakau am Ende eines sehr langen Tages. Endlich konnten wir aus dem engen und schmutzigen Güterwaggon heraus! Wir sprangen herunter und machten uns auf den Weg zum Bahnhof. Ich hatte noch nie so einen großen Bahnhof gesehen. Reihenweise Gleise und Bahnsteige. Es gab einen unterirdischen Tunnel, damit Passagiere sicher von einem Gleis zum Nächsten kamen. Mittlerweile ist diese Praxis selbst auf kleinen Bahnhöfen üblich, aber für mich war es ein neuer Anblick. In der Bahnhofshalle öffnete ich die Augen weit, um den riesigen Raum mit seiner kunstvollen Decke viele Meter über uns zu erfassen. Ich war in einer ganz anderen Welt angekommen als Tluste es gewesen war. Für mich war Tarnopol eine große Stadt, doch hier öffnete sich mir die Welt.

Als wir den Bahnhof verließen und die Straßen Krakaus entlang gingen, wuchs meine Freude. Cafés und Geschäfte waren nach den langen Kriegsjahren, die von Mangel bestimmt gewesen waren, wieder zum Leben erwacht. Große, stattliche Gebäude ragten über den Bürgersteigen empor und Händler verkauften alle Arten von Lebensmitteln und Waren an allen Ecken und auf allen Plätzen. Der Trubel der Stadt war berauschend. Zum ersten Mal seit langer Zeit verspürte ich die Hoffnung, dass das Leben wieder gut werden könnte.

32

ÜBERLEBEN IN KRAKAU

Krakau eroberte mein Herz und meine Vorstellungskraft in jeder Hinsicht. Das Leben in einem kleinen Dorf wie Tluste hatte sicherlich seine Vorteile, aber für einen Jugendlichen, der unbedingt ein junger Mann werden wollte, war das Leben in der Stadt ein Traum. Und Krakau faszinierte mich bereits seit ich denken konnte. Als kleiner Junge hockte ich in Tarnopol vor dem Radio und lauschte stundenlang den Programmen aus ganz Europa. Doch ein Programm hatte es mir besonders angetan, und auch heute weckt es schöne Erinnerungen.

Jeden Mittag schalteten wir um zwölf Uhr den Radiosender aus Krakau ein, um das tägliche Ritual des Trompetenrufes der Heiligen Maria zu hören. Auf Polnisch war dieser als Hejnał Mariacki oder „Morgenröte der Heiligen Maria" bekannt. Es ist ein Signal vom Turm der Marienkirche in Krakau, das zu jeder vollen Stunde von einem Trompeter gegeben wird. Es ist eine kurze und feierliche Melodie, die keine Minute dauert. Aber sie wird viermal hintereinander gespielt, während der Trompeter sie in die vier Himmelsrichtungen Ost, West, Nord und Süd erklingen lässt.

Niemand ist sich sicher, wann oder wie diese mehr als sechshundert Jahre alte Tradition entstand. Es war nicht unüblich, dass solche Signale gespielt wurden, wenn sich die Tore ummauerter, mittelalterlicher Städte in Europa öffneten und schlossen – ein möglicher Ursprung. Seltsamerweise endet die Melodie der Heiligen Maria abrupt in der Mitte der Melodie. Die Legende besagt, dass der Trompeter einst ein Signal gab, um die Stadt vor dem bevorstehenden Angriff eines sich nähernden Feindes zu warnen. Sein Signal rettete die Stadt, sodass die Tore geschlossen werden konnten, bevor die Horden eintrafen. Jedoch wurde dem Trompeter von der angreifenden Armee direkt in die Kehle geschossen – nämlich an der Stelle im Lied, an der es heutzutage endet.

Als wir in Krakau ankamen, waren wir so mit unserem Überleben beschäftigt, dass die Erinnerung des Hejnał Mariacki das Letzte war, woran ich dachte. Ich hatte es komplett vergessen und weder das Wissen, dass wir uns auf dem Weg zu dieser Stadt befanden, noch die dortige Ankunft, halfen meinem Gedächtnis auf die Sprünge. Am Tag nach unserer Ankunft machten wir uns auf den Weg in die Innenstadt und zu den zahllosen Märkten dort. Wir suchten nach einer Möglichkeit, um irgendwie an ein paar Zloty für etwas zu Essen und einen Ort, wo wir leben konnte, zu kommen.

Wir liefen schnell durch die Straßen und plötzlich erklangen die ersten Noten der Melodie über den Gebäuden und hallten durch die Gassen wider. Ich blieb stehen und bemühte mich, etwas zu hören. Zunächst war ich verwirrt. Wie konnte ich einen so vertrauten Ton an so einem unbekannten Ort anhand der ersten Note erkennen? Aber wie die Stimme eines alten Freundes rief mich die Melodie und mein Herz hüpfte vor Freude. Es dauerte nur noch einige Sekunden, bis ich mich erinnerte. Die Noten transportierten mich zurück in unser warmes und gemütliches Zuhause in Tarnopol, wo ich im Schneidersitz auf dem Boden saß und auf den Lautsprecher unseres Telefunken-Radios starrte. Die Melodie ging weiter, stoppte und spielte noch weitere dreimal, so wie ich mich erinnerte. Die Musik schenkte mir Lebensfreude und Hoffnung. Wieder einmal glaubte ich, dass das Leben wieder normal werden könnte, und dass die dunklen Tage endlich hinter uns lagen.

Nach unserer Ankunft in Krakau ging alles ganz schnell. Nur wenige Tage vergingen, bis wir ein paar Freunde aus Czortkow trafen, die ebenfalls aus der russisch kontrollierten Ukraine geflohen waren. Nach so vielen schlimmen Erfahrungen hatten wir Überlebenden ein geschärftes Bewusstsein dafür entwickelt, wie wichtig es war, einander zu helfen. Unsere Freunde waren bereits lang genug in der Stadt, um eine Bleibe zu haben. Als sie hörten, dass wir noch keinen Schlafplatz hatten, luden sie uns ein, bei ihnen zu bleiben, bis wir auf eigenen Füßen standen.

Nachdem wir nun einen Verbleib hatten, suchten wir nach Möglichkeiten, an Geld zu kommen. Überall in der Stadt verkauften die Leute alles, was sie hatten, um sich etwas Geld für ihre Grundbedürfnisse zu verdienen. An jeder Straßenecke wimmelte es von gebrauchter Kleidung, Schuhen, Schmuck, Töpfen und Pfannen, Kochutensilien und sogar Möbeln.

Im Allgemeinen handelte es sich dabei um verzweifelte Personen, die schnell Geld brauchten, um sich und ihre Familie zu ernähren. Die Preise spiegelten dies wider, aber auf größeren Märkten wurde die gleiche Ware zu viel höheren Preisen verscherbelt. Uns fiel auf, dass die Chance auf einen Gewinn bestand, wenn wir die Waren dort verkauften. Wir kratzten ein paar Zloty zusammen und begannen, die Stadt nach Dingen zu durchkämmen, von denen wir dachten, wie weiterverkaufen zu können. Ich hatte das Glück, einen sehr schönen Stoff zu finden und konnte ihn zu einem guten Preis und mit Profit verkaufen. Schon bald bestritten wir mit dieser Idee unseren Lebensunterhalt. Es war nicht viel, aber genug, um satt zu werden. Und mit der Zeit wurden wir besser darin, zu erkennen, was uns den größten Profit brachte. Langsam wuchs unser Einkommen. Tusia fand Arbeit in einem örtlichen Büro, obwohl ich mich nicht mehr genau erinnere, wo. Schließlich verdienten wir genug Geld für eine eigene Wohnung.

Mein neu entdeckter Optimismus in Krakau war nicht unbegründet, aber wir würden bald erfahren, dass der Antisemitismus in Polen noch nicht vorbei war. Der große Zustrom an Menschen durch die Rückführung stieß an vielen Orten auf Ärger und es wurde befürchtet, dass die Juden ihr Eigentum zurückfordern würden, das während der Nazi-Besetzung gestohlen worden war. Da immer mehr Juden aus dem Osten kamen, nahmen die Spannungen zu. Die Geschichten über Angriffe von Polen auf Juden begannen sich zu verbreiten.

Polen verzeichnete in den ersten Nachkriegsjahren mehr als genug solcher Gewalttaten. Glücklicherweise waren sie nicht organisiert, sondern schienen eher isoliert und durch lokale Spannungen hervorgerufen zu sein. Dennoch gab es so einige Ereignisse, die erschreckend deutlich an die akcias unter den Nazis erinnerten, wodurch mehrere Juden getötet worden. Die Geschichte beschreibt diese Ereignisse sogar als Pogrome, da wütende Mobs sie ausführten. Die Gewalt gegen Juden hielt sich in Krakau im Rahmen, aber an bestimmten Orten waren wir nicht willkommen und es war nicht selten, dass wir mit rassistischen Ausdrücken konfrontiert wurden. Vielleicht erlebte Tusia diese Seite der Stadt am eindringlichsten von uns, da sie in ihrem Büro eng mit Polen zusammenarbeitete. Viele ihrer Kollegen mochten sie nicht, um es gelinde auszudrücken, und machten keinen Hehl aus ihrer Abneigung gegen Juden. Jeden Tag wurde Tusia mit Beleidigungen und üblen Beinamen konfrontiert.

Trotz der Spannung, die wir als Juden empfanden, schien das Leben für uns besser zu werden. Ich fühlte mich in Krakau sehr wohl und die geschäftige Atmosphäre dieser westlich geprägten Stadt gefiel mir sehr gut. Die Geschäfte und Cafés waren jeden Tag voll und Musik schien überall zu spielen. Ich genoss mein neues „Geschäftsleben" und die Zufriedenheit, die mit dem Kauf und Verkauf einherging. Aber ich war noch immer jung und die Großstadt hatte in mir den Drang geweckt, mehr von der Welt zu sehen. Per Zufall traf ich erneut auf einen engen Freund aus Czortkow, wo wir uns nach dem Krieg getroffen hatten. Auch er hatte sein Überleben einem Versteck zu verdanken. Sein Name war Lolek Berkowicz und er hatte zusammen mit seinem Vater und seiner Schwester überlebt. Ich war begeistert, als ich herausfand, dass er nach Krakau gekommen war. Nachdem wir einander wiederfanden, verbrachten wir beinahe unsere gesamte Freizeit miteinander und wurden noch engere Freunde.

Eines Tages kam Lolek zu mir und sagte: „Willst du mit mir nach Prag gehen?" Ich wurde hellhörig – es klang wie ein Abenteuer, dass jeder Siebzehnjährige genossen hätte. Er erzählte mir, dass er eine Tante in Prag hätte, die er gerne wiedersehen würde. Obwohl die Idee eine Weltstadt zu erkunden, wohl der größere Anreiz für ihn war. Für mich war es der einzige Grund und ohne zu zögern sagte ich: „Ja, ich komme mit dir mit. Mich hält hier nichts in Krakau."

33

UMWEGE NACH PRAG

Paradoxerweise war das Reisen von Stadt zu Stadt in der Folge eines so großen Konfliktes sowohl einfach als auch äußerst schwierig. Der einfache Teil war der Transport: Nur wenig konnte einen davon abhalten, auf einen Zug aufzuspringen. Egal, ob es ein Personenzug oder ein Güterzug war. Den Behörden mangelte es an Ressourcen, um die Züge auf Schwarzfahrer oder auf einen Güterzug Aufgesprungene zu kontrollieren. Der Wiederaufbau war ihre größere Priorität. Der schwierige Teil des Reisens lag in den Eisenbahnlinien: Viele Gleise waren durch Kriegseinwirkungen erheblich beschädigt worden, wodurch es keine direkten Verbindungen zwischen den großen Städten gab. Einen offiziellen Fahrplan, um herauszufinden, wie man am besten von Krakau nach Prag kam, gab es nicht. Darüber hinaus taten die Behörden ihr Bestes, um Grenzübertretungen zu kontrollieren, und wir wussten, dass wir Papiere benötigten, um aus Polen in die Tschechoslowakei einzureisen.

Die Alliierten hatten mit der enormen Flüchtlingszahl und den Immigranten, die in alle Richtungen Europas wandern würden, gerechnet. 1943 gründeten sie daher die Nothilfe- und Wiederaufbauverwaltung der Vereinten Nationen (kurz: UNRRA, von Englisch: United Nations Relief and Rehabilitation Administration). Noch vor Kriegsende plante diese Verwaltung, wie man mit der Unordnung umgehen sollte, nachdem die strengen Kontrollen des Nazi-Regimes wegfielen. Um totales Chaos zu verhindern, mussten die Flüchtlinge bestimmte Bedingungen erfüllen, um die erforderlichen Papiere für einen Grenzübertritt zu erhalten.

Seltsamerweise gab es in Krakau kein UNRRA-Büro. Das nächste Büro befand sich in der nahegelegenen, kleineren Stadt Katowice. Ein paar Tage vor unserer Abreise gingen wir zu diesem Büro, um unsere Papiere abzuholen. Wir trugen unser Anliegen vor und der Beamte fragte uns, in welchem Konzentrationslager wir gewesen seien. Lolek und ich sahen einander verwirrt an. Wir waren beide versteckt worden und niemals in einem Konzentrationslager gewesen. Ich wandte mich an den Beamten und sagte: „Wir waren nicht in einem Lager. Wir waren versteckt. Und ich war in einem Zwangsarbeitslager." Der Beamte schwieg für ein paar Sekunden und wiederholte seine Frage. „Es tut mir leid, vielleicht habt ihr mich missverstanden. Ich werde euch noch einmal fragen. In welchem Konzentrationslager wart ihr Häftlinge?" Jetzt waren wir noch verwirrter und hatten keine Ahnung, was wir antworten sollten. Schließlich sagte der Beamte: „Ah, ich verstehe. Ihr wart in Bunzlau? Gut. Ich werde eure Unterlagen jetzt bearbeiten."

Dann erst dämmerte es uns. Aufgrund der UNRRA-Regeln mussten wir in einem Konzentrationslager gewesen sein, um eine Reisegenehmigung für die Tschechoslowakei zu erhalten. Wir hatten Glück, an einen so sympathischen Beamten zu geraten, der trotz aller geltenden Beschränkungen bereit war, uns entgegenzukommen. Von diesem Tag an antwortete ich auf Nachfrage während meiner Reisen immer, dass ich ein Überlebender des Konzentrationslagers Bunzlau wäre.

Da Lolek und ich nun unsere Papiere hatten, wollten wir uns so schnell wie möglich auf den Weg nach Prag machen. Ich schnappte mir ein paar Sachen und tat diese in einen Sack, dann verabschiedete ich mich von meinem Bruder und meiner Schwester und Mendel. Ich traf Lolek am nächsten Tag am Bahnhof, um herauszufinden, welcher Zug uns an unser Ziel bringen würde. Es war kein leichtes Vorhaben. Wie ich bereits angemerkt habe, gab es wegen der Zerstörung so vieler Brücken und Eisenbahnlinien keine direkte Verbindung mehr zwischen Krakau und Prag. Prag liegt genau westlich von Krakau, etwas weniger als vierhundert Kilometer Luftlinie trennen die beiden Städte. Heutzutage dauert eine Fahrt nur sechs bis sieben Stunden. Vor dem Krieg betrug die Reisezeit wahrscheinlich etwas länger, aber nicht viel länger, und die Entfernung konnte auf jeden Fall in einem Tag zurückgelegt werden. Wir jedoch erfuhren schnell, dass wir zuerst nach Budapest im Süden mussten, um von dort einen Zug nach Prag zu nehmen. Allerdings bestand auch keine direkte Verbindung nach Budapest. So mussten wir zunächst nach Kosice in der heutigen Slowakei, von dort nach Bratislava und schließlich von Bratislava nach Budapest. Es war ein einziger Umweg und vervierfachte die Reiseentfernung, zeitlich wurde die Reise somit etwa zehnmal länger. Als wir unsere Reise antraten, ahnten wir nicht, dass eine beängstigende Begegnung unsere Ankunft in Prag noch mehr in Verzug bringen würde.

In Krakau stiegen wir also in einen Zug nach Kosice. Es war ein Personenzug, aber kein Schaffner oder Bahnhofsvorsteher schaute, ob wir Fahrkarten besaßen. Der Zug war beinahe voll, als wir einstiegen, und Hunderte drängten sich ebenfalls hinein. Jedes Abteil war vollgepackt und die Leute standen in den Gängen und auf den Wagenübergängen. Wir fanden einen Platz in einem überfüllten Abteil und machten es uns für die lange Reise einigermaßen gemütlich. Der Zug raste durch die Nacht und es fühlte sich gut an, unterwegs zu sein. Wir erreichten Kosice ohne Probleme und warteten auf den Zug nach Bratislava. Einige Stunden später ging es weiter.

Als wir in Bratislava ankamen, waren wir bereits einen ganzen Tag lang unterwegs. Erneut stiegen wir in einen Zug, um nach Budapest zu kommen. Dieser Zug war noch überfüllter als die ersten beiden. Irgendwie gelang es uns aber ein Abteil zu finden, in das wir geradeso hineinpassten.

Wir atmeten erleichtert aus, als die Waggons langsam und mit schlingernden Bewegungen den Bahnhof Richtung Ungarn verließen. Doch unsere Erleichterung sollte nicht von langer Dauer sein. Als wir uns dem nächsten Bahnhof näherten, sahen wir hunderte russische Soldaten auf dem Bahnsteig. Der Zug hielt und ein paar Minuten später bahnte sich ein russischer Offizier den Weg durch die Gänge und brüllte: „Alle raus! Sofort alle raus! Wir übernehmen den Zug!"

Schweren Herzens beobachteten wir, wie alle Passagiere auf den Bahnsteig geschoben wurden und die Soldaten die Abteile übernahmen. Auch wir wurden in den Menschenstrom gedrängt, der sich bemühte, der Aufforderung nachzukommen. Als wir von dem Wagenübergang hinunterstolperten, schauten wir nach oben und sahen viele der ehemaligen Passagiere an den Seiten das Waggons auf das Dach des Zuges klettern. Lolek sah mich an und sagte: „Wir könnten auch dort oben mitfahren!" Ich stimmte schnell zu. Wir fanden eine Leiter und machten uns schnell aufs Dach.

34

EINE WEITERE BEGEGNUNG MIT DEM TOD

Bei dem Zug handelte es sich um einen elektrischen Zug und das brachte uns in eine prekäre Lage, als wir das Dach bestiegen. Kabel und Equipment für die Stromversorgung des Zuges befanden sich rings um uns und waren mit einem Kabel über uns verbunden, das den Strom lieferte. Es war etwas schwierig, den Hochspannungskabeln nicht zu nahe zu kommen, aber schließlich fanden wir einen leeren Platz, an dem man sich hinhocken konnte. Es dauerte nicht lang, bevor der Zug sich wieder in Bewegung setzte, und wir bemerkten schnell, dass es am besten war, auf dem Zugdach zu liegen, da die Oberleitung sich auf und ab bewegte. Bequem war es nicht, aber wir hatten weit schlimmere Dinge überstanden, um das Nazi-Regime zu überleben. Schon bald hatten wir uns an die Lage gewöhnt und konnten uns entspannen.

Die Sonne versank hinter dem Horizont, als wir unsere Reise Richtung Budapest fortsetzten. Die Nacht schien schneller zu kommen als üblich. Vielleicht weil wir noch immer etwas nervös waren, wie wir unser Gleichgewicht in der kommenden Dunkelheit auf dem Dach halten sollten. Bald war es pechschwarz und die weit entfernten Lichter von Bauernhöfen und Dörfern trugen nicht zur Beleuchtung bei. Funken blitzten in regelmäßigen Abständen über unseren Köpfen, als die Stromabnehmer sich gegen den Fahrdraht drückten. Diese Funkenblitze ließen einen kurzen Blick auf die Körper auf dem Zugdach zu. Es war ein unheimlicher Anblick und erinnerte mich an die Leichen in den Straßen von Tluste, als wir den Bunker verließen. Ich kämpfte gegen diese Bilder an und versuchte, mich durch das stetige Schaukeln des Zuges in den Schlaf wiegen zu lassen.

Obwohl es schwierig war, Schlaf zu finden, befand ich mich schnell im Halbschlaf. Halb war ich mir der konstanten Bewegung des Zuges und einem häufigen Pfeifton bewusst, halb wandelte ich in der seltsamen Welt der Träume. Doch bald würde ich hellwach sein und mich erneut in Gefahr befinden. Die Stimmen zweier russischer Soldaten weckten mich. Zuerst waren es leise Töne und ich verstand nicht, was sie sagten. Ihre Worte erinnerten mich an mein verängstigendes Verhör durch den Russen in Czortkow. Aber es war sehr dunkel und ich sah ihre Gesichter nicht. Dann blendete mich plötzlich grelles Licht, bevor es weiterwanderte. Die Russen richteten ihre Taschenlampe auf Lolek und die Stimmen wurden lauter und steigerten sich zu einem Brüllen.

„Znimaj sapogy! Ja ubiu tebia kak sobako!" sagte die laute Stimme. Ich verstand die Worte: „Zieh deine Stiefel aus oder ich töte dich wie einen Hund." Die Männer waren auf das Dach gekommen, um zu schauen, was sie den Passagieren stehlen konnten, und entdeckten dabei Loleks neue Reitstiefel. Sie waren wunderschön braun und kniehoch. Das Leder glänzte auch nach all unseren Reisen noch. Die beiden Soldaten beschlossen, sie ihm wegzunehmen. Erneut tönte es: „Zieh sofort deine Stiefel aus!"

Lolek war still und sagte nichts. Er setzte sich auf und umfasste seine Knie in einer Verteidigungshaltung. Der Soldat schrie ihn erneut an, er solle seine Stiefel ausziehen, aber Lolek schüttelte nur den Kopf. „Zieh deine Stiefel aus, sonst bringe ich dich um wie einen Hund!", schrie der Soldat. Der zweite Soldat packte Lolek an den Schultern und stieß ihn nach vorn zu Boden. Dann setzte er sich auf seine Brust und drückte seine Arme fest auf das Dach des

Zuges. Der erste Soldat packte Loleks Füße und versuchte mit aller Kraft, ihm die Stiefel auszuziehen. Aber sie bewegten sich nicht einmal. Der Soldat zog so fest er konnte, aber Lolek bohrte seine Zehen fest in die inneren Sohlen. Der Soldat begann erneut zu schreien: „Zieh sie aus oder ich werde dich töten." Er zerrte weiter an den Schuhen, aber Loleks Stiefel rutschten nur ein klein wenig von seinen Füßen. Der Soldat schrie wieder: „Ich werde dich töten wie einen Hund! Ich werde dich töten wie einen Hund!"

Plötzlich tauchte ein sowjetischer Offizier, der den Aufruhr gehört hatte, am Ende der Leiter auf und kletterte schnell auf das Dach. Er richtete das Licht seiner Taschenlampe auf das Gebrüll und fragte: „Was ist hier oben los? Was ist das für ein Lärm und Geschrei?"

Als die Soldaten das hörten, rannten sie sofort in die entgegengesetzte Richtung des Offiziers. Sie kletterten die Leiter herunter und verschwanden in einem der Waggons. Der Offizier leuchtete sein Licht in unsere Richtung, sah jedoch keine Störung und ging zurück ins Innere des Zuges.

Wir hatten diesen Überfall vorerst überlebt, aber sorgten uns, dass die Soldaten für die Schuhe zurückkommen würden. Vielleicht würden sie sogar ihre Drohung wahrmachen und uns töten. Sicherlich könnten wir sie nicht ein zweites Mal abwimmeln. Also beschlossen wir, den Zug bei der nächstbesten Gelegenheit zu verlassen. Nach ein paar Minuten wurde der Zug langsamer, bis er sich nur noch schleichend vorwärtsbewegte. Wir waren uns einig, dass dies unsere Chance war, und bewegten uns schnell zum Rand des Zuges und die Leiter herunter. Dann ließen wir uns von der Dunkelheit verschlucken und stürzten die Böschung entlang der Gleise hinunter. Dabei nahmen wir ein paar blaue Flecken mit, aber zum Glück verletzten wir uns nicht. Und so standen wir auf, klopften uns den Staub aus den Kleidern und folgten den Gleisen in die gleiche Richtung wie der Zug.

35

DER LANGSAME ZUG NACH BUDAPEST

Wir hatten keine Ahnung, wo wir waren, und es war stockfinster, was das Vorankommen schwierig gestaltete. Wir stolperten oft und taten dennoch unser Bestes, ein gutes Tempo beizubehalten. Irgendwann erblickten wir die Lichter eines kleines Bahnhofs in der Ferne. Mit neuer Kraft liefen wir so schnell wir konnten darauf zu. Als wir uns dem Bahnhof näherten, erkannten wir, dass es sich um einen winzigen Zwischenstopp entlang der Route handelte. Drei Gleise unterteilten die kurzen, dünnen Bahnsteige. Ein kleines Gebäude, nicht viel größer als ein Holzschuppen, stand auf der einen Seite. Als wir es endlich erreichten, sahen wir, dass es nur einen Mann bedurfte, der sich um alles kümmerte. Der Mann war der Bahnhofsvorsteher, der Fahrkartenverkäufer, der Signalgeber und wahrscheinlich auch der Hausmeister. Wir waren froh, auf einem Bahnhof zu sein, aber begriffen auch, dass die wenigsten der durchfahrenden Züge hier anhalten würden. War es überhaupt möglich, einen weiteren Zug nach Prag zu finden?

Wir traten auf den Mann am Schalter zu und fragen, ob er uns sagen könnte, welcher der hier haltenden Züge uns in die Tschechoslowakei bringen konnte. Seine Antwort war alles andere als ermutigend. „Hier kommen nicht viele Personenzüge durch.

Und ich fürchte, keiner davon fährt direkt in die Tschechoslowakei. Aber es gibt einige Güterzüge, die in den nächsten Stunden hier halten werden. Ihr könnt aufspringen und wo immer sie hinfahren, werdet auch ihr hinfahren." Er sprach zu mir auf Slowakisch, aber die Sprache ist dem Polnischen sehr ähnlich und so konnte ich ihn verstehen.

Uns blieben zu diesem Zeitpunkt nicht viele Möglichkeiten. Also entschieden wir uns, seinen Rat anzunehmen, anstatt stunden- oder vielleicht tagelang auf einen Personenzug zu warten. Wir verließen das Gebäude und setzten uns zum Warten auf eine Bank. Nach einigen Minuten der Stille reflektierte ich über die Begegnung mit den russischen Soldaten und fragte Lolek: „Was hast du dir nur dabei gedacht? Warum hast du nicht einfach deine Stiefel abgegeben? Du hättest getötet werden können! Wir hätten beide getötet werden können!" Er sah mich an und sagte: „Es waren nicht nur die Stiefel, die ich nicht verlieren wollte." Er deutete auf die Stiefelsohlen und flüsterte: „Ich habe ein paar Silbermünzen da drin. Mein Vater hat sie mir gegeben. Es ist eine ganze Menge Geld und ich dachte, es sei das Beste, das Risiko einzugehen. Das ist alles, was ich habe." Ich lächelte und er kicherte leise. Dann brachen wir beide in Gelächter aus. Die Erleichterung, eine weitere Begegnung mit dem Tod überlebt zu haben, wandelte sich zu einem seltsamen Hochgefühl. Wir lehnten uns auf der Bank zurück, entspannten und schätzten die Stille der Nacht.

Ich muss irgendwann eingeschlafen sein, auch wenn es kein sehr erholsamer Schlaf war. Denn es schien mir wie Minuten später, dass ein Güterzug in den Bahnhof einfuhr. Doch als ich auf die Bahnhofsuhr blickte, sah ich, dass mehrere Stunden vergangen waren. Der Zug hielt nicht an, aber er bewegte sich langsam genug, dass wir uns sicher waren, ohne Probleme aufspringen zu können. Und so rannten wir zur Kante des Bahnsteigs, sprangen zu den Schienen herunter und passten unser Tempo dem der Eisenbahnwaggons an. An einem der Waggons sahen wir ein Trittbrett, bekamen einen Handgriff zu fassen, kletterten hinauf und in den offenen Waggon. Wir waren erneut unterwegs. Wohin es ging, wussten wir nicht.

Wir legten uns hin und versuchten uns auszuruhen. Bald schon tauchte das Morgenlicht die Landschaft um uns herum in ein sanftes Licht. Wir wussten immer noch nicht, wo wir uns befanden, aber irgendwann würden wir herausfinden, dass wir uns von Prag entfernten und stattdessen Richtung Budapest unterwegs waren. Doch Budapest war eine große Stadt und wir würden dort sicherlich einen Zug in die Tschechoslowakei finden.

Der Zug fuhr jetzt mit voller Geschwindigkeit und der Tag kam schnell. Wir fühlten uns wohl und hofften, bald eine Stadt zu erreichen, von der aus wir unsere Reise abschließen konnten. Die hohe Geschwindigkeit hielt jedoch nicht lange an. Der Zug wurde langsamer, bis er nur noch Schrittgeschwindigkeit hatte. Wir hofften, dass er wieder auf Hochtouren kommen würde. Vergebens. Stunde um Stunde kroch der Zug die Schienen entlang. Gelegentlich nahmen wir wieder Fahrt auf, aber genauso schnell wurde er langsamer. Wir würden es akzeptieren und uns gedulden müssen. Auf jeden Fall war es besser, als zu Fuß gehen und so stellten wir uns auf eine lange Fahrt ein.

Wir saßen schon einen ganzen Tag im Zug, als er in einen kleinen Bahnhof einfuhr. Er war größer als der, in dem wir auf den Zug geklettert waren, aber vielversprechend war anders. Einen Zug nach Prag würden wir hier nicht finden und so entschieden wir uns, im Güterwagen zu bleiben. Ich ließ meinen Blick über die Bahnsteige und die Bahnhofsgebäude schweifen. Ein Verkäufer mit seinem Obststand fiel mir dabei ins Auge. Er hatte einen wunderschönen Berg dunkler, roter Kirschen vor sich hochgestapelt. Die Sonnenstrahlen glitzerten auf der roten, wie polierten Oberfläche, und mir lief das Wasser im Munde zusammen. Ich hatte so großen Hunger und musste einfach ein paar Kirschen haben. Der Zug kam genau wie wir zum Stehen, als wir uns dem Bahnsteig näherten. Ich sprang sofort vom Waggon herunter und rannte zu dem Stand. Ich gab dem Mann ein paar

Rubel und er reichte mir einen kleinen Korb voller Kirschen. Ich war so hungrig und die Kirschen waren so schön süß, dass ich sie innerhalb weniger Minuten verschlang.

Zurück im Zug mit Lolek ging es weiter. Wir waren erst ein paar Kilometer wieder unterwegs, als ich begann, einen stechenden Schmerz im Magen zu verspüren. Zunächst waren es bloß Zuckungen, die schnell nachließen. Nach kurzer Zeit nahmen die Schmerzen allerdings zu und dauerten an. Plötzlich wurde mir klar, dass ich austreten musste. Jetzt war ich froh, dass der Zug so langsam fuhr. Ich sprang vom Waggon herunter und fand einen Platz im Gebüsch direkt bei den Schienen. Die Kirschen waren wirklich köstlich gewesen, aber mein Magen war offensichtlich nicht damit einverstanden. Nachdem ich mich erleichtert hatte, stieg ich wieder auf den dahinschleichenden Zug. Ich legte mich hin und probierte, mich zu entspannen, aber nach wenigen Minuten verspürte ich den Drang, mich erneut zu erleichtern. Wieder verließ ich den Zug und hockte mich mit schlimmen Durchfall ins Gebüsch. Dieses Auf- und Abspringen und in den Busch gehen wurde zu einem trostlosen, Kilometer andauernden Ritual. In einer Hollywood-Komödie wäre ein solches Szenario amüsant gewesen, doch in diesem Moment war es alles andere als erheiternd.

Während ich mit meinem Magen zu kämpfen hatte, verlor ich die Zeit aus den Augen. Ich glaube, wir waren zwei oder drei Tage im Zug, bevor wir die Außenbezirke einer großen Stadt sahen. Bald erfuhren wir, dass es sich tatsächlich um Budapest handelte. Mittlerweile ging es meinem Magen etwas besser, aber mir war immer noch mulmig zumute.

Ich freute mich so darauf, die Stadt zu erreichen, dass ich nicht weiter über meine Übelkeit nachdachte. Wir fuhren in den Hauptbahnhof ein und waren so erleichtert, den unbequemen Güterwaggon hinter uns zu lassen. Wir wagten uns in die Stadt und die weltoffene Atmosphäre rief nach mir und erfüllte mich mit Aufregung. Aber wir hatten nur sehr wenig Geld, um unsere Zeit zu genießen. Daher entschieden wir uns, zu sehen, ob es irgendwelche jüdischen Organisationen gab, die uns vielleicht helfen konnten. Wir hörten uns um und trafen andere jüdische Überlebende, die uns ihre Hilfe anboten. Sie gaben uns etwas zu essen und luden uns ein, ein paar Tage bei ihnen zu bleiben. Wir entschieden uns, das Angebot anzunehmen, wo wir doch keine Eile hatten, nach Prag zu gelangen. Wir wollten etwas von dieser wunderschönen Stadt sehen, wenn wir schon die Chance dazu hatten.

36

ENDLICH PRAG!

Drei schöne Tage verbrachten wir in Budapest. Lolek fand ebenfalls Gefallen an der Stadt, aber er konnte es nicht erwarten nach Prag und zu seiner Tante zu kommen. Er wusste, wir würden mehr Unterstützung haben, sobald wir bei ihr waren. Seine Tante war selbstverständlich Jüdin, aber sie war mit einem nichtjüdischen Mann verheiratet, der eine hohe Stellung innerhalb der Regierung innehielt. Beides hatte sie vor der drohenden Gefahr während des Krieges bewahrt. Überhaupt war Prag in den Kriegsjahren ein zivilisierterer Ort als Polen und so waren die Juden weniger Hass und bedingungsloser Verfolgung ausgesetzt gewesen. Lolek war sich sicher, dass ihre sozialen Kontakte unseren Aufenthalt in Prag angenehmer gestalten würden als in Krakau oder Budapest. Und dass wir von ihnen profitieren konnten.

Ohne irgendwelche Schwierigkeiten fanden wir innerhalb von einem Tag einen Zug nach Prag. Es gab nur ein Problem: Lolek kannte die genaue Adresse seiner Tante nicht. Er wusste aber, wie die Gegend hieß und so machten wir uns vom Hauptbahnhof auf. Mit Prags exzellenten Straßenbahnverbindungen fanden wir die Nachbarschaft seiner Tante, die auch als Praha Nusle bekannt war. Wir dachten, es würde vielleicht etwas dauern, bevor wir sie ausfindig machen konnten und hatten uns darauf eingestellt. Doch wir sollten schnell angenehm überrascht werden.

Wir stiegen aus der Straßenbahn und liefen ein kleines Stückchen die Straße entlang zu einem Lebensmittelmarkt. Vor dem Markt stand eine Gruppe Frauen, die sich auf Tschechisch unterhielten. Lolek trat auf sie zu und sagte: „Verzeihung. Kennen Sie vielleicht eine Frau namens Bemova?" Er sprach zu ihnen auf Polnisch, aber da es dem Tschechischen sehr ähnlich ist, verstanden sie ihn.

Einer der Damen fiel bei seiner Frage sprichwörtlich die Kinnlade herunter. Es dauerte einige Sekunden bevor sie sprach, als sie sein Gesicht sorgfältig begutachtete. In freudiger Erwartung sagte sie: „Lolek? Bist du das?" Nun war es Lolek, der von Erstaunen erfüllt war. Er musterte sie aufmerksam und plötzlich breitete sich Freude auf seinen Gesichtszügen aus. Er rief: „Ja! Ich bin es!" Sie umarmten einander fest und küssten sich gegenseitig auf die Wangen. Tränen strömten ihnen über die Wangen, als sie sich voller Freude wieder und wieder lächelnd und lachend begrüßten. Dann stellte Lolek mich seiner Tante vor und wir machten uns auf den Weg zu ihrem Zuhause.

Die Wohnung von Loleks Tante befand sich in einem der schönsten Stadtteile von Prag. Sie war groß, geräumig und mit feinen Möbeln und Kunst ausgestattet. Selbst während meiner Kindheit in Tarnopol war ich noch nie in einer so schicken Wohnung gewesen. Sie zeigte uns unsere Zimmer und gab uns ein paar Handtücher, damit wir uns nach dieser langen und beschwerlichen Reise waschen konnten. Ich wusste, dass unsere Zeit hier etwas Besonderes sein, aber auch, dass sie nicht ewig andauern würde. Zumindest nicht für mich. Die Sowjets hatten hier das Sagen und der Gedanke an einen langen Aufenthalt machte mich nervös. Das Leben unterlag noch keiner strengen Kontrolle, aber wir rechneten jederzeit damit. Vorerst jedoch schob ich jeden Zukunftsgedanken beiseite. Ich freute mich auf einen Sommer voller Abenteuer und Spaß in einer weiteren schönen Stadt Europas.

Obwohl Loleks Tante ziemlich wohlhabend und spendabel war, wollten wir ihr nicht zur Last fallen und suchten nach Möglichkeiten, uns selbst über Wasser zu halten. Wir suchten in der ganzen Stadt nach Orten, an denen es kostenlose Lebensmittel oder Mahlzeiten gab und aßen dort oft zu Mittag. Tag um Tag zogen wir durch die Stadt. Wir besuchten alle historischen Plätze Prags und erkundeten viele Parks und Gärten. Die Cafés und Kneipen wurden jeden Abend von ein paar der schönsten Frauen, die ich je in meinem Leben gesehen hatte, frequentiert. Als junge Männer hätten wir uns an keinen lebendigeren Ort wünschen können, der unserer neugefundenen Wertschätzung für das Leben so sehr zusagte.

Meine Zeit in Prag war auf jeden Fall wunderbar, aber je länger wir blieben, desto deutlicher wurde es, dass die Sowjets immer mehr Freiheiten in ihren Würgegriff bringen wollten. Entgegen unserem Willen entschieden wir, dass es an der Zeit war, zu gehen. Doch wohin? Wir hatten gehört, dass österreichische Juden einen Weg gefunden hatten, um nach Palästina zu immigrieren. Obwohl es zu diesem Zeitpunkt illegal war, gab es genug Organisationen, die eine solche Überfahrt ermöglichten. Der Gedanke nach Palästina zu gehen, wo Juden seit Jahrtausenden lebten, gefiel mir. Das Abenteuer lockte mich und erfüllte mich mit so viel Vorfreude, dass ich mein Glück einfach in Österreich versuchen musste.

37

VON OST NACH WEST

Die Entscheidung, die Tschechoslowakei zu verlassen, war der einfache Teil des Ganzen. Doch das Land wirklich zu verlassen, würde sich nicht als leicht erweisen. Die Einschränkungen für den Grenzübertritt gab es seit Kriegsende, aber eine Zeit lang hatte jeder sie recht locker genommen. Mit der Verbesserung der Infrastruktur verstärkten die Grenzbeamten auch ihre Anstrengungen, die massive Migrationsbewegung zu kontrollieren. Da die Sowjets immer mehr Kontrolle über die Tschechoslowakei ausübten, war uns bewusst, dass unsere Chancen auf einen erlaubten Grenzübertritt äußerst gering waren. Wir beschlossen also, uns der Grenze so weit wie möglich zu nähern und uns dann nach einer Gelegenheit des unentdeckten Übertritts umzuschauen.

Zunächst begaben wir uns nach Pilsen, direkt östlich der deutschen Grenze. Wir gingen zum Bahnhof, um uns ein Bild von der dortigen Lage zu machen. Zu viele Beamte beobachteten die Leute und kontrollierten ihre Papiere. Am Bahnhof trafen wir andere Juden, die ebenfalls versucht waren, der Tschechoslowakei ohne Hilfe den Rücken zu kehren. Einige von ihnen entschieden sich, zu dem Teil des Bahnhofs zu gehen, in dem die Güterzüge abfuhren. Wir folgten ihnen und innerhalb weniger Stunden sprangen wir auf einen Zug nach Süden in Richtung Österreich auf.

Wieder einmal hatten wir wegen der niedrigen Geschwindigkeit des Güterzuges eine lange Fahrt vor uns. Der Zug bewegte sich auf die österreichische Grenze zu und mit jeder Bewegung, mit jedem Ruckeln, krampften sich unsere Mägen nervös zusammen. Wir wussten nicht, was uns jenseits der Grenze erwartete. Der Tag verging wohmöglich deshalb unerträglich langsam. Schließlich erreichten wir die Grenze und der Zug wurde langsamer. Unruhig warteten wir auf einen endgültigen Halt und auf die Beamten, die den Zug nach blinden Passagieren durchsuchten. Doch zu unserer Überraschung geschah nichts dergleichen. Der Zug überquerte die Grenze und legte an Geschwindigkeit zu, als wir erleichtert ausatmeten. Entspannt lehnten wir uns zurück und genossen die schöne Landschaft Österreichs.

Mehrere Stunden vergingen und wir näherten uns einer kleinen Stadt. Die Gleisbetten wurden breiter und wir sahen, dass wir auf ein Zugdepot zusteuerten. Der Zug kam zum Stillstand und viele nutzen die Gelegenheit, um aus dem Waggon zu steigen, sich die Beine zu vertreten und nach etwas Essbarem zu suchen. Wir gingen mit ihnen mit, da wir nicht wussten, wie lange die Reise dauern würde, bevor wir uns irgendwo niederlassen konnten.

Bei den meisten Passagieren in diesem Zug handelte es sich um jüdische Überlebende aus Osteuropa, und dies war das erste Mal, dass sie sich an einem Ort befanden, der fester Bestandteil des Dritten Reiches gewesen war. Es dauerte nicht lange, bis wir auf einige Österreicher stießen, die im Depot ihrer Arbeit nachgingen. Wir gingen ihnen aus dem Weg, bis auf ein paar der anderen Passagiere, die ihre Wut nicht zurückhalten konnten, als sie sie sahen. Sie rannten auf die Österreicher zu und schrien sie an, warfen ihnen Mord und Genozid vor. Ihre Bitterkeit hatte sich dermaßen angestaut, dass sie beim Anblick deutscher Muttersprachler aus ihnen herausbrach. Natürlich waren die Österreicher zu großen Stücken äußerst willige Partizipanten in

Hitlers Plänen gewesen, das Judentum zu vernichten, und ich konnte ihren Gefühlsausbruch durchaus verstehen. Doch ich wusste auch, dass hier und jetzt nicht der Zeitpunkt war, um Rache zu nehmen. Wir wussten nichts über diese Menschen, die wir hier trafen, noch über ihre Geschichte oder ihre Sicht auf das mörderische Regime. Und selbst wenn, war es keine angemessene Taktik.

Dennoch konnten sich diese Überlebenden nicht zurückhalten. Sie beschuldigten die Österreicher und griffen sie brutal an. Mein Freund und ich beschlossen zusammen mit weiteren Passagieren, dass es an der Zeit war, einzugreifen. Wir rannten zu der Schlägerei, traten in die Mitte und zerrten die Angreifer weg und zurück in Richtung des Zuges. Die Österreicher zerstoben schnell und unsere Mitreisenden beruhigten sich, wenn auch widerwillig, und gewannen ihre Fassung wieder. Bald saßen wir wieder im Zug, der sich nach Südosten auf die schönen Österreichischen Alpen zu bewegte. Mein Freund und ich verspürten ein neues Gefühl des Friedens, als wir auf die majestätische Bergsilhouette blickten, und richteten uns für die nächste Etappe unserer Reise ein.

Einer der anderen Passagiere, der uns im Depot geholfen hatte, einen Aufstand zu unterdrücken, setzte sich zu uns. Er war mit seinem Vater unterwegs und die beiden waren die einzigen Überlebenden ihrer Familie. Sein Name war Tomek Shoenfeld und wir tauschten unsere schlimmen Geschichten aus. Wir wurden sehr gute Freunde und stehen seit diesem Tag in Kontakt miteinander.

Bald rollte der Zug eine steile Steigung entlang der felsigen Hänge hinauf. Die Hänge wurden nach oben hin zu scharfen Gipfelspitzen, die stellenweise mit Schnee bedeckt waren. Noch nie hatte ich solch dramatisch ausschauende Berge gesehen. Die Luft war frisch und sauber und belebend. Ab und an sahen wir schöne Häuser, die sich an den Hängen festklammerten und jeglicher Schwerkraft trotzten. Wilde Blumen bedeckten die grasbewachsenen Wiesen zwischen den Felsen. Der Zug fuhr um eine Kurve und ein weites Tal mit einem kristallklaren, blauen See, in dem die Sonne glitzerte, öffnete sich vor uns. Ich hatte noch nie so einen wunderschönen Anblick gesehen und war begeistert von dem Gedanken, in Österreich zu sein und die Schönheit dieses Landes zu erleben.

Es dauerte nicht lange, bis wir uns einer weiteren Stadt näherten. Einige der anderen Passagiere wussten, dass es sich um Salzburg handelte und dass es hier ein Displaced Persons Camp gab, das unter der Leitung der Amerikaner stand. Als wir uns durch das Alpental in Richtung des Stadtzentrums bewegten, erblickten wir in jeder Richtung so viel Schönheit. Die Berggipfel umrahmten eine mit Häusern bestückte Gegend mit perfekt gepflegten Gärten. Jeder Anblick, jedes Geräusch und jeder Geruch gab uns Hoffnung auf ein neues Leben und das Versprechen der Freiheit. Allerdings wussten wir nicht, dass die Tage der Gefangenschaft und Bewegungseinschränkungen noch nicht vorbei waren – und dass in einer von Amerikanern kontrollierten Region.

Als der Zug im Salzburger Depot zum Stillstand kam, stellte sich die amerikanische Militärpolizei rund um den Zug auf, wohlwissend, dass der Zug voller Flüchtlinge war. Sie waren bewaffnet und Erinnerungen an den Horror der vergangen fünf Jahre überkamen uns. Wir wussten, dass sie nicht unsere Feinde waren und dass es ihre Aufgabe war, uns zu beschützen, dennoch fühlten wir uns wieder einmal wie Gefangene.

Schnell erfuhren wir, dass das DP-Camp voll ausgelastet war und keine weiteren Überlebenden hineingelassen wurden. Die MPs würden die Passagiere zurück an Bord des Zuges für die Weiterfahrt nach Westen zwingen. Doch niemand konnte uns sagen, wo wir schließlich landen würden, sollten wir in dem Zug bleiben, und wir hatten geplant nach Salzburg zu gehen, wo wir von Organisationen gehört hatten, die Juden nach Palästina verhalfen. Ein Plan, um unbemerkt den Zug zu verlassen, musste her. Unsere beste Chance war der Schutz der Dunkelheit, also warteten wir geduldig auf den Einbruch der Nacht. Es war

Spätsommer und somit wurde es erst sehr spät vollkommen dunkel. Obgleich wir unbedingt wegwollten, wussten wir, dass es am besten war, erst nach Mitternacht aufzubrechen, da die meisten Menschen dann schliefen und die umliegenden Straßen größtenteils verlassen sein würden.

Mitternacht kam. Ich, Lolek, mein neuer Freund Tomek und dessen Vater stiegen langsam und leise aus dem Zug. Wir hockten unter dem Eisenbahnwaggon und suchten unsere Umgebung nach Soldaten ab, sahen jedoch keine. So geduckt wie möglich, eilten wir über die vielen Gleise und suchten hinter einem nahegelegenen Bahnsteig Deckung. Von dort aus ließen wir das Depot hinter uns und bahnten uns unseren Weg in die Straßen der Stadt. Wir waren unentdeckt davongekommen, aber wir wussten, dass wir weiterlaufen mussten. Unser Plan lautete, das DP-Camp ausfindig zu machen und zu schauen, ob wir sie nicht irgendwie überzeugen konnten, uns hereinzulassen. Das Problem war, dass wir keine Ahnung hatten, wo sich das Flüchtlingslager befand.

Schließlich begaben wir uns auf den Weg ins Salzburger Stadtzentrum. Zu unserer Überraschung trafen wir auf dem Hauptplatz auf eine Gruppe anderer, die ebenfalls an diesem Abend aus dem Zug geflohen waren. Auch sie hofften, in das DP-Camp zu gelangen. Mit dieser Menschenansammlung mitten in der Nacht war es nur eine Frage der Zeit, bis man uns bemerkte. Wir fürchteten zusammengetrieben und wieder in den Zug gesperrt zu werden. In den nächsten Stunden wuchs die Gruppe weiter an und mit ihr unsere Nervosität. Wir wussten, dass wir uns von der Gruppe trennen und schnell zu dem Lager mussten. Sonst würden wir vielleicht unsere Chance verpassen. Und so machten wir vier uns auf den Weg aus der Stadt, um das Lager alleine ausfindig zu machen.

Ich weiß nicht mehr wie, aber irgendwie erhielten wir eine Wegbeschreibung und erreichten das Tor des Lagers, als das Morgenlicht in das Tal strömte. Beklommen näherten wir uns dem Tor. Der Anblick weckte so einige schreckliche Erinnerungen: Vom

Tor ausgehend erstreckte sich ein Zaun in beide Richtungen und umzäunte das gesamte Lager. Ein MP stand am Tor, um Leute daran zu hindern, das Lager zu betreten und zu verlassen. Ich konnte nur an die Ironie dessen denken, was wir durchgemacht hatten: Dass wir aus Lagern geflohen waren, die diesem so sehr geähnelt hatten, dass wir glaubten, frei zu sein, nur um erneut der Gnade derer ausgeliefert zu sein, die diese Orte bewachten. Wie oft mussten wir es noch ertragen, wie Vieh behandelt und eingesperrt zu werden, sei es von Freund oder Feind? In meinem übermüdeten Zustand nahm mich der Umstand stark mit. Doch der Gedanke, am Tor abgewiesen und wie Vieh in einen Zug gezwungen zu werden, war sehr viel unerträglicher.

Als wir uns dem Tor des Lagers näherten, fragte der MP nach unseren Passierpässen, um in das Lager einzutreten. Natürlich hatten wir keine und so setzten wir uns und warteten, im Versuch herauszufinden, was nun passieren würde. Die Sonne stieg immer höher und wir wussten, dass uns nicht viel Zeit blieb. Sollten wir ein anderes DP-Camp in der Gegend aufsuchen oder die Zuständigen von unserer Sache überzeugen? Minuten verstrichen und plötzlich kam ein Mann, der aussah, als hätte er etwas in dem Lager zu sagen, auf das Tor zu. Er befahl den Soldaten, das Tor zu öffnen, um ihn herauszulassen und kam zu uns herüber. Er stellte sich vor und es stellte sich heraus, dass dieser Mann tatsächlich etwas im Lager zu vermelden hatte: er war der Lagerleiter. Zufällig war er ebenfalls Jude und sprach mehrere Sprachen, unter anderem sehr gutes Englisch, weshalb die Amerikaner ihm die Leitung übertragen hatten.

Nachdem er uns erzählt hatte, wer er war, sagte er leise: „Ihr seid Juden. Wollt ihr in das Lager kommen?" Er sprach offensichtlich leise, damit die Wachen nicht hörten, was er zu uns sagte. „Ja, bitte! Wir wissen nicht wohin", antworteten wir ohne Zögern und er fuhr fort: „Ok. Ich werde jedem von euch einen Passierschein geben, aber ihr müsst für eine Weile weggehen und dann einzeln zurückkommen, nicht als Gruppe. Dann werden sie nicht misstrauisch." Eifrig nahmen wir die Pässe entgegen und dankten ihm. Vielleicht hatte er nicht die volle Befugnis, um jemanden in das Lager zu lassen, obgleich er dessen Leiter war. Aber er konnte Pässe ausgeben, sodass die Leute das Camp verlassen und wieder betreten konnten. Wir waren zur richtigen Zeit gekommen. Wieder einmal hatte ich unverschämtes Glück auf meiner langen Reise des Überlebens.

Der Leiter dieses Lagers und sein Assistent wurden später lebenslange Freunde von mir. Ihre Namen waren Moniek Kluger und Felek Zauberman. Wir fanden uns irgendwann alle in den USA in der Nähe von New York City wieder. Unsere Frauen freundeten sich schnell an und unsere Kinder wuchsen zusammen auf.

38

LEBEN ALS DISPLACED PERSON

Wir vier hatten keinerlei Probleme, mit unseren offiziellen Passierpässen in das Lager zu gelangen. Wir taten einfach das, was uns gesagt worden war. Einzeln und zu unterschiedlichen Zeiten kehrten wir zum Tor des Lagers zurück. Die Wachen ließen uns ohne Fragen hindurch. Wir waren erleichtert, in dem Lager zu sein. Hier würden wir uns waschen, etwas essen und einen Schlafplatz finden können.

Das Lager war spartanisch und bot wenig Komfort, aber wir fühlten uns sicher und waren froh, den Elementen entkommen zu sein. Lolek und ich suchten einen Schlafplatz. Wir betraten ein Gebäude und sahen schnell, dass alle Betten belegt waren, und so erging es uns in mehreren Gebäuden. Schließlich kamen wir zu einem weiteren Gebäude und sahen uns um. Erneut schienen alle Betten belegt zu sein und wir begannen darüber nachzudenken, einfach auf dem Boden zu schlafen. Doch plötzlich trafen wir den Blick zweier bildhübscher Mädchen, die auf dem Rand einer der Schlafkojen saßen. Wir gingen zu ihnen, um sie anzusprechen und ihnen einen kleinen Teil unserer Geschichte zu erzählen – und sie lauschten voller Mitgefühl. Dann sagte eines der Mädchen vollkommen überraschend: „Warum schlaft ihr nicht hier oben und wir schlafen hier unten?" Wir waren von ihrer unerwarteten Großzügigkeit überwältigt und es machte mich glücklich, auf so engem Raum mit diesen beiden reizenden jungen Frauen zu sein. Ohne zu zögern, nahmen wir das Angebot an und lebten uns schnell ein.

Ich erfuhr bald die Namen unserer liebenswürdigen Gastgeberinnen, aber eines der beiden Mädchen erregte meine Aufmerksamkeit ganz besonders: Halina Goldberg. Ich fühlte mich zu ihr hingezogen und erfand jeden Vorwand, um mit ihr reden und sie besser kennenlernen zu können. Ihre Freundin hieß Lilka Silbiger und auch sie war äußerst freundlich. Doch Halina weckte mein Interesse und sie schien an mir interessiert zu sein. Sie war sechzehn und ich war siebzehn Jahre alt. Schnell verbrachten wir mehr Zeit miteinander und es dauerte nicht lange, bevor sie mir ihre Geschichte erzählte.

Halina stammte aus Westpolen, aus Częstochowa, einer Stadt, die zu Beginn des Krieges direkt an der deutschen Grenze lag. Sie hatte einen der berüchtigten „Todesmärsche" überlebt, denen die Nazis die Gefangenen der Konzentrations- und Arbeitslager gegen Ende des Krieges aussetzen. Mit dem Vormarsch der Sowjets in Polen und dem Vorrücken der Alliierten aus dem Westen, begannen die Deutschen nämlich mit der Evakuierung der Lager, um die darin begangenen Gräueltaten zu verschleiern. Wie durch ein Wunder überlebte Halina einen der berüchtigtsten Märsche. 1987 legte sie ein mündliches Zeugnis über ihre Erfahrungen während des Krieges ab, als sie vom Holocaust Resource Centre der Kean University in New Jersey interviewt wurde. Das Interview wurde auf Video aufgezeichnet und ist für jeden online verfügbar. Es ist eine erschütternde Geschichte mit einem wundersamen Ende und es lohnt sich wirklich, sich die Zeit zu nehmen, um es anzusehen.

Ein großer Teil der Displaced Persons lebte damals in Österreich, da viele andere europäische Länder sich weigerten, diese aufzunehmen. Daher war es nicht immer einfach, an Passierpässe zum Verlassen des Lagers zu gelangen. Die Behörden wollten nämlich jegliche potenzielle Probleme und Beschwerden der einheimischen Bevölkerung über die Flüchtlinge so gering wie möglich halten. Aber begierig darauf, unsere neu gewonnene Freundschaft zu erkunden, fanden Halina und ich einen Weg, um uns aus dem Lager zu schleichen. Es gab eine Stelle im Zaun auf der gegenüberliegenden Seite des Lagertors, das außerhalb der ständigen Überwachung der Wachen lag, und hochgehoben werden konnte, um nach draußen zu gelangen. Für mich war es großartig, die Freiheit zu haben, mich mit Halina davonzuschleichen und für eine Weile für eine „Verabredung" in die Stadt zu gehen. Es dauerte nicht lange, bis wir uns in einer Art Tändelei befanden. Wir liebten es, nach Salzburg zu gehen und die Parks und Plätze zu genießen. Überall in der Stadt spielte Musik und Optimismus keimte nach den dunklen Kriegstagen endlich wieder auf. Es war eine romantische Zeit für uns. Wir picknickten in den Parks und ich genoss es besonders, ein wunderschönes Schloss zu besuchen, das auf einem nahegelegenen Hügel stand.

Zufälligerweise war einer meiner Freunde aus Tluste im DP-Camp in Salzburg. Es war Wilo Schechner, der Freund, der von seinem Vater verlangt hatte, mich bei einer der ersten akcias in ihrem Bunker verstecken zu lassen. Wir waren überglücklich, uns wiederzusehen, und hatten schon bald unsere Überlebensgeschichten miteinander ausgetauscht. Er erzählte mir, dass er nach einer Möglichkeit suchte, nach Palästina zu gelangen. Da ich ebenfalls gehen wollte, beschlossen wir, uns zusammenzutun.

Die Amerikaner hatten zu dieser Zeit die Kontrolle in Salzburg und die Stadt war der Ausgangspunkt ihres Handelns in Österreich. Es gab mehrere DP-Lager, die allesamt der UNRRA unterstellt waren, die gegen Ende 1943 gegründet wurde. Diese Organisation half den vom Krieg heimgesuchten Gebieten Europas und es handelte sich bei ihr um einen Vorläufer der Vereinten Nationen, die später 1945 gegründet wurden. Wir erfuhren schnell, dass es mehrere Organisationen gab, die Juden nach Palästina verhalfen. Palästina befand sich seit Ende des Großen Krieges unter der Kontrolle der britischen Regierung. Doch diese hatte die jüdische Immigration in die Region viele Jahre lang enorm eingeschränkt und ließen sie seit dem Ende des Krieges praktisch nicht mehr zu. Eine Einreise nach Palästina musste also illegal erfolgen. Mein Freund und ich ließen uns davon nicht einschüchtern. Wir entschieden uns, das Risiko einzugehen, und kontaktierten eine Organisation namens Bricha. Bricha schmuggelte Juden durch Südeuropa nach Palästina und wir erstellten einen Plan, um uns auf die Reise zu begeben.

Aufgrund des Verbots war es damals kein leichtes Unterfangen, von Europa nach Palästina zu gelangen. Diejenigen, die sich aus Österreich auf den Weg machten, mussten die Alpen zu Fuß überqueren, die italienische Grenze an einem entlegenen Ort passieren und sich zu einem der Hafenstädte Italiens begeben, um mit einem Boot über das oftmals stürmische Mittelmeer überzusetzen. Unser Plan war es, nach Innsbruck zu fahren, wo wir Leute treffen würden, die uns über die Berge nach Italien bringen würden. Mein Herz wurde schwer bei dem Gedanken, Halina zurückzulassen, doch wir waren sehr jung und ich dachte noch immer, dass es das Beste sei, mich den tausenden anderen Juden anzuschließen, die in das Land unserer Vorfahren zurückkehrten. Und so verabschiedeten wir uns voneinander und hofften, einander in naher Zukunft wiederzusehen.

Innerhalb weniger Tage waren Wilo und ich auf dem Weg nach Innsbruck. Dort angekommen, kamen wir bei Leuten unter, die uns nach Italien schmuggeln würden. Kurz nach unserer Ankunft begann ich mich jedoch sehr krank zu fühlen. Ich weiß nicht, worin das Problem bestand, aber das Atmen fiel mir schwer. Mit jeder Stunde wurde ich müder und schwächer. Mein Rücken und meine Schultern schmerzten und ich entwickelte einen wiederkehrenden Husten. Zeitweise fieberte ich. Ich fragte mich, wie ich die Wanderung in meinem momentanen Zustand überstehen sollte. Der anstrengende Weg führte über die Berge, tausende von Fuß über dem Meeresspiegel, und das bei eisigen Temperaturen und Schnee.

Als der nächste Morgen kam und es Zeit war, zu gehen, sagte ich meinem Freund, dass ich nicht glaubte, die Reise mit meiner Erkrankung antreten zu können. Ich beschloss, ins DP-Lager zurückzukehren und mich wieder Halina anzuschließen. Der damalige Gefühlskonflikt war überwältigend. Nach meinem langen Leidensweg sehnte ich mich nach einem neuen Leben und nach einem Ort, an dem Juden akzeptiert und sicher vor jenen waren, die uns hassten. Es schien, als würde mein Traum nicht in Erfüllung gehen, und ich war zutiefst enttäuscht. Aber der Gedanke, Halina wiederzusehen, war wie ein Lichtstrahl am dunklen Himmel und ich machte mich so schnell ich konnte auf den Rückweg.

39

EIN LETZTES MAL DEM TOD INS AUGE BLICKEN

Ich kehrte aus Innsbruck zurück nach Salzburg, nur um herauszufinden, dass Halina das Lager verlassen hatte und sich nun in einem anderen Lager in der Nähe befand. Das Salzburger Lager war überfüllt und ungemütlich, wie in vielen anderen DP-Camps herrschten hier schlechte Bedingungen für Flüchtlinge. Es gab einige Bemühungen, diese zu verbessern, aber die Ressourcen waren in der Nachkriegszeit aufgrund der riesigen Anzahl anderer Prioritäten begrenzt. Halina hatte erfahren, dass ein neues DP-Lager nur wenige Kilometer östlich von Salzburg in der Nähe eines wunderschönen Sees öffnen würde, und hatte beschlossen, dorthin zu gehen, in der Hoffnung, dass die Lebensbedingungen dort besser sein würden. Es war eine wahre Freude sie wiederzusehen und das Lager war tatsächlich so viel schöner als das in Salzburg.

In Ebensee, wo sich das Lager befand, begann sich mein Gesundheitszustand zu verschlechtern. Schmerzen in Brust und Rücken quälten mich und ich entwickelte einen schlimmen Husten. Nachts konnte ich kaum schlafen, da es mir mit all den Schmerzen fast unmöglich war, eine bequeme Schlafposition zu finden. Ich wusste noch immer nicht, was mit mir nicht stimmte, aber ich wusste, dass ich ärztliche Hilfe brauchte. Im Lager gab es zwei jüdische Ärzte. Ich ging zu ihnen und sie stellten fest, dass meine Lungen mit Flüssigkeit gefüllt waren. Die Diagnose lautete Rippenfellentzündung und ich benötigte dringend Pflege. Also schickten sie mich sofort nach Ebensee, wo es ein behelfsmäßiges Krankenhaus gab. Ich war in meinem Leben noch nicht in vielen Krankenhäusern gewesen, aber ich war überrascht, wie einfach die dortige Einrichtung war. Die Betten waren Doppelstockbetten, hatten kein wirkliches Bettzeug – die Matratzen waren grob mit Stroh gefüllt – und es gab nicht genug finanzielle Mittel für alle notwendigen Medikamente. Ich fragte mich angesichts dieser Umstände, wie viele Menschen überhaupt den Schrecken der Nazi-Mörder überlebt hatten, nur um dann in einer Einrichtung wie dieser aufgrund einer mangelhaften medizinischen Behandlung zu sterben.

In dieser Einrichtung befanden sich Überlebende eines Konzentrationslagers, das in der Nähe von Ebensee gewesen war. Viele von ihnen waren an Tuberkulose erkrankt und befanden sich in Quarantäne. Da sie bereits sehr lange beieinander waren, hatten sie ein einzigartiges Band untereinander. Schon bald würde ich ein Teil dieser Gruppe sein.

Nach meiner Ankunft im Krankenhaus sagten die Ärzte, man müsse so schnell wie möglich die Flüssigkeit aus meinen Lungen ablassen. Das Verfahren wurde im Allgemeinen mit einer Nadel und Spritze ausgeführt, die zwischen den Rippen hindurch in die Lungen geführt wurden, um die Flüssigkeit herauszuholen. Als es an der Zeit für die Behandlung war, erfuhr ich, dass es weder eine Narkose noch Schmerzmittel gab. Darüber hinaus gab es auch keine privaten Räume und die Prozedur wurde im Schlafraum durchgeführt, wo auch die anderen Patienten schliefen. In der Mitte des Raumes stand ein Stuhl und ich wurde gebeten, mich mit dem Gesicht zur Rückenlehne zu setzen, sodass die Ärzte an meinen Rücken konnten. Als sie die Spritze vorbereiteten, schlang ich meine Arme um die Stuhllehne und hielt mich fest. Ich senkte den Kopf, schloss die Augen und wartete. Ein Anflug von

Verlegenheit machte sich in mir breit, da es vor den anderen Patienten geschah.

Ich erinnere mich nicht mehr im Detail an die Schmerzen oder wie die Prozedur verlief, aber eine Sache brannte sich in mein Gedächtnis ein: Noch immer höre ich die Flüssigkeit, wie sie aus der Spritze auf den Boden eines Eimers tropfte. Das Tropfen der abgelassenen Flüssigkeit durchbrach die Stille im Raum. Es war ein rhythmisches Geräusch, von dem ich hoffte, dass es bald vorbei sein würde.

Mehrere Tage lang war ich beinahe vollständig an mein Bett gefesselt. Halina besuchte mich so oft sie konnte und die anderen Patienten und die Ärzte liebten ihre Besuche beinahe so sehr, wie ich es tat. Sie hatte eine lebhafte Persönlichkeit und sorgte mit ihrem fröhlichen Wesen stets dafür, dass sich alle wohl fühlten. Normalerweise brachte sie ein paar Leckereien mit, wie Kuchen, Kekse oder etwas Herzhaftes, was allerdings genauso lecker war. Der Trost, den sie mir bereitete, war zweifelsos ein wichtiger Bestandteil meiner Genesung. Es erschien mir wie ein Wunder, dass sie jedes Mal solch großartige Geschenke mitbrachte und ich lernte von ihrem Einfallsreichtum. Sie hatte sich nämlich mit einigen Jungen aus dem DP-Lager angefreundet, die in der Küche des nahegelegenen Standorts der US Army arbeiteten. Mit ihrem Charisma und Charme gelang es Halina leicht, die Jungen dazu überreden, ihr etwas von dem Essen, das eigentlich für die Soldaten bestimmt war, abzugeben.

In den ersten Tagen nach der Behandlung zeigte mein Gesundheitszustand keine wirkliche Verbesserung, was Halina eine weitere Gelegenheit bot, ihre Organisationstalente zur Schau zu stellen. Eines Tages kam sie zu Besuch und einer der Ärzte nahm sie beiseite und sagte: „Lonek läuft Gefahr, sehr krank zu werden. Er benötigt Medizin, die wir hier nicht haben. Bekommt er sie nicht, wird er an Tuberkulose erkranken und möglicherweise sterben." Mit einem besorgten Gesichtsausdruck fragte Halina: „Was für Medizin ist das und wo bekomme ich sie her?" Der Arzt sagte ihr, dass die Medizin aus einem bestimmten Kalzium war und dass sie es bei einem der anderen DP-Camps probieren sollte. Halina machte sich sofort auf, die Medizin zu finden. Sie kehrte zurück nach Salzburg, wo sie auf einen ihrer Freunde traf: Salci Perecman, ein litauischer Jude mit einem großen und imposanten Körperbau. Salci war älter als wir und hatte einen rauen, hart wirkenden Charakter. Als sie ihm erklärte, was sie in Salzburg wollte, sagte er: „Lass uns in die Stadt gehen und nachsehen, ob wir das Medikament nicht in einer Apotheke finden können."

Zusammen gingen sie in eine Apotheke und fragten, ob der Apotheker das Kalzium auf Lager hätte. Als er verneinte, flehte Halina den Mann an und sagte, dass mein Leben ohne die Medizin in Gefahr sei. Der Mann bestand darauf, sie nicht zu haben. An diesem Punkt trat Salci an die Theke und richtete sich zu seiner vollen Größe auf. Er sah dem Mann eindringlich in die Augen und sagte dann mit strenger Stimme: „Wir brauchen dieses Medikament." Der Mann bestritt erneut, es im Laden zu haben. Salci griff langsam in seine Tasche und zog ein Taschenmesser heraus. Er hob das Messer leicht an und stieß es dann fest in die hölzerne Oberfläche der Theke. „Ich bin mir nicht sicher, ob Sie mich verstanden haben", sagte er zu dem Apotheker. „Wir brauchen das Medikament sofort." Nervös erwiderte der Mann: „Ich verstehe. Ich werde es für Sie holen." Er drehte sich schnell um, fand die Flasche, welche die Medizin beinhaltete, und bereitete die Dosis so vor. Salci und Halina nahmen das Medikament entgegen, dankten dem Mann und eilten zurück zum Krankenhaus. Diese Medizin spielte eine entscheidende Rolle in meiner Genesung. Die Gefahr, an Tuberkulose zu erkranken, war minimiert und die Ärzte sorgten sich nicht länger darum. Doch meine Heilung kam nicht über Nacht und ich würde mehrere Wochen lang im Krankenhaus bleiben müssen, bevor ich mich vollständig erholt hatte.

Ich war ungefähr einen Monat dort, als uns gesagt wurde, dass die Patienten in richtige Krankenhäuser mit entsprechender Ausstattung und Personal verlegt werden sollten. Keinem von uns gefiel der Gedanke an einen Umzug in eine andere Einrichtung, trotz unseres schlechten Gesundheitszustandes. Die meisten Männer in meinem Schlafraum waren an Tuberkulose erkrankt und bisher war ich der Krankheit entkommen, aber die Rippenfellentzündung hatte mich enorm mitgenommen und ich war ebenso geschwächt wie alle anderen.

Wir beschwerten uns alle gegenseitig über den möglichen Umzug und einige der Patienten entschieden, dass sie nicht gehen würde. Sie nahmen sich vor, Widerstand zu leisten und zu bleiben. Die Idee gewann an Zugkraft und bald waren sich fast alle einig, dass wir uns dem Umzug widersetzen würden. Die Ärzte bekamen Wind davon und versuchten uns zu beruhigen, indem sie sagten, dass uns in diesen Krankenhäusern eine viel bessere Pflege erwartete. Doch es gelang ihnen nicht, uns zu überzeugen. Ein Ruf hallte durch den Raum: „Wir wissen nicht, wo sie uns hinbringen. Wir ziehen nicht um! Wir ziehen nicht um!"

Es mag unlogisch erscheinen, dass Männer in einem so geschwächten Zustand auf diese Art und Weise reagierten. Aber man muss verstehen, was wir unter den Nazis alles hatten durchmachen müssen. Die letzten fünf Jahre hatten uns übermäßig misstrauisch gegenüber Autoritäten gemacht, egal, ob Freund oder Feind. Das Krankenhaus in Ebensee war einfach und provisorisch und hatte nicht einmal Krankenschwestern oder Pfleger, doch unser Überleben des Holocausts und unser gemeinsamer Kampf gegen Lungenkrankheiten hatten uns zusammengeschweißt. Wir mochten die Sicherheit und den Trost der anderen an diesem vertrauten Ort und fürchteten, was der Umzug ins Ungewisse mit sich brachte.

Am Tag des Umzugs entschieden wir uns, uns dem Abtransport zu widersetzen. Wir banden uns mit Seilen zusammen, um es schwierig zu machen, uns aus den Betten zu holen. Die Ärzte riefen daraufhin die Militärpolizei, um uns gewaltsam abzutransportieren. Die MP schnitten ein Seil nach dem anderen durch und brachten uns in die bereitstehenden Krankenwagen.

Ich wurde in ein Krankenhaus etwas höher in den Bergen verlegt, in einen Ort namens Goisern, nur wenige Kilometer südlich von Ebensee. Als ich dort ankam, kam ich mir ein bisschen albern vor, Teil eines solchen Protests gewesen zu sein. Dieses Krankenhaus war wunderschön und voll besetzt mit Nonnen, die professionelle Krankenschwestern waren. Die Ärzte schienen kompetenter zu sein und die Zimmer boten mehr Privatsphäre. Die Betten waren die bequemsten Betten, in denen ich seit vielen Jahren geschlafen hatte. Die Kissen und die Bettwäsche waren weich und sauber. Das Essen war köstlich und wir hatten alles, was wir an Medizin brauchten, um schnell wieder auf die Beine zu kommen. Die Bergluft war sehr belebend und genau das, was meine Lungen brauchten. Die Krankenschwestern gingen jeden Tag mit mir spazieren, damit ich genug frische Luft bekam. Ich war so froh, dass unser kleiner Widerstand nicht geglückt war. Jetzt war ich auf dem besten Weg der Besserung.

Ein paar Wochen vergingen, bevor ich endlich geheilt war und das Krankenhaus verlassen durfte. Halina war nach Salzburg zurückgekehrt, also folgte ich ihr dorthin. Es tat so gut, sie wiederzusehen und wir beschlossen, dass wir dort zusammenwohnen würden. Unterdessen war mein Freund Lolek zurück nach Krakau gegangen. In Krakau hatte er meine Schwester ausfindig gemacht und ihr erzählt, dass ich krank war. Tusia setzte sich sofort in einen Zug nach Salzburg, um zu sehen, wie es ihrem kleinem Bruder ging. Als sie eintraf, was sie hocherfreut, mich gesund zu sehen.

Tusia erzählte uns, dass sie gehört hatte, dass ein paar unserer Freunde aus Tarnopol in Deutschland in einer Stadt namens Schwandorf lebten. Wir entschieden uns, eine Weile dorthin zu gehen und vielleicht auch zu bleiben, falls es uns gefiel. Wir packten unser Zeug und innerhalb weniger Tage machten wir uns auf. Mendel gesellte sich zu uns und kurz darauf auch Edek. Edek war nach Breslau, heute Wrocław, gezogen, nachdem ich Krakau verlassen hatte. Dort hatte er Ina Bergman kennengelernt, die er auch dort heiratete.

Kurz nach unserer Ankunft in Schwandorf bot sich Halina die Gelegenheit, nach Amerika zu ziehen. Da sie noch nicht achtzehn Jahre alt war und keine Familie mehr hatte, die sie unterstützen konnte, stand sie weit oben auf der Prioritätenlisten der Flüchtlinge für die Einwanderung. Ich freute mich für sie, obwohl ich traurig war, so schnell von ihr getrennt zu werden. Alles ging sehr schnell und bald war sie bereit, zu gehen. Wir verabschiedeten uns und wünschten uns gegenseitig alles Gute. Beide machten wir uns große Hoffnungen auf ein Wiedersehen.

Selbstverständlich hatte ich oft darüber nachgedacht, nach Amerika auszuwandern, aber damals war die Einwanderung begrenzt und man musste einen Verwandten haben, der einen finanziell und anderweitig unterstützte. Die Verwandten mussten versprechen, dass die Immigranten den US-Bürgern keine Arbeit wegnahmen und mussten sie finanziell unterstützen, wenn sie dazu selbst nicht in der Lage waren. Meine Tante lebte in den USA und sie befürwortete unser Kommen. Doch es würde eine ganze Menge von ihr verlangen und so legte ich den Gedanken vorerst beiseite.

Ich kann mich nicht mehr erinnern, wie lange ich mit meiner Schwester und meinem Bruder in Schwandorf blieb, aber ich war es bald leid, zusammen mit dem Rest meiner Familie in der kleinen Wohnung zu wohnen. Ich wollte unbedingt raus und meinen eigenen Weg gehen. Also beschloss ich, wieder die Schule zu besuchen und wurde an einem Gymnasium in der nahegelegenen Stadt Regensburg aufgenommen. Zufällig traf ich in Regensburg auf meinen Freund Sam, der zu Besuch in der Stadt war, in einem örtlichen Gemeinschaftszentrum für Juden. Wieder einmal hatten sich unsere Wege gekreuzt und unsere Freundschaft vertieft.

In Regensburg bewohnte ich ein Zimmer zur Untermiete bei einer Familie, die sehr den deutschen Stereotypen entsprach. Die Familienmitglieder hatten einen sehr engen Blick auf die Dinge und lebten ein sehr einfaches Leben. Unsere Beziehung war angespannt – sie wollten nicht viel mit mir zu tun haben und ich nicht mit ihnen. Ich weiß nicht wieso, aber sie schienen mir mit Misstrauen zu begegnen. Ich tat mein Bestes, um ihnen bei meinen täglichen Aktivitäten aus dem Weg zu gehen. Wann immer wir einander sahen, tauschten wir Höflichkeiten miteinander aus, aber es entwickelte sich nie ein wirkliches Gespräch. Sie hatten eine Tochter, die wohl einige Jahre jünger als ich war. Ich hegte keinerlei romantisches Interesse an ihr, sie aber sehr wohl an mir. Eines Nachts verließ ich mein Bett, um auf die Toilette zu gehen. Als ich die Tür öffnete, war ich erschrocken, sie in der Badewanne zu sehen. Sie bedeutete mir, näherzutreten und griff nach mir. Ich zog schnell zurück, knallte die Tür zu und rannte zu meinem Bett. In diesem Moment wusste ich, dass ich nicht länger bei dieser Familie bleiben konnte. Gleich am nächsten Tag plante ich meine Rückkehr nach Schwandorf.

In der Zwischenzeit hatte meine Tante aus Amerika nach uns gesucht. Wir hatten nicht sorgfältig darauf geachtet, sie über die verschiedenen Umzüge der letzten Jahre auf dem Laufenden zu halten und so hatte sie keinerlei Möglichkeit, uns zu kontaktieren. Doch sie war hartnäckig und setzte ihre Suche fort. Glücklicherweise hatte sie einen Schwiegersohn. Er war Arzt und diente zu dieser Zeit als Offizier in der Armee in Deutschland. Sie bedachte ihn mit der Aufgabe, uns aufzuspüren, und mithilfe der UNRAA gelang ihm das sogar.

Er besuchte uns in Schwandorf und kündigte an, unsere Tante würde uns bei der Auswanderung in die USA helfen. Wir waren alle von der Nachricht begeistert und begannen unsere Vorbereitungen. Eine ganze Menge Papierkram und Korrespondenzen musste erledigt werden, wodurch sich alles Monate in die Länge zog. Edek und Ina waren die Ersten, deren Einwanderungsanfrage akzeptiert wurde. Im August 1946 verließen sie Europa. Ich war der Nächste, doch es würde noch ein Jahr dauern, bis der Prozess abgeschlossen war. Tusia, Mendel und Fryma würden mir zwei Monate später ebenfalls folgen.

Im Oktober 1947 ging ich an Bord der S.S. Ernie Pyle, ein wohlbekanntes Schiff, das neue Immigranten nach dem Krieg in die USA brachte. Nur ein paar Monate zuvor war ich neunzehn geworden. Und obwohl es nur ein kleiner Teil meines Lebens war, hatten mich diese acht langen Jahre seit Kriegsbeginn geprägt und geformt.

Meine lange Reise nach Amerika lag vor mir. Wieder einmal fühlte ich so viele widersprüchliche Emotionen. Das Versprechen Amerikas mit seinem Wohlstand erfüllte mich mit Vorfreude auf eine ganze Reihe hoffnungsvoller Möglichkeiten. Ich hatte Bilder von Menschen gesehen, die dort ein gutes Leben im Luxus führten. Gleichzeitig wusste ich um das harte Leben der Einwanderer, die mit wenig oder gar nichts in den Vereinigten Staaten angekommen waren und nur mit Mühe über die Runden kamen. Viele von ihnen schufteten in Fabriken und wurden ausgebeutet. Ich konnte kaum Englisch, hatte seit Kriegsbeginn keine erwähnenswerte Schulbildung genossen und besaß keine handwerklichen Fähigkeiten. Diese Erkenntnis brachte Angst und Beklommenheit mit sich.

Das Schiff hob und senkte sich mit den Wellen. Dasselbe galt für mein Gemüt, als ich über die Zukunft in diesem so fremden Land nachdachte. Doch ich hatte mich der Herausforderung gestellt, inmitten unvorstellbarem Bösen zu überleben, und das Glück war mir hold gewesen. Ich wusste, dass ich den Mut finden würde, mich allen Herausforderungen zu stellen, die noch vor mir lagen.

NACHWORT

Meine Ankunft in Amerika war nicht das Ende der Herausforderungen. Im Vergleich mit dem, was ich während der Nazi-Herrschaft erdulden musste, waren die Schwierigkeiten, die ich nun zu meistern hatte, um einiges leichter zu ertragen. Ich wollte diesen fürchterlichen Albtraum nie mehr erleben müssen, aber es besteht kein Zweifel, dass er mir die Kraft gab, schwierige Zeiten zu durchstehen.

Ich befand mich im Land der unbegrenzten Möglichkeiten, aber niemand servierte mir Erfolg auf dem Silbertablett. Niemand, den ich in den Vereinigten Staaten traf, wollte meine Geschichte hören. Es überraschte mich nicht und zugleich erwartete ich keine Sonderbehandlung. Ich hatte auf die harte Tour gelernt, dass harte Arbeit, Fleiß und Hartnäckigkeit fürs Überleben unerlässlich waren.

Damit will ich nicht sagen, dass ich mein Überleben nur mir selbst verdanke. Schätzungsweise starben neunzig Prozent aller polnischen Juden im Holocaust. Wir allerdings hatten Hilfe in Form unseres unwahrscheinlichen Helden Timush, der tat, was er konnte. Wie meine Geschichte – und die Geschichten vieler anderer – zeigt, war es auch unverschämtes Glück, dass uns zum

Überleben verhalf. Doch ohne einen starken Überlebenswillen und die Stärke, zu tun, was auch immer getan werden muss, kann kein Ziel erreicht werden. Egal, wie klein oder groß dieses ist. Am Ende war es der Lebenswille, der den Unterschied machte.

Es gestaltete sich schwierig, in den USA eine Arbeit zu finden. Mein Englisch war weder sonderlich gut, noch besaß ich viel Schulbildung oder handwerkliche Kenntnis. Zahlreiche Versuche, mich zu bewerben, schlugen fehl. In der Zwischenzeit hatte es mein Freund Lolek nach New York geschafft. Er hatte Familie in Queens und so waren wir in der Lage, uns erneut zu treffen. Als ich sie zu Beginn meiner Arbeitssuche aufsuchte, hatten sie einen Rat für mich: „Lonek ist kein englischer Name. Wenn du Arbeit finden willst, musst du deinen Namen ändern." Es folgten Vorschläge für Namen, die mit meinem Anfangsbuchstaben begannen. Leonard, Lenny, Larry standen allesamt im Raum und mir kam ein Spitzname aus meiner Kindheit in den Sinn, den ich vor dem Krieg trug.

„Wie wäre es mit Leon?" fragte ich. Es war ein vollkommen gewöhnlicher, englischer Name und sie stimmten mir zu, dass dieser funktionieren könnte. Zu einem späteren Zeitpunkt in meinem Leben bedauerte ich, Lonek nicht als meinen Namen behalten zu haben. Ich verstand nie, wieso sie ihn für problematisch hielten. Es war nicht der einzig ungewöhnliche Name, den man auf den Straßen New Yorks vernahm.

Dennoch änderte ich meinen Namen. Loleks Familie verhalf mir daraufhin zu einer Arbeit in der Lower East Side von Manhattan in einem Stoffladen für die Bekleidungsindustrie. Das als Beckenstein bekannte Geschäft gibt es noch heute. Während meiner Zeit dort war ich, was man im Polnischen als *przynieś, wynieś, pozamiataj* bezeichnet. Jemand, der ‚reinbringt, rausbringt und kehrt' und all das tut, was niemand gerne macht. Kurzum: ein Laufbursche. Doch das Polnische reimt sich und besitzt Ausdruckskraft.

Meine Tante und mein Onkel waren sehr großzügig darin, mich bei sich wohnen zu lassen, mir etwas zu Essen zu geben und mich mit vielen grundlegenden Dingen zu bedenken, die ich benötigte. Jetzt, da ich Arbeit hatte, konnte ich etwas für Kost und Logis zurückgeben.

Es gab nichts an diesem Arrangement auszusetzen, bis sie den Verdacht hegten, dass ich ein romantisches Interesse an ihrer Tochter zeigte. Ihr Name war Gloria und sie war meine Cousine. Aber sie war so schön, dass ich einfach mit ihr flirten musste. Sie scheute sich nicht, diese Zuneigung zu erwidern. Unser Schäkern entging meinen Verwandten nicht. Eines Tages waren da mehr als nur verlockende Worte zwischen uns. Wir standen in der Lobby und küssten uns. Wie es der Zufall so wollte, öffnete sich in diesem Moment der Aufzug. Meine Tante und mein Onkel starrten uns an. Das Fass war somit voll, verständlicherweise. Sie sagten mir, ich müsse gehen und mir eine andere Unterkunft suchen.

Als ich darüber nachdachte, wohin mit mir, kam mir in den Sinn, dass Halina in Buffalo war. Ich vermisste sie und entschied mich, sie zu besuchen. Halina vollbrachte es, mir eine Unterkunft bei einer Freundin zu verschaffen, deren Name Gerda Klein lautete. Gerda hatte zusammen mit Halina das Todeslager und den Todesmarsch überlebt. Sie wurde als Folge ihrer Tortur zur Menschenrechtlerin und eine bekannte Autorin und Rednerin über den Holocaust. Ihre Geschichte wurde zu einem Kurzfilm verarbeitet, der mit einem Oscar und mit einem Emmy ausgezeichnet wurde.

Bis heute bin ich sehr stolz darauf, was Halina während ihrer Zeit in Buffalo alles gelang. Aufgrund des Krieges hatte sie die Schule nicht beenden können, doch jetzt ergab sich dafür die Möglichkeit und sie ergriff sie! Sie meldete sich bei der örtlichen Schule an, um ihren Schulabschluss zu machen. Sie war siebzehn und somit älter als die meisten anderen Schüler, aber das hielt sie nicht davon ab. Im Gegenteil. Sie ging mit Entschlossenheit und Tatkraft an die Sache heran, obwohl sie zu Beginn beinahe kein Englisch konnte. Ein Polnisch-Englisch-Wörterbuch begleitete sie zu all ihren Unterrichtseinheiten, in denen sie nicht nur das Lernpensum bewältigen, sondern auch eine komplett neue Sprache erlernen musste. Trotz dieser Hindernisse absolvierte sie ihren Schulabschluss innerhalb von zwei Jahren, anstatt vier. Ich war so glücklich, sie zu ihrem Abschlussball zu begleiten und ihrer Abschlussfeier beizuwohnen, um diese Erfolge zu feiern.

Gerda Klein und ihr Mann, Kurt, ließen mich nicht nur bei sich wohnen, sondern verhalfen mir auch zu einer Arbeit als Expedient in einem ortsansässigen Sportwarengeschäft. Ich blieb für ungefähr sechs Monate, bis ich hörte, dass Edek meine Hilfe in seinem neuerworbenen Lebensmittelladen in Brooklyn benötigte. Meine Tante hatte ihm ein Darlehen gegeben und er war entschlossen, seinen neuen Laden mit Erfolg zu führen. Ich entschied mich, ihm zu helfen.

Letzten Endes war das Geschäft zu mühsam und wir verkauften es. Von da an probierte ich mich an mehreren Unternehmungen aus. Für eine Weile arbeitete ich in einem großen Textilladen in Manhattan, dann als Versicherungsverkäufer und danach als Kaufmann für eine Firma, die allerlei Produkte an Supermarktketten lieferte. Diese Arbeiten waren in Ordnung, aber ich wollte für mich selbst arbeiten und zu einem eigenständigen Geschäftsmann werden. Das waren mein Traum und mein Ziel. Und als sich die Möglichkeit bot, ein selbstständiges Geschäft in Brooklyn zu übernehmen, das Waren von Tür zu Tür verkaufte, war ich dabei. Bei den Produkten handelte es sich um Haushaltswaren, die die guten Stammkunden regelmäßig erwarben. Das Geld floss von Beginn an.

Der Tür zu Tür-Verkauf war ein gutes Geschäft, aber die Arbeit begann, gefährliche Züge anzunehmen. Die Nachbarschaften waren nicht gerade die sichersten. Kriminelle wussten, dass Verkäufer wie ich dank der Transaktionen an den Türen viel Geld mit sich trugen. Berichte über Überfälle häuften sich und nachdem es oft genug auch bei mir knapp wurde, beschloss ich, dass es Zeit für etwas Neues war.

In der Zwischenzeit hatte Edek in eine Immobiliengemeinschaft in New Jersey investiert, die neue Wohnungen und Häuser baute. Der Krieg war vorbei und mit seinem Ende und dem amerikanischen Wirtschaftsboom wuchs die Nachfrage nach neuem Wohnraum. Die Mitglieder dieser Immobiliengemeinschaft waren auf der Suche nach zusätzlichen Partnern, um zu expandieren und den Bedarf decken zu können.

Ich nahm meine gesamten Ersparnisse und trat ihnen bei. Ich hatte keine Ahnung vom Baugewerbe oder von Immobilien, aber sie sagten: „Keine Sorge. Wir bringen dir alles bei, was du wissen musst." Ich war ein fleißiger Schüler und arbeitete hart, alles über jeden Aspekt des Geschäfts zu lernen. Ich gab mich nicht damit zufrieden, nur ein passiver Investor oder eine Führungskraft im Büro zu sein. Ich verbrachte Stunden auf den Baustellen, beobachtete und lernte von den Handwerkern, Ingenieuren, Architekten, Vermessungsingenieuren, Zimmerleuten und Installateuren, bis ich das Geschäft letztendlich aus allen Blickwinkeln kannte. Das Geschäft wuchs mit den Jahren, in denen wir an Erfahrung in der Immobilien- und Baubranche gewannen.

Am 24. Oktober 1949 heirateten Halina und ich. Wir wurden mit einer wunderbaren und liebevollen Familie gesegnet: mit zwei Töchtern und einem Sohn. Unser Leben als Familie bescherte mir großes Glück, aber auch großen Herzschmerz. Meine älteste Tochter, Susan, kam 1952 zur Welt und lebt in meiner Nähe in New Jersey. Sie hat drei Töchter: Jamie, Danielle und Carly. Inzwischen sind Jamie und Danielle verheiratet und gründen ihre eigenen Familien. Jamies Ehemann heißt Gilad und Danielles Frau Maryann. Anfang 2018 brachte Jamie zu unserer großen Freude unseren ersten Ur-Enkel auf die Welt. Sein Name lautet Liev Max Jacobs. Heutzutage lebt Carly in Washington D.C. und arbeitet dort als Marketing-Koordinatorin für den National Geographic Channel.

Meine jüngste Tochter, Nina, wurde 1967 geboren. Sie hat zwei Kinder mit kreativen Namen. Ihr Sohn heißt Xander und ihre

Tochter Drew. Leider sehen wir sie nicht so oft, wie wir es gerne hätten, da sie und ihr Mann Noah in Los Angeles leben.

Mein Sohn David kam etwas mehr als ein Jahr nach Susan zur Welt und war äußerst schlau und intelligent. Wir liebten ihn sehr und er sorgte für viel Freude. Sein Communications Major an der Boston University lief so gut, als bei ihm ein Gehirntumor diagnostiziert wurde. Sein Kampf gegen diese Krankheit war inspirierend, doch leider verstarb er nach zwei Jahren, die mit Chemotherapie, Operationen und verschiedenen Behandlungen gefüllt waren. Es waren zwei Jahre voller Schmerz für uns. Wir vermissen ihn inständig, aber erinnern uns in Liebe an ihn.

Wenn ich auf mein Leben zurückblicke, hatte ich, trotz allem, ein gutes Leben. Es war ein Leben voller Extreme und ich erlebte sowohl das Beste als auch das Schlimmste, was das Leben zu bieten hat. Meine frühen Jahre in Tarnopol waren schön und von Freude erfüllt. Ihnen folgten ein paar Jahre unvorstellbaren Horrors, als die Deutschen ihren Schrecken über Osteuropa brachten. Zwar waren es nur fünf Jahre, eine kleine Zahl verglichen mit dem Rest meines Lebens, aber sie prägten mich nachhaltig. Ich hatte Glück zu überleben und meinen Weg in die Vereinigten Staaten zu finden, wo der beste Teil meines Lebens begann.

Ich schrieb dieses Buch, um das Leid, das meine Familie erlitt, und den Mann, der alles opferte, um uns zu retten, nicht in Vergessenheit geraten zu lassen. Falls man so weit gehen kann, zu sagen, dass etwas Gutes aus dem Holocaust entstanden ist, dann sind es Geschichten wie meine und die anderer Juden aus Osteuropa, die den Holocaust überlebten und ihr Leben lebten. Es besteht keinerlei Zweifel, dass dieses Leiden uns die außerordentliche Stärke verlieh, alles im späteren Leben meistern zu können. Ich weiß, dass es diese schlimmen Erfahrungen waren, die mir halfen, den Tod meines Sohnes David zu verkraften. Ich hatte gelernt, dass das Leben nicht gerecht ist und dass man akzeptieren muss, was das Schicksal für einen bereithält.

Dennoch ist es für mich sehr schwer zu akzeptieren, dass es irgendetwas Gutes gibt, das aus dem Holocaust entsprungen ist. Ja, ich überlebte und hatte ein schönes und erfülltes Leben, das weit über meine Vorstellungen als kleiner Junge in Tarnopol hinausging. Doch die Tatsache, dass sechs Millionen andere Menschen brutal ermordet wurden und ihnen die Chance auf ein so wundervolles Leben wie meins verwehrt wurde, kann ich auch mit dem glücklichen Ausgang meiner Geschichte nicht vergessen. Wir können es niemals zulassen, dass eine solche Tragödie sich wiederholt. Ich hoffe, dass meine Geschichte und die Geschichten anderer dazu beitragen, eine Wiederholung der Geschichte zu verhindern.

WIE WIR VON TIMUSHS UND HANIAS SCHICKSAL ERFUHREN

Für viele Jahre nach dem Krieg fragten wir uns, was Timush und Hania widerfahren war. 1985 öffnete sich die Sowjetunion unter der Perestroika und ich entschied mich, Tluste zu besuchen und das Grab meiner Eltern zu suchen. Selbst unter dem Einfluss der Perestroika war es nicht einfach, meine Reise hinter den Eisernen Vorhang zu organisieren. Aber wir waren darauf erpicht und entschlossen, und so machten wir uns die Mühe. Zu diesem Zeitpunkt benötigte man noch eine offizielle Eskorte, wenn man die Sowjetunion besuchte. Im Frühjahr 1985 brachen wir schließlich nach Moskau auf. Halina, meine Tochter Susan und ihr Ex-Mann kamen mit. Es war ein seltsames Gefühl dort zu sein, stets unter den wachsamen Blicken unserer Eskorte. Wir waren uns sicher, dass wir zu jeder Zeit beschattet und unsere Kommunikation überwacht wurde.

Nach ein paar Tagen in Moskau reisten wir weiter nach Tarnopol. Dort verblieben wir für die Zeit unseres Besuches, da es keine wirklich geeignete Unterkunft in Tluste gab. Das Hotel in Tarnopol war sehr spartanisch eingerichtet und lag weit unter den westlichen Standards. Aber wir würden uns hier nicht lange aufhalten und es war nicht so, als wären wir der Freude am Reisen wegen da.

Einige Zeit vor unserer Reise besuchten Edek und Tusia Tarnopol. Wie der Zufall es wollte, trafen sie dabei auf einen meiner alten Freunde aus Tluste. Mein Freund hieß Zysio Stup und hatte Tluste mit den Sowjets verlassen, als die Deutschen einmarschierten. Er war Jude und trat, wie viele andere osteuropäische Juden, der Roten Armee bei. Als Teil der Armee kämpfte er den gesamten Krieg und überlebte glücklicherweise. Nach dem Krieg ließ er sich in Tarnopol nieder. Er war ein Schulfreund von mir und meine Geschwister kannten ihn nicht. Daher ist es auch eine interessante Geschichte, wie sie auf ihn trafen.

Als Edek und Tusia ihre Reise antraten, wurden sie von Tusias Söhnen Jerry und Steven sowie von Stevens Frau, Nancy, begleitet. Am ersten Abend aßen sie in dem Restaurant des Hotels, in dem sie untergebracht waren. Eine Band spielte für die Gäste an jenem Tag. Als die Band eine Spielpause machte, trat der Bandleader an sie heran. Er stellte sich vor und fragte dann, wer sie seien und woher sie kämen. Sie erklärten, dass sie aus der USA kämen und hier seien, um zu sehen, wo sie aufgewachsen waren. Das Bandmitglied wandte sich dann an Steven und fragte: „Sie sind nicht zufällig der Sohn von Mendel Weinstock?" Sie alle waren verblüfft und fragten, woher der Mann das wisse. Der Mann war kein Geringerer als Zysio und er erklärte, Steven ähnele Mendel so sehr, dass er ein Verwandter sein müsse. Er hatte Mendel ziemlich gut gekannt, obwohl er weder Edek noch Tusia kannte. Diese Fügung des Schicksals ermöglichte es mir, wieder mit ihm in Kontakt zu kommen und mehr über das Schicksal von Timush und Hania herauszufinden. Die Band tauchte aus ihrer Pause auf und Zysio spielte ein besonderes Lied für sie alle. Es war das schöne jüdische Volkslied Jerusalem aus Gold.

Als ich später anfing, meine Reise nach Tluste zu planen, beschloss ich, dass ich versuchen wollte, Zysio zu besuchen. Nach so vielen Jahren wollte ich ihn unbedingt wiedersehen. Ich dachte auch daran, dass er mir vielleicht Ratschläge für die Reise nach Tluste geben könnte. Doch wegen der strengen Kontrolle durch die Sowjets war es unmöglich, ihn vor meiner Ankunft zu kontaktieren. Da Edek und Tusia ihn auf ihrer Reise gefunden hatten, war ich großer Hoffnung, dass auch ich ihn finden würde. Als wir vor Ort ankamen, gingen wir zu dem Restaurant und glücklicherweise arbeitete er dort. Er war ein erfolgreicher Musiker und spielte noch immer in einer Band. Wir waren sehr froh, uns zu sehen, und verbrachten einige Zeit damit, in Erinnerungen zu schwelgen und von unserem Überleben zu erzählen. Dann erzählte er uns, er würde uns gerne zu sich nach Hause zum Essen einladen, da wir doch in der Stadt wären. Aber unter den Sowjets musste er eine Sondergenehmigung von den Behörden einholen, um uns aufzunehmen. Es dauerte mehrere Tage, aber schließlich wurde seine Anfrage bewilligt. Es war ein köstliches Essen, ein fröhlicher Abend und es tat so gut, wieder Zeit mit ihm zu verbringen.

Am nächsten Tag reisten wir mit unserer sowjetischen Eskorte nach Tluste. Tluste liegt zwar nur etwa hundert Kilometer von Tarnopol entfernt, aber es war nicht leicht, die Stadt zu erreichen. Der Zugverkehr war unzuverlässig. Also heuerten wir einen Fahrer an, der uns mit dem Auto hinfuhr. Die Straßen waren uneben und nicht für ein schnelles Fahren geeignet. Anstatt ein paar Stunden, dauerte die Fahrt fast einen halben Tag.

In Tluste angekommen, machten wir uns auf den Weg zu dem Ort, an dem die Hinrichtungen am Schwarzen Donnerstag stattgefunden hatten. Der Ort der Massengräber ist noch heute bekannt und zugleich die letzte Ruhestätte meiner Mutter, Großmutter und Tante, die dort mit mehr als dreitausend anderen Juden aus Tluste ermordet wurden. Als ich die Grabstätte besah, kamen die schrecklichen Erinnerungen an diesen Tag und die Trauer über das Schicksal meiner Mutter zurück. Wir standen einige Minuten lang in Stille, um diejenigen zu ehren, die hier ihr Leben verloren.

Nach einer Weile näherte sich eine ältere Dame, die uns mit großer Neugierde beobachtet hatte, als wir bei den Gräbern standen. Sie war eine kleine Frau, ein wenig korpulent und ging, als Folge jahrelanger harter Arbeit, leicht gebeugt. Sie trug ein Kopftuch und sah aus wie eine typische Bäuerin aus Osteuropa. Sie begrüßte uns auf Ukrainisch und fragte uns, wer wir seien und warum wir hier seien. Unser Führer erklärte, warum wir gekommen waren, und plötzlich richtete sie sich interessiert auf. Natürlich konnte ich dem Gespräch folgen und übersetzte für den Rest meiner Familie.

Die Frau erzählte, dass sie ein kleines Mädchen in Tluste war, als sich die Ereignisse meiner Geschichte zutrugen. Und dann, zu unserer großen Überraschung, berichtete sie von dem Schwarzen Donnerstag. Sie war dort gewesen, genau an der Stelle, an der die Hinrichtungen über der Grube stattfanden. Sie beschrieb jedes Detail so, wie wir es von den anderen Überlebenden und Zeugen gehört hatten. Ihr Bericht bestätigte die riesige Grube, das Brett, das man darüberlegte, und das Maschinengewehr, das die Menschen erschoss. Sie erzählte uns, wie die Juden gezwungen wurden, sich zu entkleiden, ihre Kleidung zusammenzulegen und sie hinten auf die bereitstehenden Lastwagen zu legen.

Dann erzählte sie uns von den Tagen nach dem Massaker und davon, wie das Grab auf- und abwog und stöhnte. Sie erinnerte sich an den furchtbaren Gestank und den unheimlichen Nebel, der über dem Friedhof aufstieg. Mit einer Stimme, die deutlich verriet, dass der Tag eine beängstigende Wirkung auf sie hatte, sagte sie, die Einheimischen hätten diese Phänomene für ein Zeichen gehalten, dass der Gott der Juden seinen Unmut über das Ereignis zum Ausdruck bringen würde.

Ich übersetzte das alles für meine Familie, aber Gefühle ergriffen mich, als ich an meine liebe Mutter und ihr schreckliches Schicksal dachte. Wie sehr sehnte ich mich danach zu wissen, wie diese letzten Momente für sie gewesen waren. Ich wollte ihre letzten Gedanken wissen und stellte mir vor, wie furchtbar der Schmerz und die Qualen gewesen waren. Dann dachte ich an Timushs

Worte und wie er sah, dass sie zur Hinrichtungsstätte marschierte. Und plötzlich kannte ich zumindest einen kleinen Teil der Antwort: Ihre letzten Gedanken galten uns, ihren Kindern, als sie zu ihm rief: „Bitte, rette meine Kinder!"

Diesem Gedanken entstammt auch der Titel dieses Buches. So viele Mütter und Väter verloren ihre Kinder an unerklärliche Grausamkeit und Hass. So viele Kinder verloren ihre Eltern. So viele wurden ihres Lebens beraubt, hauptsächlich wegen des Wahnsinns eines einzelnen Mannes. Doch viele andere waren mitschuldig. Viele glaubten und folgten dieser Verkörperung des Bösen bereitwillig. Es ist mir unbegreiflich, wie ein ganzes Volk, das mein Vater für das kultivierteste in der Menschheitsgeschichte hielt, Täuschung, Hass und Gewalt verfallen konnte.

Nachdem wir das Massengrab verließen, begaben wir uns auf den Weg zu dem jüdischen Friedhof, auf dem mein Vater begraben lag. Wir fanden den Friedhof vollkommen verwahrlost vor. Kühe und Ziegen weideten zwischen dem Unkraut und den Gräsern, die ihn verschlungen hatten. Viele Grabsteine waren zerstört und vandalisiert, viele komplett umgestoßen.

Lange suchten wir nach dem Grab meines Vaters, aber es war unmöglich, das Grab zu finden. Wir waren damals nicht in der Lage gewesen, einen richtigen Grabstein aufzustellen und jeder Hinweis auf ein ausgehobenes Grab war längst verschwunden. Mir fiel es schwer, mich an die ungefähre Stelle zu erinnern, und ohne eine feste Markierung war jedes Grab unkenntlich. Ich war, gelinde gesagt, sehr enttäuscht.

Obwohl wir nicht genau wussten, wo er begraben lag, waren wir gekommen, um ein Gebet zu sprechen. Wir versammelten uns und ich sprach ein traditionelles, jüdischen Kaddisch. Für ein paar Momente schwiegen wir. Ich erinnerte mich, so gut es ging, an alles, was ich von meinem Vater noch wusste. An seine harte Arbeit und seine Hingabe an seine Familie, seine Liebe für Musik und Kultur, und wie er und meine Mutter zur Radiomusik tanzten. So viele Erinnerungen wurden in diesem Moment wach, dass mich die Traurigkeit übermannte und ich weinte.

Jahre später, als die Berliner Mauer endlich fiel, konnten wir Tarnopol und Tluste erneut besuchen. Es war einfacher ins Land zu kommen, und wir brauchten keine Eskorte oder Führer. Aber es war immer noch ein schwieriger Ort zum Reisen und keine angenehme Reise. Bei diesem Besuch hofften wir, den Sohn von Timush und Hania, Lubko, zu treffen.

Wir wussten nicht, wo er lebte oder ob er überhaupt noch am Leben war. Doch wir mussten es einfach herausfinden. Diesmal gelang es mir, Zysio zu kontaktieren und wir baten ihn, uns bei der Suche nach Lubko zu helfen. Zysio war mehr als willig und froh, uns bei der Suche zu unterstützen. Überraschenderweise erfuhr er, dass Lubko nur ein paar Straßen von ihm entfernt in Tarnopol wohnte. Also nahmen wir Kontakt zu ihm auf und fragten ihn, ob wir ihn besuchen könnten.

Zu Beginn war er nur äußerst widerwillig dazu bereit, sich mit uns zu treffen. Amerikaner galten immer noch als verdächtig und waren bei vielen, die im sowjetischen System aufwuchsen, nicht sonderlich beliebt. Aber nachdem wir ihm von den Heldentaten seines Vaters und seiner Mutter erzählten, willigte er ein, sich von uns besuchen zu lassen. Er bot an, uns selbst nach Tluste zu bringen. Und so planten wir unsere Rückkehr nach Tarnopol und Tluste. Dieses Mal kamen meine Tochter Nina und meine Enkelin Jamie mit.

Der Flughafen von Lwów lag Tarnopol am nächsten. Als wir dort landeten, wartete Lubko bereits auf uns. Er war in seinem alten Pickup-Truck gekommen, der schon bessere Tage gesehen hatte. Lubko fuhr uns die hundertachtundzwanzig Kilometer nach Tarnopol und empfing uns dort in seinem Haus. Es war gelinde gesagt eine unangenehme Fahrt, aber wir waren so froh, ihn gefunden zu haben und ihm endlich die ganze Geschichte erzählen zu können. In Tarnopol trafen wir seine Frau und seine Familie und es war schön, einander kennenzulernen.

Lubko war sehr überrascht, als er erfuhr, welches Opfer seine Eltern für uns gebracht hatten. Timush und Hania waren äußerst darauf bedacht gewesen, die Existenz des Bunkers vor ihm geheim zu halten und so wusste er nichts von den lang zurückliegenden Ereignissen. Als Timush ging, um mit den Deutschen zu kämpfen, war Lubko noch ein kleiner Junge und ahnte nichts von unserem Versteck im Haus seiner Eltern. Timush kehrte nie zurück, um es ihm zu erzählen, und seine Mutter starb nicht allzu lang nach dem Krieg, ohne es zu erwähnen.

Die Opfer und Tapferkeit seiner Eltern bewegten Lubko sehr. Und wir machten es zu unserer Aufgabe, ihm und seiner Familie in den vielen Jahren, die wir ihn kannten, in jeder erdenklichen Weise zu helfen (einschließlich gelegentlicher finanzieller Unterstützung). Leider ist Lubko nicht mehr am Leben, aber wir helfen weiterhin seinen Kindern, soweit es uns möglich ist. In gewisser Weise konnten wir uns so für das, was Timush und Hania für uns taten, revanchieren.

Timush und Hania haben in Tluste Denkmäler, die an ihren Verdienst und ihr Opfer für eine unabhängige Ukraine erinnern. An diesen Stätten findet sich kein Hinweis auf die Rettung unserer Familie und lange dachte ich darüber nach, dass sie auch dafür geehrt werden sollten, da sie große Risiken eingingen, nur um uns zu helfen. Der richtige Ort dafür war allerdings nicht in Tluste, sondern die Holocaust-Gedenkstätte Yad Vashem in Jerusalem. Dieser Ort ist etwas ganz Besonderes, und die Designer, Architekten, Erbauer und Historiker, die ihn geschaffen haben, sind sehr zu beglückwünschen.

Einer der wichtigsten Bereiche des Museums ist die Abteilung, die den „Gerechten unter den Völkern" gewidmet ist. Mit den Gerechten sind die nichtjüdischen Menschen gemeint, die während der Naziherrschaft unter großem Risiko Heldentaten vollbrachten, um uns Juden zu retten. Nur diejenigen, die aus edlen Gründen und nicht für Geld oder anderweitige persönliche Bereicherung halfen, werden in der Gedenkstätte gewürdigt.

Für mich bestand kein Zweifel daran, dass Timush und Hania es verdienten, dort geehrt zu werden. Also setzte ich mich entschlossen mit Yad Vashem in Verbindung und die Kuratoren begannen ihren sehr gründlichen Prozess, um unsere Geschichte zu überprüfen. Nach Abschluss dieser Überprüfung stimmten sie zu, dass die beiden geehrt werden sollten. Am 9. September 1988 wurde es offiziell und Tusia und ich konnten an der Zeremonie in Yad Vashem teilnehmen.

Wenn ich heute auf diese schrecklichen Jahre zurückblicke, in denen wir mit Hass, Hunger, Krankheit, Krieg und Tod konfrontiert waren, fällt es mir leichter, die Emotionen zu verarbeiten. Die Autoren und Redakteure, die mir halfen, meine Geschichte zu Papier zu bringen, baten mich stets zu beschreiben, wie die Ereignisse sich damals anfühlten. Doch an den meisten Stellen meiner Geschichte konnte ich mich dieser Gefühle nicht erinnern. Ich glaube, dass die Ereignisse schlichtweg so überwältigend waren, dass ich in den Momenten, da sie geschahen, nicht viel fühlte. Vielleicht ist es die natürliche Reaktion des Geistes, wenn er so viel Horror in so kurzer Zeit erlebt. Doch in erster Linie war es eine Frage des Überlebens. Wir dachten nur daran, wie wir den nächsten Tag oder den nächsten Moment überleben konnten. Für Gefühle war keine Zeit.

Gegenwärtig nimmt der Antisemitismus weltweit wieder zu. In Osteuropa drücken Regierungen offen ihr Misstrauen und ihren Hass gegenüber Juden aus. Aber auch in anderen Teilen der Welt, wie Asien, Zentral- und Südamerika, ist dies der Fall. Und selbst in den Vereinigten Staaten sind wir nicht gegen Antisemitismus immun. Immer mehr Menschen schließen sich Neo-Nazi-Organisationen und anderen Hassgruppen an, die nicht davor zurückschrecken, Gewalt gegen Juden anzuwenden. Die Freiheit des Internets ermöglicht es ihnen, ihre hasserfüllte Propaganda schneller und einfacher zu verbreiten und es ist sehr naiv zu glauben, dass das, was unter Adolf Hitler geschah, nie wieder passieren kann.

Aber ich denke, dass meine Geschichte ein Grund für Optimismus sein kann. Jede Holocaust-Geschichte sollte in Erinnerung bleiben und erzählt werden. Alle sind sie wichtig und einzigartig, und ich hoffe, dass es mir gelungen ist, beide dieser Eigenschaften zum Ausdruck zu bringen, sodass der Leser von ihnen ergriffen ist. Mein Bruder und meine Schwester erzählten ihre Geschichten in den Shoah-Interviews, aber keines dieser Interviews gab die vollständige Geschichte unserer Familie wieder.

Dies ist der erste Versuch, sie zu veröffentlichen. Es ist, zuallererst, die Geschichte meiner Familie. Doch vor allem ist es die Würdigung unseres unwahrscheinlichen Helden, Timush. Seine erstaunliche Charakterwandlung und seine Tapferkeit zeigen, dass Hass und Gewalt überwunden werden können. Lassen Sie uns hoffen und beten, dass diejenigen, die heutzutage davon eingenommen sind, einen Weg finden, sie hinter sich zu lassen. Nur so kann ein weiterer Holocaust verhindert werden.

DANKSAGUNG

Ich habe einige Quellen für Ereignisse verwendet, die ich persönlich nicht erlebt habe. Gerne möchte ich diesen Menschen und Quellen danken. Sie verhalfen mir zu einem vollständigeren Bild von dem, was um mich herum geschah und meine Geschichte beeinflusste.

Ich bin meinem Bruder Edek und meiner Schwester Tusia so dankbar, dass sie die Stärke besaßen, an den Interviews von Steven Spielbergs Shoah Foundation teilzunehmen. Diese Videoaufnahmen halfen mir enorm, unsere Geschichte akkurat aufzuarbeiten.

Nach ihrem Ableben suchte mich die Erkenntnis heim, dass wir unsere Geschichte nie einem größeren Publikum zugänglich gemacht hatten. Ihre Entschlossenheit, die Stunden, die für die Interviewaufnahmen von Nöten waren, auf sich zu nehmen, motivierte mich, den Mut und die Kraft zu finden, die es benötigt, um ein Buch zu schreiben.

Lange vor den Aufnahmen der Shoah Interviews interviewten meine Neffen und Tusias Söhne, Steven und Jerry Weinstock, uns drei ausgiebig. In den 1970er Jahren verfassten sie zusammen mit Edeks Sohn Stewart einen äußerst ausführlichen Bericht. Dieser konzentrierte sich auf die Kriegsjahre bis hin zu unserer Flucht aus dem Bunker. Ich schulde ihrer harten Arbeit und ihrem Auge für Details den größten Dank, da sie den Teilen der Geschichte Form verliehen, mit denen ich nicht sehr vertraut war. Dank gilt auch

Steven, der Edeks Zeichnung des Bunkers digitalisierte. Er sorgte für eine leserlichere Beschriftung des Bunkeraufbaus.

Ich möchte Doug Hylke danken, dessen Familie aus unserem kleinen Tluste kommt. Doug ist ukrainischer Herkunft und verbrachte viele Jahre damit, eine detaillierte Geschichte von Tluste zusammenzutragen. Seine Arbeit umfasst auch einen hilfreichen Zeitstrahl, der die Ereignisse während des Krieges beschreibt. Darüber hinaus tat er viel, um jüdische Familien, die vor dem Krieg in Tluste lebten und auch wo sie in der Stadt wohnten, zu dokumentieren.

Meine Inspiration, meine Geschichte zu erzählen, kam durch das Tagebuch von Dr. Baruch Milch. Dr. Milch war unser Familienarzt und ein Arzt in Tluste. Noch während er untergetaucht war, begann er seine Aufzeichnungen auf jedem Stück Papier, das er in die Finger bekam, um das Böse um ihn herum zu dokumentieren. Einige Jahre nachdem er nach Tel Aviv zog, beendete er das Tagebuch. Doch es wurde erst nach seinem Tod veröffentlicht. Seine Töchter Shosh Milch-Avigal und Ella Sheriff sorgten für seine Vollständigkeit und Veröffentlichung. Zusammen mit anderen Erzählungen war es Teil meiner Primärquellen für das Massaker in Tluste. Das Buch (Can Heaven be Void) wurde von Shosh Milch-Avigal lektoriert und 2003 von Yad Vashem veröffentlicht. Leider verstarb Shosh kurz vor der Buchveröffentlichung. Ella brachte den Prozess zu Ende und mittlerweile ist das Buch von Yad Vashem auf Englisch erhältlich.

Dank gilt auch Dina Kleiner, Stewarts Enkelin und meiner Großnichte, die die vor dem Krieg entstandenen Bilder sammelte und katalogisierte.

Meinen Dank schulde ich auch meinem guten Freund Sam Langholz, ohne den ich nicht in der Lage wäre, heute meine Geschichte erzählen zu können. Wir sind seit mehr als achtzig Jahren befreundet und waren Jungen, die zur gleichen Zeit in Tluste ums Überleben kämpften. Er war meine stetige Inspiration, die mir half, mich zu konzentrieren und zu motivieren, um dieses

Buch zu beenden. Ohne seine Hilfe bei der Rekonstruierung der Ereignisse, die wir zusammen erlebten, wäre viel in Vergessenheit geraten und in seiner Richtigkeit verfälscht.

Zu guter Letzt möchte ich Halina, meiner lieben Frau, danken. Ohne Halinas Liebe und Unterstützung wäre es mir nicht möglich gewesen, meine Geschichte zu teilen. Ihre Rückmeldungen während des Schreibprozesses waren von unschätzbarem Wert. Und sie war, wie in unserem gemeinsamen Leben, eine Quelle der Inspiration und der Ermunterung.

FOTOGRAPHIEN

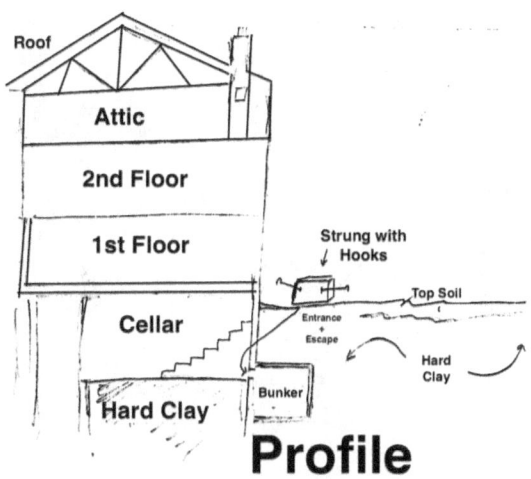

Bunkeraußenseite, von Edek gezeichnet

Timush und Hania (trotz der schlechten Qualität verdient das Bild seinen Platz in diesem Buch)

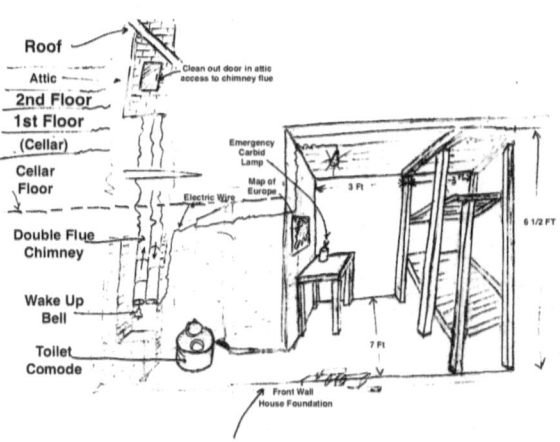

Bunkerinnenseite, von Edek gezeichnet

Leons Eltern kurz vor dem Ausbruch des Zweiten Weltkrieges

Leons Großeltern väterlicherseits

Mitarbeiter der Kleiner Bickel Hut Fabrik, Leons Vater sitzt zur Linken

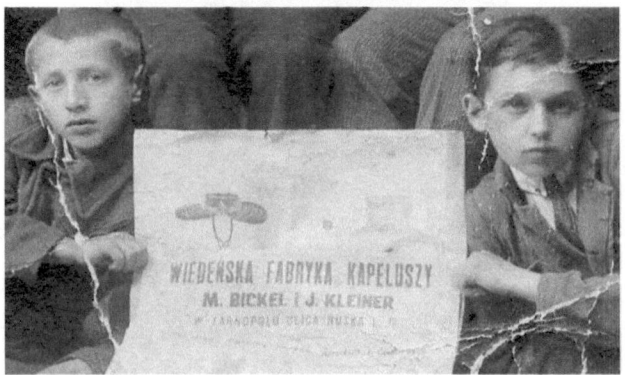

Jungen halten ein Werbeplakat der Kleiner Bickel Hut Fabrik

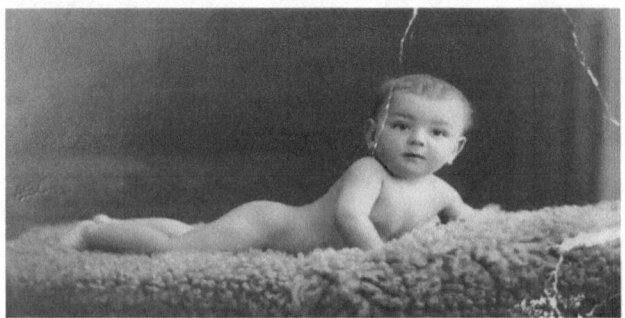

Leon als Säugling

Leon als Ali Baba verkleidet

Leon mit Stock und Zylinder

Leon auf dem Stadtplatz von Tarnopol

Edek und Tusia mit einem Dreirad

Edek und Tusia in Kostümen

Die Geschwister Kleiner und ein paar Freunde (Leon trägt seine weiße Matrosenmütze)

Die Geschwister Kleiner

Die Geschwister Kleiner im Urlaub (Leon trägt seine weiße Matrosenmütze)

Die Familie Kleiner am Strand

Leons Familie mit Mutter und Zosia, dem Kindermädchen

Die Familie Kleiner in Iwonich (Leon trägt weiße Kleidung)

Leon in einem Pferdekarren

Leons Vater während des Sommers in Tartarow (er ist im hinteren Teil der Gruppe hervorgehoben)

Leon (hervorgehoben) in einem Foto während Purim

Leon (hervorgehoben) während Hanukkah

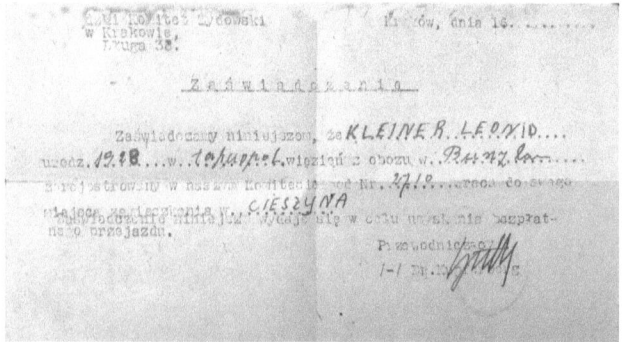

*Leons Krakau-Prag-Reisedokument erwähnt fälschlicherweise
das Konzentrationslager Bunzlau*

Leon in Prag. Leon und Lolek (hinter ihm) sind hervorgehoben

Leon in einer deutschen Gasse, wahrscheinlich in Schwandorf

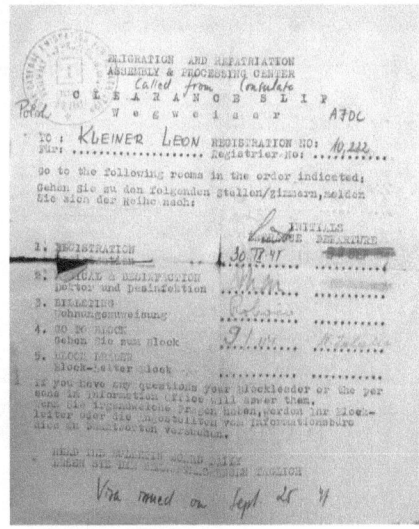

Leons Einwanderungspapiere, datiert auf den 25. September 1947

Leon und seine Geschwister nach dem Krieg an einem See in Schwandorf. Unten links Tante Fryma und unten rechts Edeks Frau Ina

U.S.S. Ernie Pyle, eines der Schiffe, das Flüchtlinge und Immigranten nach dem Krieg nach Amerika brachte

Leon an Bord der U.S.S. Ernie Pyle

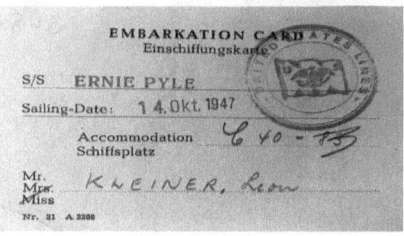

Leons Bordkarte

Leons Ausländerregistrierungskarte

Leon und Lubko und ihre Familie in der Ukraine (2005)

Leon und Lubko

Leon und Lubkos Frau

Das Haus von Lubkos Familie in Tluste

Die Kleiners bei der Gedenkstätte Yad Vashem in Jerusalem (2012)

David Kleiner während seines Kampfes gegen den Krebs

Leon und Halina kurz nach ihrer Hochzeit im Jahr 1949

Leons 90. Geburtstagsfeier im Sommer 2018

Pepi Kleiners Wandteppich, der wie durch ein Wunder den Krieg überstand

Kleiner Gedenkstätte beim Temple Beth Ahm Yisrael in Springfield, New Jersey

Kleiner Gedenkstätte beim Temple Beth Ahm Yisrael in Springfield, New Jersey

ÜBER DIE AUTOREN

Leon Kleiner ist ein pensionierter Gewerbe- und Wohnimmobilienentwickler aus New Jersey. Er wurde nur etwas mehr als ein Jahrzehnt vor dem Ausbruch des Zweiten Weltkrieges in der Stadt Tarnopol, Polen, geboren. Nach dem Krieg fiel die Stadt an die Ukraine und gehört noch heute zu dem Land. Leons frühes Leben und seine Erfahrungen während des Krieges sind in diesem Buch aufgeführt. Wundersamerweise überlebte er den Holocaust und immigrierte 1947 nach Amerika, wo er seine Halina, ebenso eine Holocaust-Überlebende, ehelichte. Sie lernten einander 1945 in einem DP-Lager in Österreich kennen. Zusammen mit seinem Bruder arbeitete er hart, um genug Geld zu sparen, sodass sie in eine Immobiliengesellschaft investieren konnten, die vom Nachkriegsimmobilienboom profitierte. 1964 zog Leon von New York nach New Jersey, wo er mit seinem Bruder eine neue Immobiliengesellschaft gründete. Die Firma wuchs und verbuchte in den darauffolgenden Jahren Erfolge. Mittlerweile ist Leon in seinen Neunzigern und erfreut sich des Rentnerdaseins mit Halina. Die beiden sind stolze Eltern zweier Töchter und eines Sohnes, der in seinen frühen Zwanzigern leider den Kampf gegen den Krebs verlor. Die zwei Töchter sorgten für fünf Enkelkinder und vor Kurzem feierten sie die Geburt ihres ersten Urenkels.

Edwin Stepp hat mehr als dreißig Jahre Erfahrung auf dem Gebiet von Medien, Marketing und Werbung. Fünfzehn Jahre lang war er führender Redakteur für die vierteljährliche Auflage von Vision – Journal for a New World. Dieses Magazin hat eine bescheidene Auflage, wurde jedoch weltweit in über fünfundsiebzig Ländern vertrieben. Das Magazin hatte eine begleitende Webseite, die über 250.000 Besucher im Monat verzeichnete. Edwin war führend in der Entwicklung der Webseite und der mobilen App für eine zusätzliche Verteilung des Contents. In dieser Funktion half er beim Schreiben und Lektorieren mehrerer Bücher über jüdische und christliche Geschichte, die von dem Journal publiziert wurden. 2011 gründete Edwin Django Productions, eine TV- und Filmgesellschaft mit einem Fokus auf Dokumentarfilme und nicht-fiktionale Unterhaltung. Edwin verfeinert sein Händchen fürs Schreiben stetig, indem er Filme und Skripts entwickelt.

Vielen Dank, dass Sie sich die Zeit genommen haben, dieses Buch zu lesen. Wir hoffen, dass Sie es interessant fanden, und möchten Sie bitten, ein paar liebe Worte auf Amazon oder Goodreads zu schreiben. Falls Sie dieses Buch als Kindle eBook gelesen haben, können Sie auch einfach eine Bewertung hinterlassen. Das geht mit nur einem Klick, mit dem Sie angeben können, wie viele von fünf Sternen dieses Buch verdient. Es dauert nur eine klitzekleine Sekunde.

Lieben Dank im Voraus!

Leon Kleiner und Edwin Stepp

www.ingramcontent.com/pod-product-compliance
Lightning Source LLC
LaVergne TN
LVHW091721070526
838199LV00050B/2486